도대체

양동철 지음

이슬람금융

이 뭐야?

쉽게 풀어보는
이슬람금융과 경제 이야기

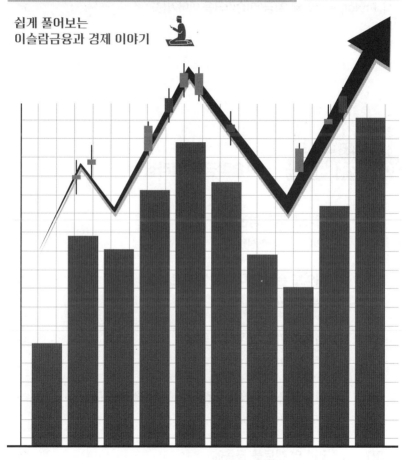

하움

차례

CHAPTER 01　　이슬람금융 길라잡이

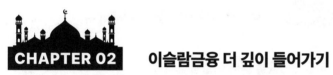

CHAPTER 02   이슬람금융 더 깊이 들어가기

CHAPTER 03   이슬람경제와 금융을 말하다

* 이 책의 내용은 필자의 개인적인 견해이며 필자 소속 기관의 입장을 반영하지 않습니다.

왜 이슬람금융 이야기를?

나는 2010년부터 2년간 말레이시아 중앙은행(BNM, Bank Negara Malaysia)에서 설립한 이슬람 금융 특화 대학원인 INCEIF(International Centre for Education in Islamic Finance)에서 이슬람 금융을 공부할 기회가 있었다.

후에 이슬람이나 인도네시아를 주제로 특강 같은 것을 할 일이 종종 있었는데, 이슬람 금융에 대해 짧게라도 언급하면 질의응답 시간에 "이슬람은 이자를 금한다고 하는데 어떻게 금융을 하나요?"라는 질문을 받을 때가 많았다.

우리나라에서도 2010년경 이른바 '수쿠크법'이 이슈가 된 적이 있기 때문에 수쿠크나 이슬람 금융에 대해서는 들어본 분들이 꽤 있었다. 이슬람 금융이라는 말은 들어봤어도 이자를 주고받지 않으면서 도대체 어떻게 금융 거래를 한다는 것인지가 궁금할 법도 하다.

하지만 강의 주제가 이슬람 금융이 아닌 만큼, 이 답변에 많은 시간을 할애할 수는 없었다. 질의응답 시간도 제한되어 있고 다른 사람도 다 이 주제에 관심이 있는 것은 아닐 테니 이 질문을 붙잡고 자세히 답하기는 어려웠다. 길어야 2~3분 동안 간단하게 설명하는 게 다였으니 충분한 답이 되지는 못했을 것이다.

이 책은 그때 그런 자리에서 "도대체 이슬람 금융은 뭔가요?", "이슬람 금융에서는 이자를 안 받는다고 하는데 이자도 안 받고 어떻게 금융을 하나요?" 하고 물어보신 분들에게 하는 대답 같은 것이다.

물론 질문하신 분들이 이 책을 읽는다는 보장은 없지만, 비슷한 궁금증을 가진 분들이 있을 테니 여기에서 설명하는 것으로 그때의 부족했던 설명을 보충하고자 한다.

이슬람에서 이자를 주고받는 것이 아주 큰 죄라는 걸 들으면, 그래서 이자 없이 금융을 하는 이슬람 금융이라는 제도가 있다는 것을 알면 '도대체 그게 뭐지?' 하고 궁금한 마음이 들 수 있다. 들어본 적이 있더라도 누가 쉽게 이야기해 주지도 않고, 그렇다고 직접 찾아볼 정도로 관심이 있지는 않으니 그냥 '그게 뭐지? 그런 게 있었어?' 하면서 지나간 적이 있을지도 모른다. 이 책은 이런 분들을 위한 것이다. 이슬람 금융이 뭔지 궁금한 마음이 있기는 한데 여기저기 찾아서 알아낼 정도로 관심이 있지는 않은, 또 이미 나와 있는 자료가 있기는 하지만 읽기에 좀 어렵다고 생각했던 그런 분들을 염두에 두고 이 책을 썼다.

금융 전문가가 아니더라도 이 책을 읽고 나면 이슬람 금융이니 수쿠크니 자캇이니 하는 소리를 들었을 때 자세히는 아니어도 그게 무엇인지 알고 대화에 낄 수 있는 정도로는 이슬람 금융을 이해할 수 있게 될 것이다.

이슬람 금융에 대해서는 정확하지 않게 알려진 내용이 꽤 많다. 전문가가 아닌 다음에야 모두가 이슬람 금융을 꼭 정확히 알 필요는 없다. 하지만 살면서 어떤 경로로 어떻게 이슬람 금융을 접하게 될지 모르는데 그때를 대비해서라도 미리 바로 알아두는 것이 좋기는 하다.

예를 들어 이슬람 금융에 대해 많이 하는 얘기 중 하나인 "이슬람은 이자를 허용하지 않기 때문에 배당을 주고받아 금융을 한다."라는 말을 살펴보자. 이슬람 금융에 배당을 주고받는 계약이 있고, 이렇게 이익과 손실을 공유하며 배당을 주고받는 구조를 이슬람에서 이상적으로 여긴다는 점에서 아주 틀린 말은 아니다.

하지만 막상 현실에서는 이익과 손실을 공유하는 계약보다는 매매나 리스와 같이 배당이 아닌 구조를 활용하는 금융이 주를 이룬다. 배당을 주고받는 금융 형태는 지역이나 부문별로 다르긴 한데 비중이 10~20%를 못 넘기는 것이 보통이다. 그러니까 "이슬람 금융은 배당을 주고받는다."라는 말은 "이슬람은 이자를 허용하지 않기 때문에 배당이나 매매대금 차액, 리스료, 수수료 등을 활용하여 금융을 한다."라고 해야 더 정확해진다.

"이슬람 금융은 자산 등 실물을 기반으로 하고 있어 일반 금융보다 안전하다."라는 말도 그렇다. 이슬람 금융계약에서 기초가 되는 자산이나 프로젝트가 있는 것은 맞다. 그리고 실물에 기반한 금융이 이슬람 금융에서 이상적인 금융 형태로 여겨지는 것도 사실이다.

금융을 제공한 사람이 자산이나 프로젝트에 대해 권리를 가지고 있을 때는 금융을 제공받은 사람이 상환 의무를 다하지 못할 때도 자산을 처분하거나 프로젝트에 대한 권리를 행사하여 채권을 보전받을 수 있기 때문에 더 안전한 것도 맞다.

하지만 실상 이슬람 금융 구조에서 자산은 그냥 금융을 일으키기 위한 수단으로 사용되는 경우가 많다. 따로 담보를 설정하지 않으면 금융 제공자가 자산에 대해 권리를 가지지 못하는 구조가 훨씬 더 많이 활용된다. 일반 금융에서도 담보를 설정한다든지 자산유동화 구조를 활용한다든지 해서 자산에 대해 권리를 행사할 수 있게 하는 방법은 많다.

이런 점을 생각하면 유사시 자산을 처분하여 채권을 보전할 수 있는 구조가 일부 있다는 것이 일반 금융과 비교하여 이슬람 금융만이 가진 특별한 장점이라고 말하기 어려워진다.

중동 지역의 금융을 이슬람 금융과 혼동하는 경우도 흔하다. UAE(아랍에미리트연합)나 사우디아라비아 같은 곳에서 자금을 차입하거나, 해당 지역 금융기관과 기업에 대출을 한다거나 하면 이슬람 금융을 활용했을 거라고 생각하는 경우도 간혹 있는데 꼭 그렇지는 않다.

UAE의 예를 들면 2022년 상반기 말 기준 전체 금융시장에서 이슬람 금융이 차지하는 비중이 약 30% 정도이다(Fitch Ratings 자료). UAE가 이슬람 금융을 적극 육성하고 이 분야에서 허브가 되려 하는 것은 사실이지만 아직 금융 거래 중 열에 일곱은 이슬람 금융이 아닌 일반 금융 형태로 이루어진다. 100% 이슬람 금융을 한다고 주장하는 나라가(수단, 이란 등) 일부 있기는 하지만 대부분의 나라들은 이슬람권 국가라 해도 이슬람 금융과 일반 금융을 같이 한다.

사우디아라비아도 100%는 아니다. 우리나라에 들어오는 중동계 자금이라면 다 이슬람 금융 형태라고 생각하는 것도 비슷한 오해이다.

모든 사람이 이슬람 금융을 전문가 수준으로 깊이 파고들어 알 필요는 없으나 잘 알아두는 것이 나쁠 것은 없다. "아, 이슬람 금융(또는 이슬람 경제)이 이런 거였구나." 정도로 알면 족하다. 다른 자료도 많겠지만 이 책을 읽는 것도 한 가지 방법이다. 그러다 업무나 다른 일로 좀 더 깊게 알고 자세히 조사할 필요가 있으면 그때 가서 더 깊게 공부해도 늦지 않다.

이 책은 이렇게 이슬람 금융에 대해 이렇게 대략이라도 알고 감을 잡으려는 독자를 위한 것이다. 만약 좀 더 체계적이고 전문적인 교과서가 필요하면 그런 책이나 자료를 읽어도 좋다. 요즘에는 자료를 구하기도 쉽다. 책이나 문서뿐 아니라 웨비나(webinar) 영상도 많이 나오고 있으며 이 주제를 다루는 유튜브 채널도 많아졌다.

그래서 이 책 내용을 구성할 때는 '뭘 더 쓸까? 뭘 더 채울까?' 보다는 '뭘 뺄까?'를 더 고심하였다. 하고 싶은 말은 많지만 이 책을 읽고 이슬람 금융과 경제에 대한 그림을 그리기 원하는 독자에게 개념을 쉽게 설명하기 위해 너무 많은 정보를 전달하지 않으려 애썼다. 그러다 보니 이슬람 금융에 대해 좀 더 많이 아는 독자는 책 내용이 충분하지 않다고 느낄 수도 있다. 많이 덜어내고 설명하려고 했지만 그래도 이해가 안 되고 어렵게 느껴지는 부분이 있다면 건너뛰고 쉽고 재미있고 이해가 되는 부문만 읽어도 좋다.

이 책은 교과서는 아니다. 굳이 말하자면 이슬람 금융에 대한 '이야기책'이다. 개념을 잡기 위해 책 초반에는 이슬람 금융의 근간을 이루는 원칙이나 개별 금융계약에 대해 차근차근 설명하는 내용을 담았다. 하지만 그 이후에는 '이야기'가 나온다. 기원후 7세기에 살았던 선지자(무함마드, SAW[1])가 받았다고 하는 계시, 그리고 그의 삶의 모범과 가르침은 1,400년 후 지금까지도 20억 명 가까운 무슬림의 삶의 구석구석에 큰 영향을 미친다.

경제와 금융 부문도 예외가 아니다. 그래서 이슬람 금융과 경제를 이해하자면 이슬람은 무엇인지, 무슬림의 신앙과 삶을 규정하는 원리인 샤리아는 무엇인지, 이 샤리아가 어떻게 사적이나 종교적인 영역에서뿐 아니라 금융과 경제 같은 공적 영역까지 관할하는지 알아야 한다. 이것을 이야기를 통해 살펴보고자 한다.

1,400년 전에 확립된 규범을 현대 경제와 금융에 맞게 적용하려는 과정은 순탄하고 부드럽지 않다. 격한 의견 충돌과 논란이 함께 하기도 한다.

---

[1] 무슬림들은 선지자 무함마드의 이름을 언급할 때 존경의 의미를 담아 'sall'Allahu alayhi wa salam(살랄라후 알라이히 와살람)'이라는 말을 흔히 붙인다. '하나님의 축복과 평화가 그와 함께하기를'이라는 의미이다. 라틴문자를 쓸 때는 흔히 문장의 머리글자를 따서 s.a.w 또는 SAW 같이 쓰기도 한다. 영어로는 PBUH(Peace Be Upon Him) 이라고 쓰기도 한다. 무슬림이 아닌 이들은 굳이 이 말을 붙이지 않는 경우가 많지만, 여기서는 이슬람과 무슬림에 대한 존중에서 책 몇몇 부분에서 표시하도록 한다.

이슬람 금융과 경제가 어떤 모습이어야 하는가에 대해 강의실이나 세미나 장에서 서로 다른 의견을 가진 학자, 교수, 학생, 실무자들이 서로 목소리를 높여 논쟁하는 것을 보는 것은 드문 일이 아니다. 무슬림이 모두 똑같은 이슬람을 믿고 실천하는 것은 아니다. 대부분 무슬림이 공유하는 공통분모가 있기는 하지만 지역마다, 시대마다 또는 집단마다 다른 점도 많다.

금융과 경제에 있어서도 수많은 다른 의견이 있다. 그런데 이슬람에서는 의견이 일치하지 않는 것을 문제라고 생각하지 않고 오히려 당연히 여긴다. 이슬람을 다 똑같다고 생각하고 하나의 단일한 실체로 보면 이슬람도 이슬람 금융도 잘 보이지 않는다. 우리같이 이슬람 밖에 있는 사람들이야 그냥 통쳐서 이슬람, 무슬림 그러지만 그 안에는 정말 다양한 여러 모습이 있다는 것을 알아야 한다.

이슬람 금융도 그렇다. 처음 학교에서 책도 입문서 한 권만 읽고 선생님 한 분에게 강의를 들을 때는 이슬람 금융이 뭔지 명쾌하게 다 알 것 같았다. 그런데 나중에 다른 책을 읽고 다른 글을 보고 여러 사람의 말을 들으니 오히려 더 헷갈리게 되었다. 설명이 다 달랐다. 심지어 개론서나 교과서에 나오는 가장 기본적인 설명도 다 달랐다.

예를 들자면 "이슬람 금융의 원칙은 무엇인가?" 하는 부분에서부터 여러 의견과 마주칠 수 있다. 이슬람에서 허용하지 않는 가라르(gharar, 불투명성), 마이시르(maysir, 도박·노름) 같은 항목의 정의가 무엇이고 이것들은 왜 허용되지 않는지에 대한 설명도 제각각이다. 일반적 의미의 파생금융상품과 보험이 이슬람 금융에서 왜 보통 허용되지 않는지에 대해서도 책마다 다른 설명을 만날 수 있다. 어떤 경우에는 하나의 사안을 정반대로 해석하는 경우도 있다.

현대적 이슬람 금융이라는 개념 자체가 채 반세기 정도밖에 안 되는 기간 중 발전해 왔고, 그 속도도 최근 몇 년 사이 더 빨라졌기에 이 분야 자체가 아직 다 정립이 안 된 측면이 있다. 이슬람 초기 경전이나 문헌에 '이슬람 금융의 원칙' 같은 것이 항목별로 정리되어 있을 리가 없다. 현대적 의미의 이슬람 금융은 이슬람 초기부터 지금까지 이어져 온 논의와 관습을 지금 시점과 상황에 맞게 해석하고 정리하고 적용한 것이므로 정답이란 것이 없다.

그러니 이슬람 금융을 처음 접하는 독자들이야 이 책에 나오는 설명을 들으며 "아, 그게 그런 거구나." 하고 받아들이고 넘어가겠지만 깊이 공부를 한 독자는 "어, 난 그렇게 안 배웠는데. 내가 읽고 이해한 것과는 다른데." 하고 생각할 수도 있음을 미리 밝혀야겠다.

이슬람이나 이슬람 금융, 또는 이슬람 경제에 대해서 이야기하는 것은 때로 약간 민감한 일이기도 하다. 그래서 여기에서 내 입장을 미리 밝히고 갈 필요가 있을 것 같다. 이 책에서 나는 우리나라가 이슬람 금융을 전면 도입해야 한다거나 하는 주장을 하지 않을 것이다.

사실 이슬람 금융을 활용하지 않거나 잘 모른다고 해서 큰 문제가 생기는 것도 아니다. 그러니 여기에서 이슬람 금융의 좋은 점을 설파하고 부정적인 오해를 불식시키고 이 금융을 적극 활용해야 한다는 주장을 해야 할 이유는 없다.

반대로 이슬람 금융에 대해서 쓴소리를 해야 할 때도 있다. 현대적 의미의 이슬람 금융 또는 이슬람 경제의 개념은 역사가 짧다. 이론도 그렇고 실천도, 논의도 충분히 성숙했다고 말하기 어렵다. 게다가 종교적 가치에 기반을 둔 체계를 현대 경제와 금융의 영역으로 가져와 적용하는 것은 쉬운 과제가 아니다.

무슬림이야 이것이 종교적 신념의 문제이기에 어렵더라도 길을 찾아보려 하지만, 무슬림이 아닌 제삼자는 냉소적 입장을 갖게 될 수도 있다. 실제로 이슬람 금융이 뭔지 호기심을 가지고 알아보다가 나중에는 도대체 이게 다 뭐냐고 반응하는 사람도 있다. 이 책을 읽는 독자 중에도 "아, 이슬람 금융이 뭔가 했더니 이런 거였어?" 하고 실망하거나 냉소적 반응을 보이는 이들이 있을 수도 있다. 이 책에서 앞으로 펼쳐갈 이야기에서도 어떤 부분은 약간 이슬람 금융에 대해 비판적으로 보일 수 있는 부분이 있다. 그렇다고 해서 내가 이슬람 금융과 경제에 대해 부정적인 입장을 가지고 있는 것은 아니다. 무슬림들이 자신이 옳다고 믿는 가치를 금융과 경제의 영역에서 구현하고자 하는 분투를 존중하지만 그것이 결코 쉬운 작업이 아니라는 것을 말할 뿐이다.

이슬람 금융은 좋은 것이니 오해를 풀고 적극 활성화하자는 것도, 아니면 이슬람 금융이라는 것이 별로 쓸데도 없고 가치도 없으니까 관심 가질 필요도 없다고 말하는 것도, 둘 다 앞으로 할 얘기와는 관계없다.

우리나라 경제는 홀로 고립되어 굴러가지 않는다. 다른 나라도 그렇지만 우리나라는 특히 더 그렇다. 경제 구조 자체가 다른 나라와의 교류를 필요로 하며 이슬람권 국가와도 교류가 활발하다. 그러다 보면 이슬람 금융이나 경제도 언젠가는 맞닥뜨리게 될지 모른다. 그런 일이 나에게 닥칠 수도 있고 내 회사나 내가 속한 기관에 생길 수도 있다. 준비 없이 이슬람 금융·경제를 맞닥뜨리게 되면 당황할 수도 있다. 우리가 이슬람권과 교류하면서 상품이나 서비스, 기술, 프로젝트를 사고팔고, 지식과 경험을 주고받으려면 싫든 좋든 알아야 할 것들이 있다.

이슬람 금융·경제가 그중 하나일 수 있다. 그래서 기회가 닿는 대로 좀 알아두고, 감을 잡아 두는 것이 나쁜 선택은 아니다. 그것이 지금부터 하고 싶은 이야기이다.

왜 '지금' 이슬람금융 이야기를?

당장 필요하지는 않더라도 뭐든지 모르는 것보다야 아는 것이 좋을 수 있다. 이슬람 금융도 그렇다. 알아두어서 나쁠 것은 없다. 그런데 다른 것도 알아야 할 것이 많은데 꼭 지금 이슬람 금융에 대해 알아보아야 할까? 한참 전에 이슬람 금융이 화제가 되었던 적이 있기는 하지만 사실 지금은 관심을 가지는 사람이 적다. 철 지난 주제가 아닐까 하는 생각이 들 수 있다.

우리나라에서 이슬람 금융에 관심이 가장 뜨거웠던 것은 10년도 더 지난 2010~11년쯤이다. 이 글 원고를 다듬고 있는 지금(2023년 7월) 내가 사는 지역 주유소에서 차량용 휘발윳값은 리터당 1,500~1,600원 정도이다. 그 전해(2022년)에는 기름값이 한때 리터당 2,000~2,100원 정도를 찍기도 했다. 사실 이 정도 기름값은 간신히 10년 전 가격을 잠깐 회복했다가 다시 내려간 수준이다. 원유 가격은 작년에 1배럴당 120달러 정도를 찍고 지금은 70달러 내외 수준인데, 10년 전 가격이 이미 배럴당 100달러를 넘은 적이 있었다.

당시에는 기름값이 올라가면서 산유국도 막대한 수입을 올렸다. 이에 따라 보통 '오일머니'라고도 부르는 페트로 달러(petro dollar)에 대한 관심도 늘어났다. 산유국이 기름을 수출해서 거둔 수입은 금융자산을 사든지, 인프라 사업 같은 걸 일으켜서 투자에 쓰이든지, 아니면 자본재나 소비재를 사 오는 데 사용되면서 순환된다.

산유국이 중동에만 있는 것은 아니지만 중동 걸프만 주변에 많은 것도 사실이다. 이 나라들은 또 마침 대부분 이슬람권 국가이다. 기름값이 높을 때는 이슬람 금융을 활용하면 이들 나라가 보유한 돈을 잘 활용해 볼 수 있을지 모른다는 생각이 있었다.

2010~11년쯤은 그때로부터 몇 년 전 있었던 세계 금융 위기의 여파가 아직 다 가시기 전이었다. 금융 위기에서는 어느 정도 벗어났지만 언제고 다시 유동성 압박이 올지 모르니 거기에 대비해야 한다는 분위기도 있었다. 그때 마침 이슬람 금융이니 수쿠크니 하는 새로운 개념의 금융 구조에 대한 이야기가 많이 들렸다. 수쿠크는 채권과 성격이 유사하여 아예 '이슬람 채권'이라고 부르기도 한다.

수쿠크라는 자금 조달 수단을 활용하면 풍부한 중동자금을 조달해 올 수 있지 않을까? 중동자금 또는 이슬람 금융을 활용한 자금을 안 쓴다고 외화조달이 안 되는 것은 아니었지만 외화를 차입하여 자금을 조달할 수 있는 선을 다변화할 수 있으면 나쁠 것이 없을 것 같았다.

또, UAE 원전 사업같이 대형 인프라 프로젝트들이 중동에서 발주되는 것에 대비할 필요도 있어 보였다. 지금도 검색엔진에서 '제2의 중동 붐' 같은 검색어를 넣어보면 당시 기사들을 검색해 볼 수 있다. 이런 대형 프로젝트를 따오는 데에는 건설이나 엔지니어링 업체의 역량만 중요한 것이 아니다. 보통 대규모 투자가 필요한 이런 프로젝트는 100% 자기 자금만 가지고 추진할 수 없다. 프로젝트를 수주하려는 기업이나 그 기업이 속한 국가의 국영 또는 민간 금융기관이 금융 구조를 짜서 함께 제안한다. 우리 물건이나 프로젝트를 살 돈을 빌려주면서 수주를 하는 것이다.

이런 구조에서는 금융경쟁력도 기술경쟁력 못지않게 중요하다. 물론 중동에서 발주하는 사업들이라 하여 금융 구조도 다 이슬람 금융을 활용해야 하는 것은 아니다. 실제 중동에서 발주되는 많은 사업이 이슬람 금융이 아닌 일반 금융 구조를 활용한다. 하지만 왠지 앞으로 중동이나 동남아 이슬람권에서 발주하는 사업이 증가한다면 이슬람 금융 활용을 준비해야 할 것 같은 분위기가 있었다.

흔히 수쿠크법이라고도 하는 '조세특례제한법(조특법)' 개정이 추진된 것도 이런 배경에서였다. 자세한 내용은 뒤에서 살펴보겠지만 개정안은 무라바하(Murabahah)와 이자라(Ijarah) 수쿠크에 대해 일반 채권과 동등한 세제 혜택을 주어 거래를 가능하도록 하는 내용을 담고 있었다. 조특법 개정안 자체는 수쿠크를 발행하여 자금을 빌려 올 때 적용되는 조세특례 중 특정한 항목만을 다루고 있었다.

이슬람 금융 도입을 허용한다든지 그런 거창한 내용은 아니다. 하지만 개정안이 통과되면 이것을 신호탄으로 하여 자본시장에서 이슬람 금융상품을 더 잘 다루기 위해 이것저것 제도와 규정이 정비되고, 전반적으로 이슬람 금융에 대한 이해와 관심이 더 높아질 터였다.

하지만 알려진 대로 이 시도는 종교계의 반대가 주된 이유가 되어 무산되었다. 제출된 법안은 국회 소위원회에서 심의하다가 막혀서 흐지부지된 이후에는 더 이상 논의가 진행되지 않았다. 우리나라에서 이슬람 금융 관련 논의는 그때 이후로 정체 상태이다.

말레이시아에서 공부를 마치고 돌아온 이후에는 이슬람 금융 주간지인 IFN(Islamic Financial News)에서 한국의 이슬람 금융 현황을 소개하는 글을 써 달라는 요청을 가끔 받곤 했다. 처음에는 어려움이 없었다. 조특법 개정이 무산되어 동력을 잃은 우리나라 상황에 대해 기고문을 작성해 보내주었다. 그런데 그다음부터가 문제였다.

부탁을 받을 때마다 쓸 내용이 없어 난감했다. 그래서 쓸 게 없다고 했는데 그래도 써 달라고 하길래 어쨌건 상황을 정리해 보내주었다. 그랬더니 이번엔 오히려 그쪽에서 난감해했다. 우리나라에서 조특법 통과가 종교계 반대로 무산된 것은 업계에서도 이미 다들 잘 알고 있는 일인데, 내가 쓴 기고문은 몇 년 전 보낸 글과 별다를 게 없어 새로운 정보가 없다는 것이다.

보통 다른 나라들은 한해가 다르게 변화가 보이는 곳도 있다. 시장 규모도 커지고 법규나 제도가 정비되는 속도도 빠르다. 이슬람권도 아니고 해서 변화의 페이스가 그렇게 빠르지 않은 나라들도 보통 2, 3년에 한 번씩 체크해 보면 그래도 조금씩은 변한 것이 있다. 그런데 우리나라는 딱히 쓸 것이 없었다. 무언가 물밑에서 일어나고 있을 수 있는데 레이더를 바짝 세우지 않고 있어서 몰랐을 수도 있지만, 어쨌건 표면에서 이루어지는 눈에 띄는 움직임은 없다고 할 수 있다.

이런 상황인데도 이슬람 금융과 경제에 대해서 굳이 이 시점에서 알아볼 필요가 있을까? 다음 사례들을 보면 그래도 알아둘 필요가 있겠다는 생각이 들 수도 있다(실제 사례를 각색한 것이다).

A은행에서 은행 간 금융을 담당하는 부서에 중동 지역 한 은행에서 제안이 왔다. 자금을 차입하고 싶다는 것이다. A은행이 중동 지역 은행과 금융 거래를 하는 것은 새로운 일이 아니다. 그런데 이번 제안은 새로웠다. 이슬람 금융 방식으로 금융 거래를 하자는 것이다.

중동 은행은 '커머디티 무라바하(Commodity Murabahah)' 방식을 쓰자고 제안해 왔다. 런던 금속 거래소(LME, London Metal Exchange)에서 금속을 사고파는 거래 구조를 활용해서 금융계약을 하자는 것이다. 의미도 있고 재미있을 것 같기는 한데 처음 하는 형태의 거래라서 공부가 많이 필요할 것 같다. 일반대출하고는 뭐가 다른지 면밀히 검토해 보아야 할 것 같다.

❷

해외 인프라 금융을 주로 지원하는 B기관은 중동에서 하는 석유화학 프로젝트에 참여했다. 많은 자금이 소요되는 프로젝트라 유수의 금융기관이 협조융자 방식으로 자금을 대출한다. B기관이 하는 대출 계약은 이슬람 금융 방식이 아닌 일반 금융계약이다. 그런데 다른 중동 금융기관 두세 곳이 제공하는 금융은 이슬람 금융 방식으로 진행된다고 한다. B기관 대출분은 일반 금융이라 상관이 없지만 신경이 쓰인다. 이슬람 금융 해당 부분(트렌치라고 한다)의 권리 의무 관계가 다른 일반 금융 부분하고 어느 부분이 같고 어느 부분이 다른지 살펴보아야 한다.

이슬람 금융 트렌치 계약이야 어떻게 하든 그쪽이 알아서 할 일이라 큰 상관은 없는데, 적어도 이슬람 금융 트렌치 계약 조항 때문에 B기관을 포함해서 다른 일반 금융 트렌치 계약이 영향을 받으면 안 된다는 걸 분명히 할 필요가 있다. 그러자면 그쪽에서 어떻게 하는지에 대해 좀 알아둬야 할 필요가 있는데 이슬람 금융 트렌치 쪽 관련 서류를 읽어 보고 검토해 보니 용어나 개념이 생소하여 알아두어야 할 것이 많다.

❸

금융회사인 C회사는 해외 진출의 일환으로 이슬람권인 Z국 종합 금융회사인 Y사를 인수하였다. Y사에는 리스 금융자산도 상당 부분 있었는데, '이자라 문타히야 비탐릭(Ijarah Muntahiya Bittamlik)'이라는 이슬람 리스 개념을 활용한 자산도 포함되어 있었다.

인수 대상인 Y사는 본격적인 이슬람 금융회사는 아니었지만, Z국에서는 일반 금융사도 금융 감독 당국 허가를 받아서 이슬람 창구(Islamic window)를 열거나 이슬람 금융상품을 취급할 수 있었기에 '이자라' 상품을 취급하고 있었다.

C사는 Z국에서 본격적인 이슬람 금융 영업을 할 생각은 없었다. 하지만 인수 대상으로 가장 적격이라고 평가한 Y사에서 이미 취급하고 있는 '이자라' 상품 영업을 굳이 중단할 필요는 없다. 이 상품은 일반 금융의 리스 금융상품과 성격이 거의 유사하다. 또, Y사의 기존 직원들도 이 상품을 판매하고 관리해 본 경험이 충분하다. 다만, 계약서를 포함한 금융 서류에 나타난 권리 의무 관계가 일반 금융과는 다를 수 있어서 살펴보고 상품을 이해할 필요는 있을 것 같다.

❹

D상무는 이슬람권인 X국에 오래 거주하며 여러 회사에서 경험을 쌓았다. 주로 한국계 회사에서 근무하다 이번에는 한국계 대기업과 거래하는 현지 기업 W사에서 재무책임자(CFO)로 일하게 되었다. 입사하자마자 W사 재무 현황을 들여다보니 회사 대출금 대부분이 현지 이슬람 은행에서 조달한 이슬람 금융 방식의 차입금임을 알게 되었다.

D상무는 X국에 오래 거주했지만 이슬람 은행이 있다는 걸 알기만 했지 이슬람 금융은 잘 모른다. 회사에서 일하는 현지 직원들에게 물어봐도 그건 그냥 차입금이고 일반대출하고 똑같다고만 얘기하지 정확하게는 모르는 듯하다.

D상무는 다른 회사에서 일할 때 거래 경험이 있어 익숙한 한국계 은행들과 거래하는 것이 편하다. 하지만 금리 등 금융 조건을 비교해 보고 경영진에게 보고한 후 최종 결정을 해야 했기에 기존에 깔려 있던 이슬람 금융 방식 차입금의 계약서와 금융 조건을 살펴보기로 했다.

❺

건설사인 E사는 이슬람권인 V국 U주정부에서 민관 협력 사업(PPP,

Public-Private Partnership)으로 추진하는 도로 건립 사업에 응찰하고 자 한다.

V국은 이슬람권 국가이지만 헌법이나 법률 체계는 샤리아에 입각하지 않은 세속법 체계로 되어 있다. 하지만 정치적, 역사적 이유로 U주는 상당한 수준의 자치를 누리면서 샤리아에 입각한 주법과 규정, 제도 체계를 운영하고 있다.

U주 당국은 응찰자들에게 금융은 이슬람 금융을 활용해야 한다는 조건을 내걸었다. 현지 이슬람 은행과 상담을 해 보니 이슬람 금융 방식의 대출이 가능하다는 것을 확인하였다. 현지에서는 많이 활용되고 있는 금융 구조여서 절차와 서류도 표준화되어 있고 큰 문제는 없는 듯하다. 하지만 용어나 개념이 생소하니 일반대출과는 어떤 점이 다른지, 혹시 놓치고 있는 점은 없는지 면밀한 검토와 조사가 필요할 것 같다. 경영진이 이해할 수 있도록 보고해야 함은 물론이다.

❻

인삼을 재배하여 판매하는 F영농조합은 최근 할랄[2] 인증에 관심이 많다. 중동과 동남아 이슬람권에 인삼 제품을 수출하기 위해서는 할랄 인증이 필요할 것 같아서이다. 어떤 나라는 이미 할랄 인증이 의무인 곳도 있고, 의무화 작업이 진행 중인 곳도 있다. 의무가 아닌 곳들도 무슬림 소비자에게 마케팅하려면 할랄 여부를 확실히 해 두는 것이 좋을 것 같다.

하지만 이슬람 율법이나 할랄 인증과 관련하여 경험이 전혀 없는 F조합은 말레이시아에 있는 할랄 인증 전문가에게 자문을 요청하였다. F조합은

---

2) 할랄(halal): 아랍어로 '허용되는' 또는 '합법적인'이라는 뜻을 가지고 있다. 주로 식음료나 의약품, 화장품같이 직접 섭취하거나 몸에 쓰거나 바르는 제품과 관련하여 많이 들을 수 있는 용어이다. 하지만 음식 등 특정 영역에만 국한되지는 않고 이슬람 율법 체계인 샤리아(Shariah)에 부합하여 허용되는 모든 행위나 대상 등을 의미한다.

> 이 전문가와의 대화에서 어떻게 하면 인삼밭에 대해서 할랄 인증을 받을
> 수 있는지를 물었는데, 전문가는 할랄 인증의 대상은 인삼 또는 인삼 제품
> 이며, 땅에 대해서 인증을 하는 것이 아니라고 답해 주었다.
> **F조합**은 할랄 인증을 받기 위해서는 제품 제조 공정과 유통 과정을 어
> 떻게 관리해야 하는지, 어떤 절차를 거쳐 인증을 받을 수 있는지 등에 대해
> 자문을 받을 수 있었다.

마지막 F영농조합 사례는 인도네시아에서 열린 할랄 산업 웨비나
(Webinar, 웹+세미나)에서 어떤 할랄 전문가가 소개한 것을 들은 것이다. 사실
할랄 인증이 생소하고 막막한 것은 우리나라 사람이나 기업만이 아니다.
웨비나에 참석해서 들어보면 인도네시아 같은 이슬람권 지역 기업과 생산
자들도 할랄 인증을 막막해하고 어떤 절차를 거쳐야 하는지 질문을 많이
한다.

한국인인 나로서는 남의 일 같지 않았다. 우리나라에서는 이슬람과 관
련한 것이 낯설다. 그러니 더 막막하고 어렵게 느껴졌을 것이다. 이슬람권
에 있는 생산자나 중소기업이라면 인증을 위해 원재료 수급부터 생산, 유
통에까지 이르는 가치 사슬(value chain)을 어떻게 관리해야 하는지, 인증 절
차는 어떤지에 대해서는 좀 막막해도 적어도 '할랄'이 무엇인지에 대해서
는 감이 있다. 그리고 세미나도 있고, 워크숍도 있고, 당국이 창구를 개설
해 기업을 돕기도 한다. 말이 통하면서 도움을 받을 수 있는 수단이 가까이
있다. 처음에는 좀 생소해도 곧 익숙해지고 무엇보다 다른 생산자나 중소
기업도 비슷한 절차를 밟을 테니 남들 할 때 같이 따라서 해도 된다.

하지만 우리나라에 있는 생산자나 기업들은 상황이 다르다. 이슬람이라
는 종교와 문화 자체가 생소하다. 물론, 식료품이나 화장품, 의약품 등 이슬
람권에서 영업을 하려면 할랄 여부가 중요한 업종에서는 꽤 오래전부터 관

심을 가지고 준비한 것으로 안다. 하지만 위 사례에서 볼 수 있는 것처럼 우리나라에 살고 있는 사람은 대부분 이슬람 금융이나 경제와는 별로 관계가 없는 삶을 살아간다. 그러다 갑자기 이슬람 금융과 경제를 맞닥뜨리게 된다.

세계 인구에서 1/4 정도인 20억 명은 무슬림이다. 퓨 리서치 센터(Pew Research Center) 조사[3]에 따르면 이슬람은 세계에서 가장 빠르게 성장하는 종교이다. 무슬림 인구는 2060년에 약 30억 명으로 늘어 세계 인구 중 31%를 차지할 것으로 전망되었다. 조사에서는 무슬림 인구가 2015년부터 45년 사이에 70% 성장해 2060년까지는 12억 명 가까이 늘 것이라고(2015년 18억에서 2060년 30억 명으로)보았고 출산을 통한 자연증가가 주요 요인으로 예측된다.

출산율이 하락하고는 있지만 이슬람 지역은 다른 지역보다 여전히 아이도 많이 낳고 젊은 인구도 많다. 경제적으로도 더 활력이 있고 중산층이 늘면서 시장 그 자체로서의 중요성도 점점 더 커질 것이다.

우리나라 경제는 문을 닫고 내수만 가지고 지탱할 수 있는 그런 구조가 아니다. 상품 · 서비스 수출입도 해야 하고, 아예 공장을 해외에 지어 제품도 밖에서 만들어야 할 때도 많다. 건설 · 인프라 부문을 중심으로 해외에서 진행하는 대규모 프로젝트도 많다. 이슬람권에서 사업을 진행하다 보면 앞에 나온 사례처럼 생각도 못 하다가 갑자기 이슬람 금융이나 경제를 만나는 일이 생긴다.

이런 얘기도 할 수 있다. 우리나라가 중동이나 다른 이슬람권과 교역을 하기 시작한 것이 한참 전부터인데 지금까지 이슬람 금융이니 이슬람 경

---

3)　The Pew Research Center, 'The Changing Global Religious Landscape', 2017

제니 하는 거 잘 몰랐어도 지금까지 큰 문제 없지 않았느냐고, 지금에 와서 새삼스레 이슬람 금융과 경제를 알아야 할 필요가 뭐냐고.

사실 맞는 얘기일 수 있다. 앞에서 얘기했지만 이슬람 금융을 적극적으로 육성하고 있다고 하는 UAE나 말레이시아 같은 곳도 이슬람 금융 또는 은행업 시장점유율이 아직 20~30%대이다. 세계에서 무슬림 인구가 가장 많은(2억 2천만 명 이상) 인도네시아도 이슬람 금융이나 은행업 점유율이 오랫동안 5% 내외 수준을 벗어나지 못했다. 오죽하면 '5% 함정(five percent trap)'이라는 말을 자조적으로 할 정도였다.

그렇기에 지금까지는 이슬람 금융·경제에 대해 잘 몰랐어도 이슬람권 지역과 무역하고 경제 교류하는 데 큰 문제가 없었던 것은 사실이다. 하지만 앞으로는 다를 수 있다.

대부분의 이슬람권 나라들은 식민지 상태에서 벗어나 정부를 꾸린 지 6~70년 정도 되었다. 그 기간에 정부가 국민의 지지를 받지 못해서 정통성이 없는 경우가 많았다. 권위주의적 지도자가 다스리거나, 정정이 불안하고 집권 세력이 자주 바뀌는 그런 상태가 계속된 곳이 많다. 정부가 장기적인 관점에서 전략과 철학을 가지고 통치하기가 쉽지 않았다. 이런 상황에서는 나라 틀을 갖춰 가느라 바빠 이슬람권 나라라고 해도, 이슬람의 가치를 정치나 경제 같은 영역에서까지 구현해 나가는 데 신경을 쓰기가 어려웠다.

한편, 정통성 없는 권력자가 종교가 영향을 미치는 범위를 사적 영역으로 제한하기를 원했던 곳도 있다. 국민이 괜히 이슬람적 가치에 관심을 두고 이를 정치, 경제와 같은 공적인 영역에까지 확장하려고 하면 정권 유지에 부담이 될 것으로 생각했기 때문이다. 그래서 개인적으로 종교생활하는 것은 자유롭게 보장하고 보호하면서도 이슬람 경제나 금융 같은 얘기는 나오지 않기를 원하는 권력자도 많았다.

종교지도자들도 굳이 이슬람에서 이자를 주고받는 것을 금한다는 등 이슬람 경제에 대한 내용을 드러내 놓고 말하지 않는 분위기이기도 했다. 어떤 지도자는 아예 "과도하지 않은 이자는 죄가 아니다."라는 율법 해석(파트와)을 내놓기도 했다.

종교인들이 다 정권의 눈치를 봐서 이야기를 하지 않은 것은 아니다. 정말 이자 주고받는 것이 잘못이 아니라고 경전을 해석했을 수도 있고, 아니면 종교인들이 경제나 금융에 대해 잘 알지 못했거나 관심이 부족했던 것이 요인일 수도 있다. 목소리를 내는 종교인이나 경제인이 있기는 했겠지만 큰 영향은 없었다. 이슬람 은행업이나 금융업이 활성화되지 않아서 어차피 제도적으로 이슬람 금융을 실행할 수 있는 수단이 부족했기 때문이다. 보통의 무슬림도 이 분야에 그다지 크게 관심을 기울이지 않았다.

지금은 상황이 다르다. 세계적으로 이어지는 이슬람 부흥의 물결 속에 이자를 주고받는 것이 왜 죄인지, 대안적 금융 시스템이 무엇인지에 대해 이야기하는 종교지도자가 늘어나고, 보통의 무슬림도 인터넷이나 유튜브와 같은 수단을 통해서 이런 목소리를 자주 접하게 되었다.

정부 차원에서 이슬람 금융과 경제를 전략적으로 육성하겠다고 나서는 곳도 많아졌다. 이슬람 은행이나 금융기관들이 세워지고 지점도 많이 만들어지면서 금융 소비자들이 이슬람 은행 간판과 용어에도 점점 익숙해지고 있다. 이러한 변화는 이슬람 금융시장 규모와 점유율의 점진적 확대로 나타나고 있다.

변화가 빠른 지역이나 분야도 있고 그렇지 않은 곳도 있다. 이슬람 금융과 경제를 모른다고 해서 당장 이슬람권에서 사업이 어려워지고 큰 어려움을 겪게 되는 일이 발생하지는 않을 것이다. 그래도 이슬람 금융이나 경제에 대한 이야기를 듣게 될 일은 점점 많아진다. 이슬람권에서 진행하는 프로젝트에 참여할 때 이슬람 금융을 끼워 넣지 않으면 참여가 어려운 건도 나올 수 있고, 그 정도는 아니더라도 이슬람 금융을 활용하면 전략적으로 비교 우위를 가질 수 있게 될지도 모른다.

식음료 제품뿐 아니라 의약품, 화장품, 문화상품, 관광상품을 개발해서 팔 때도 무슬림 소비자의 기호와 종교적, 문화적 민감성을 파악하는 일의 중요성도 점점 커질 것이다.

벌써 10년도 더 전에 조특법 통과가 무산되면서 우리나라에서 이슬람 금융, 경제에 대한 동력과 관심은 상당 부분 사라졌다. 그런데 그렇다고 해서 이슬람 금융, 경제라는 것이 갑자기 우리 경제나 일상의 삶과는 아무 관계가 없어지게 된 것은 아니다. 관심이 줄어든 그 10년이 넘는 시간 동안에도 이슬람권에서 금융과 경제는 많은 변화를 겪었다. 전혀 준비가 안 되고 공부가 안 된 상태에서 만나면 아는 것도 하나도 없고 감도 없으니 막막하기만 할 뿐이다. 미리미리 알아두면 이슬람 금융과 경제를 만났을 때 훨씬 수월하고 자신감도 생길 것이다.

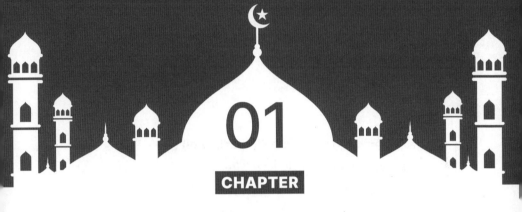

01
CHAPTER

이슬람금융 길라잡이

이자를 주고받는 것은 죄

| 이슬람금융 핵심 원칙 |

> "장사를 해라. 신이 주시는 좋은 것(리즈키, rizky) 중
> 열에 아홉은 장사에서 온다."

선지자 무함마드(SAW)가 했다고 전해지는 말이다. 사실 이 말은 선지자가 한 말이라는 근거가 미약[4]한데도 불구하고, 이슬람에서(또는 선지자가) 장사, 상업, 무역을 어떻게 보는지를 설명해 주는 말로 자주 거론된다. 학교에서 이슬람 금융을 공부할 때 수업 시간에도 여러 번 들었던 말이다. 농자천하지 대본(農者天下之大本)이 아니고 장사가 가장 중요하다는 생각이다.

아마 이슬람이 처음 태동하고 선지자가 활동하던 무대가 아라비아반도이기 때문에 가능한 생각인 것 같다. 기후 조건이 척박하여 물산이 부족한 곳에서는 상품을 공급이 풍부한 곳에서 부족한 곳으로 옮기기만 해도 가치가 발생한다고 여겼기 때문일 것이다. 물건을 떼어 가져다 팔아 이문을 남겨 먹는 행위라고 하여 상업을 귀히 여기지 않고 거기에 종사하는 사람도 장사치라고 하대하던 곳도 많은데, 이와는 정반대인 가치 체계라고 할 수 있다.

---

4) 이 구절도 하디스에 기록된 것이지만(하디스가 무엇인지는 아래 주5) 참고), 선지자로부터 이어지는 전승의 사슬(isnad)이 약하거나 빈 곳이 있어서 권위가 약한 것으로 받아들여진다.

이슬람 경전인 꾸란과 꾸란 다음의 지위를 갖는 하디스[5]를 읽어 보면 이슬람에서 경제, 그중에서도 상업과 무역, 계약, 시장을 중요하게 여긴다는 것을 알게 된다. 신의 계시를 받아 전해 주었다고 하는 선지자 무함마드 자신부터가 상인이었고 핵심 추종자도 상당수가 상인이었다. 선지자 사후 이슬람 세계를 다스리는 지도자가 된 아부 바크르나 우스만도 모두 상인 출신이다. 선지자 무함마드 자신도 다른 사람과 계약을 하고 필요하면 돈도 빌렸으며 이슬람 율법 샤리아를 체계화하는 데 기여한 학자 중에도 상인 출신이 많다.[6]

선지자가 장사를 하고 계약을 하고 돈도 빌리고 하는 것이 이슬람에서는 어색하지 않다. 꾸란과 하디스는 비즈니스와 계약의 중요성에 대해서 힘주어 강조하고, 이슬람의 가치 체계이며 삶의 규범인 샤리아는 사업을 할 때 어떤 원칙을 지켜야 하는지, 계약은 어떤 조건을 갖추어야 하는지에 대해 상세하게 규정한다.

이슬람 경전에 '이슬람 경제'나 '이슬람 금융' 섹션이 따로 있지는 않다. 그러니 '이슬람 금융의 원칙'이라는 것도 어디 정리되어 있는 것이 아니다. 이 원칙은 꾸란과 순나[7](또는 하디스)처럼 이슬람 율법 샤리아를 구성하는 원천들 여기저기에 있는 장사와 상업, 계약 관련 구절 중 금융에 적용할 수

---

5) 선지자 무함마드의 언행을 편집하여 기록한 것으로 이슬람에서 '꾸란'에 이은 권위를 가진 경전으로 여겨진다. 여러 명이 선지자의 언행을 수집하여 편집하였기에 여러 모음집이 있으며, 전승이 얼마나 믿을 만한지에 따라 부여되는 권위가 다르다. 알 부카리(Sahih al-Bukhari)와 무슬림(Sahih Muslim)의 것을 포함하여 6개의 모음집이 가장 권위 있게 받아들여진다.

6) 대표적으로 샤리아학파 4개 중 가장 넓은 지역에서 많은 사람이 따르는 하나피(Hanafi)파를 열었다고 여겨지는 아부 하니파(Abu Hanifah)는 직물 거래를 가업으로 하는 가정에서 태어나 본인도 사업에 종사하였다고 한다.

7) 원래는 특정 인물이나 지역, 집단에서 행하는 전통이나 관습을 뜻하는 말이지만 이슬람 율법인 샤리아와 피크(fiqh)의 체계가 확립된 후에는 보통 선지자 무함마드의 말과 행동으로 확립된 전통과 모범을 의미한다. 선지자가 남긴 흔적이나 구두 전승이 사라진 지금은 수집하여 기록한 선지자의 생애나 언행인 하디스 등을 통해 선지자의 순나를 알 수 있는 것으로 여겨진다.

있는 구절을 해석하여 정리해낸 것이다.

물론 그 방법은 학자마다 다를 수 있다. 따라서 모두가 동의하는 원칙이라는 것이 있지는 않다. 그래도 일반적으로 받아들여지며 이슬람 금융을 이해하는 데 있어 필요한 몇 가지 원칙을 소개하자면 다음과 같다.

리바(Riba) 금지

이슬람에서 이자를 금한다는 것은 많이 알려져 있다. 그런데 사실 경전에 정확히 '이자'를 금한다는 표현이 있는 것은 아니다. 꾸란의 의미를 영어로 옮긴[8] 번역본 몇몇 구절을 보면 이자(interest)를 금한다고 되어 있는 부분이 있긴 한데, 이는 '리바(riba)'를 이자라고 해석하여 번역한 것이다. 꾸란에서 리바를 명확하게 금지하는 조항은 꾸란의 두 번째 장인 '알 바까라장'(Al-Baqarah) 275절에 나와 있다.

> "... 장사는 '리바'와 같다. 라고 그들은 말하나 하나님께서 장사는 허락하였으되 '리바'는 금지하셨노라. ..."[9]

이것은 꾸란에서 리바를 주고받는 것을 가장 명확하게 금지하는 구절이다. 리바 수수 행위를 비난하면서도 장사나 무역은 허락한다고 긍정적으로 서술하고 있다. 그런데 리바가 무엇인지, 리바가 왜 금지되는지 꾸란에는 명확하게 나와 있지 않다. 하디스나 다른 출처에 비추어 볼 때 리바가 무엇인지 분명하다고 생각하는 학자들이 있기는 하지만 합의된 의견은 아니다.

---

8) 일반적으로 꾸란은 아랍어로 된 것만 권위를 가지는 것으로 이해된다. 따라서 다른 언어로 번역되면 신적 권위는 상실되는 것으로 받아들여지기도 한다. 그래서 보통은 다른 언어로 번역할 수 있는 것은 꾸란 자체가 아니라 '꾸란의 의미'라고 본다.

9) 꾸란 2:275, '사우디 파하드 국왕 꾸란 출판청'에서 펴낸 꾸란 의미의 한국어 번역본. 단, 번역본에 '고리대금업'이라고 번역된 것은 원문의 '리바'로 다시 바꾸어 옮겼다.

일반적으로 리바는 '정당하지 못한 이익'이라는 뜻으로 쓰인다. 정당한 반대급부(이왓, iwad) 없이 얻은 이익은 다 리바이다. 대출을 해 주고 여기에 조금이라도 얹어서 받는 이자가 가장 대표적인 리바[10]라는 것이 지금 다수 무슬림이 지지하는 의견이고 이것이 바로 현대 이슬람 금융의 근간이 된다.

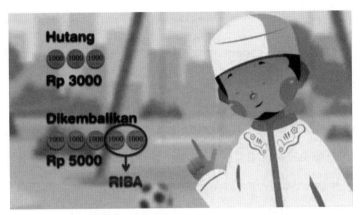

▲ 인도네시아 국립이슬람경제금융위원회(KNEKS)에서
리바의 개념을 설명하는 자료.
돈을 빌려주고 더 받는 것이 리바라는 뜻이다.

그럼에도 불구하고 리바가 정확히 무엇을 의미하고 이것이 왜 금지되어야 하는지에 대해서는 의견일치가 이루어지지 않았다. '리바'라는 한 가지 주제만으로도 수십 명이 발표를 하는 며칠짜리 콘퍼런스가 열리기도 한다. 리바와 관련한 그 길고 어려운 논의를 여기에 다 풀어낼 수는 없지만 간단하게나마 설명해 보기로 한다.

---

10) 일반적으로 대출에 대한 이자를 뜻하는 '리바 안-나시야(riba an-nasiya)' 외에 '리바 알-파들(riba al-fadl)'도 리바이다. 금, 은, 밀, 보리, 대추, 소금같이 화폐의 성질이 있는 것으로 여겨지는 특정 상품을 품질이 다르다고 하여 같은 종류끼리 서로 다른 양을 거래하면 리바가 된다. 예를 들어 A급 대추 1kg과 B급 대추 2kg을 교환하면 리바이다. 정 거래를 하고 싶으면 A급 대추 1kg을 팔고 수취한 돈으로 B급 대추 2kg을 사면 된다. 또, 이들 상품을 거래할 때는 교환이 동시에 이루어져야 한다. 리바 알-파들의 대상이 되는 품목에 대해선 학자들마다 의견이 갈린다. 꾸란에는 없고, 하디스에 근거한 규정이어서 '리바 알-순나(riba al-sunnah)'라고 부르기도 한다.

이슬람에서 돈을 빌려준다는 것은 고귀한 행위이다. 하디스에 보면 이런 구절이 있다.[11]

선지자 무함마드가 신비한 승천(미라즈, Miraj)을 경험하러 먼 길을 하룻밤에 이동했을 때(이스라, Isra), 천국의 문에 이런 글귀가 적힌 것을 보았다고 한다.

> **"자선(사다카, sadaqah)의 보상은 열 배이고, 돈을 빌려주면 열여덟 배의 보상이 있다."**

왜 자선보다 대출의 보상이 크냐고 선지자가 묻자, 지브릴(가브리엘) 천사는 "자선을 요구하는 사람은 가진 것이 있어도 요구를 하지만, 돈을 빌려달라고 하는 사람은 꼭 필요한 일이 있어서 그런 부탁을 했을 것"이기 때문이라고 답했다고 한다.

들고 보면 납득이 가는 설명이다. 그래서 이슬람에서 대출은 '선한 대출(카르둘 하산, Qard ul-Hasan, benevolent loan)'이라고 한다. 이자도 받지 않고 기한 내 못 갚아도 페널티가 없다.

그런데 이렇게 대출을 해 주고 이자를 약속하면 차입자는 돈을 빌려 가서 사업이 잘되거나 그렇지 않거나 고정된 이자를 지불한다. 손해를 봐도 이자는 꼬박꼬박 내야 하며, 이자는 휴일도 모르고 쌓인다. 대출자는 차입자의 사업 위험(business risk)을 공유하지 않는다. 이것이 이슬람의 시각에서는 불의(不義)하며 착취라는 것이다.

돈을 빌려 간 사람이 손실을 입는 와중에도 돈을 빌려준 사람은 원금에

---

11) 6개의 주요 하디스 모음집 중 하나로 꼽히는 Sunan Ibn Majah 2431에 실려 있으나, 해당 하디스는 신뢰성에 있어서 '약한' 하디스로 분류된다.

이자까지 따박따박 받아 가는 것은 옳지 않기에, 금융의 대상이 되는 사업에서 손해가 나면 자금을 제공한 사람도 위험을 나누어 지고 손실을 부담하는 것이 옳다는 생각이다. 설득력이 있는 것 같기도 아닌 것 같기도 하다.

사실 대출을 해 준 이가 아무 위험도 지지 않고 이자만 받아서 편하게 배를 불리는 것은 아니다. 대출자가 사업 위험은 지지 않지만 신용 위험이나 시장 위험, 환·금리 위험, 운영 위험 등 금융에 수반한 다양한 위험을 부담하기 때문이다. 하지만 이슬람은 이런 금융 위험을 인정하지 않는다. 왜 이슬람에서는 이자를 이렇게 부정적으로 볼까? 아마도 이슬람 이전 대부자들이 과다한 이자를 부과하던 악습이 이런 규정이 만들어지는 데 영향을 미치지 않았을까? 하고 추정할 뿐이다.

하지만 금융기관이나 금융상품과 관련한 거래에서 발생하는 이자가 다 리바라는 생각에 모든 학자가 동의하는 것은 아니다. 다수는 아니지만 여기에 반대하는 학자도 꽤 있다. 경전에서 금하는 리바는 이슬람 이전 메카 지역 상인들이 부과하던 과다하고 착취적 성격의 고리(高利)이며, 금융기관에서 부과하는 수준의 적정 이자까지 꾸란과 선지자가 금한 것은 아니라는 것이다.

2011년 말레이시아에서 이슬람 금융을 공부할 때 우리나라와 이집트 경제 교류와 관련하여 이집트의 이슬람 금융 현황 및 활용 가능성에 대해 조사해 달라는 요청을 받은 적이 있다. 조사해 보니 당시 이집트의 이슬람 금융 혹은 은행업 시장점유율이 4% 정도에 지나지 않아 놀랐던 기억이 있다. 이집트에서는 그 전부터 고위 이슬람 성직자나 율법학자가 금융기관에서 취급하는 적당한 수준의 이자는 리바가 아니라는 취지의 해석을 해 오던 전통이 이어져 왔다.

대표적으로는 1990년 경에도 어떤 권위 있는 율법학자가(Muhammad Sayyid Tantawy) 이런 취지로 이해될 수 있는 율법 해석(파트와, fatwa)을 내린 적이 있다. 이집트에서는 이런 해석들 때문에 이슬람 금융산업이 발전할 동력이 없었던 것 같다. 이집트는 현대적 의미의 이슬람 금융기관이 최초로 만들어진 곳으로 꼽히면서도 지금 이슬람 금융이나 은행업 점유율이 5%를 조금 넘는 수준에 그친다.

이처럼 이집트를 포함하여 일부 나라에서는 금융기관이나 금융상품과 연계된 적정 수준의 이자는 리바가 아니라는 해석을 내리는 학자가 적지 않았다. 이들을 관변학자로 보는 시각도 있다. 이자가 바로 꾸란이 금지하는 리바라는 의견을 내도 당장 이를 대체할 수 있는 대안 금융기관과 상품이 없거나 충분하지 않은 상황에서 괜한 평지풍파를 일으키는 것을 원치 않는 정부의 입맛에 맞는 해석이라는 것이다. 하지만 '이자=리바'라는 등식이 성립하지 않는다는 의견은 역사적으로도 있어 왔고, 지금도 이렇게 주장하는 현대적 학자는 꽤 많다. 지금 금융기관 및 상품과 관련한 이자는 이슬람 이전 메카 시대 고리대금과 같이 과도하지도, 착취적이지도 않고, 어느 정도의 이자는 경제성장을 위해 필요하기도 하고, 이자가 없는 경제란 실현 불가능하며, 물가 상승에 대한 보상 때문에라도 적정한 수준의 이자는 인정될 수 있다는 등의 논리에서이다.

이처럼 다른 목소리가 있기는 하지만 그래도 지금 이슬람 세계는 대체로 '이자=리바'의 공식을 인정하고 받아들이고 있다. 리바는 굉장히 큰 죄이다. 얼마나 큰 죄인가 하면, 선지자 무함마드가 "리바에는 70등급이 있는데, 가장 가벼운 것도 모친과 부적절한 관계를 갖는 것과 같다."[12]는 말을 했다고 할 정도이다.

또, "선지자께서는 리바를 받는 사람, 주는 사람, 기록한 사람, 증인을 선 사람

---

12)　하디스 Sunan Ibn Majah 2274

을 다 저주하신다."[13]라는 말도 있다. 이자가 곧 리바라면 은행에서 대출을 주고받는 것만으로도 이런 큰 죄를 범한 셈이 된다. 이에 따르면 은행원인 나도 중죄인이다. 그뿐 아니라 회계 처리를 해 준 사람, 법률 자문을 해 준 사람, 은행 차량을 운전해 준 사람도 다 죄인이다.

이슬람 금융이라는 생각은 이런 배경에서 출현했다. 금융을 하긴 해야 하는데 중죄를 지어가면서 할 수는 없지 않은가? 이자가 없으면서(interest-free) 이슬람적 가치를 구현하며 이슬람 공동체 움마(ummah)의 필요를 충족시켜 주는 형태의 금융, 그것이 이슬람 금융이다. 지금 상황에서는 이슬람이 리바를 금지한다는 말이 이자를 금지하는 뜻이라고 말해도 크게 틀린 말은 아니다.

가라르(Gharar) 금지

리바만큼 강조되지는 않지만 '가라르(gharar)'도 이슬람에서 금지하는 요소이다. 가라르는 '명확하지 않음'을 의미한다.

'불확실성'(uncertainty)이라고 하기도 하는데, 이때 불확실성은 리스크를 의미하지 않는다. 이슬람에서는 사업을 하면서 리스크를 지는 행위를 장려한다. 또, 금융을 제공하는 사람은 금융을 받는 사람과 사업에 따른 리스크를 함께해야 한다. 모든 사업은 리스크를 수반한다. 이익이 날 수도 있고 손해를 볼 수도 있다. 이슬람 태동 당시 아라비아반도 지역에서 많이 행해졌을 대상(카라반) 무역이 큰 위험을 수반하는 행위였을 것임을 생각하면 가라르 금지가 사업 자체의 특성에서 기인한 리스크를 지면 안 된다는 뜻일 수는 없다. 가라르라는 이름으로 금지하는 불확실성은 사업 자체에서 야기되는 위험이 아니라, 계약에 수반되는 불명확한 요소이다.

---

13)   하디스 Sahih Muslim 1598

이슬람은 계약을 매우 중요하게 여긴다. 계약 당사자가 계약과 관련한 사항을 모두 명확하게 잘 알고 계약을 해야 부당하게 재산권을 침해당하지 않기 때문이다. 재산의 보호는 종교, 생명, 자손, 지성의 보호와 함께 샤리아의 목적(maqasid) 중 하나에 해당한다.

그래서 이슬람 계약법 체계에 따르면 계약 당사자가 계약과 관련한 의사결정을 할만큼의 능력이 되지 않는다든지 아니면 계약에 불분명한 요소, 즉 가라르가 끼어들면 그 계약은 인정을 받지 못하고 무효가 된다.

물론 계약에서 불명확한 부문이 아예 없을 순 없다. 거래 대상이 되는 품목에 대해 사양과 규격을 지정한다고 해도 사소한 부분 하나까지 다 특정하여 거기에 정확히 부합하게 물품 인도를 받을 순 없다. 그래서 이슬람 계약법에서 금지하는 가라르는 계약에서 어쩔 수 없이 발생하는 통상적인 불명확성이 아니라 과도하고 부당한 불명확성이다.

가장 대표적인 가라르는 소유하고 있지 않은 것을 판매하는 것이다.[14] 손에 들고 있지 않은 것을 판매하면 품목의 사양과 규격 명세를 특정할 수 없어 불분명한 요소가 개입하게 된다. 예를 들어 태어나지 않은 송아지를 판매한다든지, 잠수부가 30분 동안 잠수해서 딴 해산물을 다 사기로 한다든지 하는 약정이 그 예이다.

리바의 예에서처럼 이슬람이 태동할 때 그 지방에서 이와 같은 상거래 관습이 있었을 가능성이 있다. 우리나라에도 밭떼기 같은 거래 형태가 있는 것처럼 말이다.

---

14) 소유하고 있지 않은 물건을 팔면 안 된다는 원칙에서 가장 중요한 예외는 '살람(Salam)' 계약이다. 살람은 이슬람 경제 버전의 선도(forward) 거래라고 할 수 있는데, 대금은 지금 지불하고 물품 인도는 약정한 미래 시기에 하는 계약이다. 살람 계약은 보통 이슬람 공동체인 움마(ummah)의 공익에 유익하다는 뜻인 마슬라하(maslahah)에 근거하여 허용되는 것으로 여겨진다.

가라르 금지 원칙에 따르면 주식 공매도(숏셀링)는 문제가 될 수 있다. 소유하고 있지 않은 것을 팔아선 안 되기 때문이다. 보통 보험이나 파생금융상품에도 가라르의 요소가 있는 것으로 본다. 보험은 보험금의 지급 여부와 시기·금액이, 파생금융상품은 기일이 돌아왔을 때 주고받는 금액이 확정되지 않아 불명확한 요소가 있다고 볼 소지가 있기 때문이다.

변동금리도 가라르 금지 원칙에 저촉된다고 보기도 한다. 기일에 주고받을 금액이 확정되지 않고 변하기 때문이다. 하지만 이슬람 금융은 다 고정금리만 취급하느냐 하면 그렇진 않다. 이런 방법도 있다.

예를 들어 코픽스+1.5%로 금리를 정하고 싶다고 하자. 그러면 계약서상으로는 이보다 높은, 이를테면 8%로 금리를 정한다. 그러면 금융을 제공받은 쪽에서는 고정금리 8%를 내고, 금융을 제공한 쪽에서는 6.5%-코픽스만큼을 리베이트(이브라, ibra)로 돌려준다. 그러면 최종 금리는 8%-(6.5%-코픽스)=코픽스+1.5%가 된다. 쌍방이 체결한 계약에서는 고정금리로 금리를 정했고, 리베이트는 계약 사항이 아니므로 '계약'에서 가라르를 금지한 원칙에 저촉되지 않는다. 시각에 따라서는 편법이라고 볼 수도 있다.

마이시르(Maysir) 금지

'마이시르'는 도박 또는 노름이라는 뜻이다. 결과가 운이나 우연에 좌우하는 거래는 이슬람 계약에서 인정하지 않는다. 복권 같은 것이 대표적이다.

보험과 파생금융상품은 가라르뿐 아니라 마이시르의 요소도 있다고 본다. 결과가 우연의 영향을 받기 때문이다. 사실 보험이나 일부 파생금융상품은 결과가 복권처럼 순전히 운과 우연에 따르는 것이 아니라 확률 분포의 영향을 받는다. 보험에서 개별 가입자에게 특정한 사건이 발생하여 보험금을 지급할지 아닐지는 어느 정도 우연에 좌우된다고 볼 수 있지만, 그 사건을 다 모아 놓고 보면 확률 분포를 따르게 된다.

이에 대해 확률을 운과 우연으로 보아 이것이 마이시르라고 설명하기도

하고, 반대로 과학적인 방법론에 따른 확률 분포를 근거로 하는 거래는 우연에 기반한 것이 아니기에 마이시르가 아니라고 설명하는 사람도 있다. 꾸란이나 하디스에서 마이시르를 금지할 때는 확률과 운, 우연이 어떤 성격을 가지는지까지 밝혀 놓지는 않았기 때문이다.

한편, 가라르와 마이시르에 대한 의견도 설명하는 방식도 다 일치하지는 않아서 글을 읽다 보면 가라르와 마이시르의 경계가 약간 모호하기도 하다. 일반적으로 보험과 파생금융상품에는 가라르와 마이시르의 요소가 다 있는 것으로 보는데, 어디까지가 가라르이고 어디서부터가 마이시르인지 무 자르듯이 딱 그렇게 말하기는 어렵다. 보통 마이시르 요소가 있으면 가라르 요소도 함께 있는 경우가 많다.

하람(Haram) 품목, 서비스 취급 금지

당연한 얘기겠지만 이슬람 율법에서 금지(하람)하는 항목을 지원하는데 이슬람 금융을 활용해서는 안 된다. 예를 들어 이슬람에서는 돼지고기 섭취가 금지된다. 따라서 돼지고기 햄이나 소시지 제조 설비를 지으려고 이슬람 금융을 활용할 수는 없다. 술이나 알코올 음료 음용도 제한되어 있기에 이슬람 펀드는 주류회사 주식을 사지 못한다.

무기 거래나 19금 업종도 이슬람 금융으로 지원하는 것이 제한된다. 이런 취지에서 일반적으로 호텔업은 이슬람 펀드 투자 대상에서 제외되는 경우가 많다. 호텔 안에는 보통 부대업장이나 룸서비스에서 주류를 많이 판매하고 아예 시설 안에 유흥업소가 있을 때도 많으며, 누가 투숙하는지를 거르지 않기 때문이다. 호텔 내에서 술을 팔지 않고, 부부나 가족이 아니면 이성 간 투숙을 막는 샤리아 호텔은 투자 대상이 될 수 있다.

이슬람금융의 기본, 이자 없는 대출(카르둘 하산)

'이슬람 금융' 하면 무라바하(Murabahah)니 무다라바(Mudarabah)니 하는 생소하고 비슷비슷하게 들리는 아랍어로 된 그런 계약들이 떠오른다. 거기에 무샤라카 무타나키사(Musharakah Mutanaqisah)[15]나 이자라 마우수파 피짐마(Ijarah Mawsufah fi Zimmah)[16]같이 더 복잡한 구조로 가면 계약 내용을 파악하는 것은 고사하고 계약 명칭을 제대로 읽어 내기도 쉽지 않다.

하지만 이슬람 금융의 가장 기본은 이자 없는 대출, 카르둘 하산(Qard ul-Hasan)이다. 이슬람 금융계에서도 카르둘 하산 기반의 금융이 확대되어야 한다고 주장하는 학자도 있다. 물론 너무 이상적이어서 상업 금융에서는 실현되기 어렵다. 수익은 전혀 생각하지 않는 순수한 인도적 목적의 금융이 아니고서는 자금을 조달해 오는 원가나 기회비용도 충당하지 못하고 물가 상승도 방어하지 못하는 이자 없는 대출을 하기는 어렵다.

그래도 이자 없는 대출 활용 가능성을 완전히 버리지 않고 있으면 선택의 폭이 넓어진다.

---

15) 주로 주택 금융에서 쓰이며, 금융기관과 주택 구입자가 합자의 형태로 집을 구입한 후 주택 구입자가 금융기관의 지분에 해당하는 만큼을 임차하여 주택에 거주하되, 상환 스케줄에 따라 금융기관의 지분을 점차로 매입하여 금융 제공 기간이 종료되면 지분이 모두 주택 구입자에게 이전되는 형태의 금융이다.

16) 계약 시점에서 리스 목적물이 존재하지 않거나 대여자가 목적물을 소유하고 있지 않은 상태로 체결하는 리스 계약으로, 일종의 선도 리스(forward lease)이다.

예를 들어보자. 우리나라에서 다른 나라에 공적개발원조(ODA)로 제공하는 차관은 일반적으로 상업적 기준을 훨씬 밑도는 조건으로 나간다. 차관을 받는 나라의 1인당 국민소득과 사업 특성에 따라 대출 조건이 정해지는데 이자율 연간 0.01%, 대출기간 40년 같은 조건으로 차관이 제공되기도 한다(15년 이후부터 25년간 원금분할상환)[17]. 차관을 받는 국가의 소득에 따라 이자율이 이것보다 높은 프로젝트도 있지만 상업적 프로젝트보다는 확실히 조건이 좋다.

그럼 이슬람 금융에서는 이런 파격적인 조건의 이자도 리바이고 정당하지 못한 소득일까? 받는 나라의 경제 개발과 빈곤 극복을 위해 상업 금융에선 상상도 못 할 조건으로 금융을 제공한다 해도 말이다.

지금으로선 그렇다. 0.01%가 아니라 1원을 얹어도 대출 계약서에 원금보다 뭘 더 받겠다고 약정하면 그것은 리바이다. 우리나라에서 유상 차관을 받는 나라 중에는 이슬람권 국가도 있다. 하지만 차관을 받으면서 이자를 받는 것을 문제 삼는 곳은 없다. 어차피 그 나라들도 이슬람 금융 점유율이 많아야 20~30% 정도일 거고, 5~10% 수준인 곳도 많기 때문에 이슬람 금융이 아닌 형태의 금융을 금지하는 곳들은 아니다.

앞으로도 이슬람권에서 원조를 받는 나라들이 이슬람 금융 방식이 아니면 차관을 못 받겠다고 할 가능성도 거의 없다. 있다손 치더라도 우리도 그렇게까지 해서 줘야 할 필요도 없다. 그래도 개발 금

---

17) 대외경제협력기금(EDCF) 홈페이지(edcfkoea.go.kr)에서 조회할 수 있는 EDCF 연차보고서와 가이드북에서 대략적인 차관 조건을 볼 수 있다.

융에 새로운 구조와 개념이 많이 등장하니까 개발 원조를 이슬람 금융으로 준다면 어떻게 해야 할까 생각해 볼 수는 있다.

복잡한 구조를 고안해 볼 수도 있지만 그냥 이자 없는 대출을 주는 것도 방법이다. 이자를 안 받는다고 꼭 특혜인 것은 아니다. 대출 만기나 거치기간만 조금 짧게 해서 대출 조건을 짜면 많지 않은 이자를 받는 다른 프로젝트와 증여 수준을 유사하거나 더 작게도 만들 수 있다.[18]

지연배상금 처리 등 대출 계약서상 손보아야 할 조항들이 있지만, 복잡한 구조화 없이 이자만 받지 않아도 훌륭한 이슬람 금융 차관이 될 수 있다.

어떤 일이 일어났는지보다
어떤 일이 일어났다고 믿는지가 더 중요하다

이슬람에서 선지자 무함마드의 말과 행동은 중요하다. 그의 언행은 다른 위인의 전기나 이야기처럼 모범과 교훈을 주는 정도에 그치는 것이 아니다. 무슬림은 꾸란을 신이 선지자 무함마드를 통해서 계시한 말씀이라고 믿는다. 신의 말씀이 다 그를 통해서 계시되었다는 의미이다.

또, 선지자의 언행과 모범인 순나도 가장 중요한 경전인 꾸란에 이어 버금가는 권위를 가진 것으로 받아들여지고 있다. 선지자의 말과 행동은 그냥 개인적인 의견과 특성이 표현된 것이 아니라, 신이

---

18) 공적개발원조(ODA) 차관 통계는 증여등가액(Grant Equivalent) 개념을 활용하여 계산한다. 증여등가액은 차관 만기까지 상환원리금을 시장조건으로 할인한 금액과 대출금액 액면의 차액이다. 대출기간과 거치기간이 길수록, 금리가 낮을수록 차관을 받는 측에 유리하며 증여등가액은 크다.

그의 삶을 통해서 인류에게 주는 모범과 가르침이다. 따라서 신실한 무슬림이라면 꾸란과 더불어 선지자의 언행과 삶을 공부하여 신의 뜻을 깨닫고 거기에 따라 살려 한다.

이렇게 만들어진 규범은 삶의 모든 부분을 지배한다. 이슬람 금융과 경제 분야도 예외가 아니다. 상업과 무역, 계약과 금융에 관련하여 선지자 무함마드가 했던 말과, 또 실제로 그가 다른 사람과 거래하면서 보여 준 모범은 규범이 되어 바로 이슬람 금융과 경제 분야에 적용되는 원칙으로 연결된다.

하지만 선지자의 삶에 대한 기록을 우리가 얼마만큼 검증하여 신뢰할 수 있을까? 선지자의 언행을 기록했다는 하디스는 그의 사후 200년 이상이 지난 후에야 수집되었으며, 그의 삶을 기록한 전기(시라, Sirah)도 사후 백 년 정도가 지나서야 초기 저작들이 나오기 시작했다.

물론 그의 일화를 수집하여 편찬하고 전기를 쓴 이들은 선지자의 흔적을 생생하게 재구성하겠다는 열의를 가지고 당시 이슬람 세계를 샅샅이 뒤져서 가장 신뢰할 만한 편찬본을 만들려 하였을 것이다. 이를 바탕으로 이슬람은 어떤 전승이 신뢰할 만하여 권위가 있고 어떤 것은 그렇지 않은지를 가리는 정교한 방법론을 발전시켰다.

학파마다 개개인마다 조금씩 차이가 있기는 하지만 지금 대부분의 무슬림은 그렇게 해서 지금의 모습을 갖추게 된 선지자의 언행을 실제 있었던 일로 믿고 받아들여 법과 규범의 기초로 삼고 있다. 이슬람 금융과 경제의 원칙 중에도 선지자의 말과 행동까지 그 뿌리가 올라가는 것들이 많다.

무슬림이라면 선지자 무함마드가 정말 그런 말을 하고, 그런 행동을 했는지, 당시에 정말 그런 일이 있었는지가 중요하다. 그래서 그의 언행과 그와 관련한 역사의 진위를 가리는 정교한 방법론도 만들어낸 것이다. 대부분의 무슬림은 수집하여 기록한 선지자의 언행을 믿음으로 받아 실제로 있었던 일로 보고 그 권위를 믿고 따른다. 하지만 제삼자의 시각은 다르다. 무슬림이 믿고 있는 바를 존중하면서도 그때 정말 선지자가 무슨 말을 하고 어떻게 행동했는지 그 흔적을 이슬람 측 기록 외에는 다른 기록에서는 찾기가 쉽지 않은 것도 사실이다.

그러나 무슬림이 아닌 이들에게는 선지자의 언행과 역사의 진위가 꼭 그렇게 중요하지 않을 수도 있다. 지금 무슬림들이 그것을 믿고 있고, 그 토대 위에 모든 시스템과 가치 체계가 세워졌다는 것을 아는 것으로 충분하다. 이슬람 경제와 금융도 그렇다. 이 책에서도 '선지자가 이랬다고 한다. 선지자가 저랬다고 한다.'라는 말이 꽤 나온다. 저자인 내가 직접 보고 들은 것도 아니고 그게 진짜인지 아닌지는 알 수 없다. 하지만 무슬림이 그렇게 믿고 거기에 따라 살고 거기에 따라 행동하고 있다면 선지자가 실제로 그렇게 말하고 행동하고, 이슬람 역사에 기록된 그런 일이 있었다는 전제에서 이후 이야기를 펼쳐가도 되지 않을까 한다. 선지자의 언행과 역사의 진위는 검증하기가 쉽지 않지만, 그 토대 위에 세워진 믿음과 가치 체계, 그렇게 만들어진 역사는 실재하고 지금 현실에까지 영향을 주기 때문이다.

무슬림이 아닌 우리 입장에서는 '실제로 어떤 일이 일어났는지보다 무슬림들이 실제로 어떤 일이 일어났다고 생각하는지가 더 중요할 수 있다.'[19]

---

19) 이 표현은 타맘 안사리가 쓴 『이슬람의 눈으로 본 세계사(류한원 옮김, 뿌리와 이파리, 2011)』에 실린 문장을 수정하여 사용한 것이다.

이익도 손실도 나눠 갖는 파트너쉽

| 무샤라카(Musharakah) |

보통 이슬람 금융 교과서를 보면 이슬람 금융계약을 소개할 때 매매나 리스 구조를 활용하는 계약을 먼저 놓고 그다음에 이익과 손실을 공유하는 파트너쉽 계약을 설명할 때가 많다. 매매나 리스가 가장 많이 사용하는 형태의 계약이기 때문이다. 하지만 여기에서는 이익손실공유(PLS, Profit-Loss Sharing) 계약을 먼저 소개한다. 이익손실공유야말로 이슬람 금융의 이상이고 목표이기 때문이다. 이상을 먼저 설명하고 현실은 어떠한지는 나중에 살펴보려 한다.

먼저 무샤라카(Musharakah)이다. 무샤라카는 합자 계약이다. 둘 또는 그 이상의 참여자가 자본을 투입해 사업체를 구성한다. 이익이 나면 어떻게 나눌지 배분비율은 미리 약정하는데, 비율에 대해선 따로 제약이 없으므로 참여자 간에 자율적으로 정해 계약하면 된다.

결산을 해서 이익이 나면 사전 약정한 배분비율대로 나누고 손실은 자본을 투입한 지분 비율에 따라 부담한다. 투입하는 자본은 이론상 물적자본이나 인적자본 다 가능하다. 대표적인 이익손실공유 계약 중 하나이다.

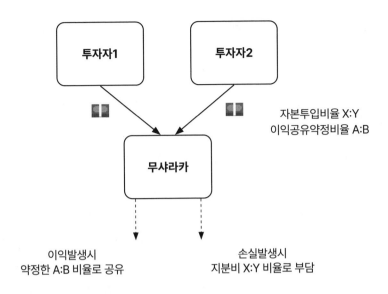

투자자1 투자자2

자본투입비율 X:Y
이익공유약정비율 A:B

무샤라카

이익발생시
약정한 A:B 비율로 공유

손실발생시
지분비 X:Y 비율로 부담

예를 들어 A와 B가 자본을 각각 40억 원과 60억 원 투입해 사업체를 구성하면서 이익배분비율은 3:7로 사전 약정했다고 하자.

결산 결과 이익이 5억 원 났다면, 약정한 이익배분비율에 따라 A는 5억 원 × 30% = 1.5억 원, B는 5억 원 × 70% = 3.5억 원을 각각 가져가고, 손실이 1억 원이 나면 이익배분비율 3:7이 아니라 실제 자본투입비율인 4:6에 따라 4천만 원과 6천만 원을 각각 부담한다.

위 사례에서는 B가 사업 아이템을 구상했고 사업 경험이 많은 점을 감안하여 자본투입비율인 60%보다 많은 70%의 이익배분비율을 이끌어냈을 수 있다. 이익배분비율은 합의하에 임의로 정할 수 있지만, 손실부담비율은 당사자 간 정할 수 없고 자본투입비율대로 한다는 점에 유의해야 한다.

무샤라카 계약은 일반적인 투자나 조인트벤처 같은 개념과 크게 다르지 않아 보인다. 사실 무샤라카(Musharakah)라는 용어나 개념 자체가 우리가 알고 있는 회사 개념과 크게 다르지 않다. 당장 번역기에서 회사(company)를 아랍어로 어떻게 표시하는지 찾아보면 '샤리카(sharika)'라고 되어 있다.

무샤라카와 발음이 비슷하다. 무샤라카는 회사나 조인트벤처 같은 것과 크게 다르지 않은 개념이다.

무샤라카는 기원후 7세기 이슬람이 움트기 이전에 아랍 지역에서 이미 성행했던 것으로 보인다. 무샤라카만 그런 것이 아니라 대부분의 이슬람 금융계약들이 그렇다. 이슬람 종교에 따라 새로 뭘 만든 것이 아니라 이슬람 이전부터 있던 계약과 관행 중 이슬람 율법에 어긋나는 것은 버리고 그렇지 않은 것은 굳이 없애지 않고 계속 사용하는 것이다.

무샤라카와 같은 이익손실공유(PLS) 계약은 당시 아랍 상황에 잘 맞는 상업적 관행이었을 것이다. 선지자 무함마드가 태어나고 자랐으며 이슬람을 잉태해 냈던 메카는 그 지역에서 가장 중요한 대상 무역 거점 중 하나였다. 대상 무역이라는 것이 물건을 싣고 먼 곳을 가서 팔아 돌아오면 높은 수익률을 기대할 수 있지만, 위험도 그만큼 큰 사업형태이다. 투자를 할 때 위험을 혼자 다 떠안기보다는 리스크를 나눠 져서 수익도 손실도 공유하는 무샤라카 같은 계약을 활용할 유인이 그만큼 컸을 것이다.

선지자 무함마드가 이슬람의 가르침을 전할 당시에 상업이나 무역은 기본적으로 위험도 크고, 기대수익도 큰 행위였을 것이다. 그래서인지 이슬람은 위험을 부담하고 공유하는 것을 긍정적으로 평가하고 반대로 돈을 빌려주고 사업에 따른 위험은 나누어 지지 않으면서 원금과 이자만 받아가는 행위는 비난한다.

그래서 율법 샤리아의 기본 명제 중에는 "위험이 있어야 보상이 있다(Al-ghunm bil ghurm)."라는 표현이 있다.

앞에서 소개한 대로 잘 알려진 이슬람 금융 원칙은 리바 금지, 가라르 금지, 마이시르 금지, 하람 품목 금지 등등 하여 다 '금지'가 들어간다. 요즘에는 이슬람 금융 원칙에 '금지'와 같은 부정적 표현만이 아니라 '상업과 무역 장려', '위험 공유', '이익과 손실 공유'같이 긍정적 표현을 일부러 붙이는 경우도 있다. '금지'가 아니라 긍정적 가치와 원칙이 이슬람 금융을 대표하는 원칙이 되어야 한다는 생각이다.

같은 이유로 이슬람 금융을 이자 없는(interest-free) 금융이 아니라 참여형(participatory) 금융 또는 지분 기반(equity-based) 금융이라고 표현하고 싶어 하기도 한다. 그러자면 무샤라카 같은 이익손실공유(PLS) 구조가 시장에서 더 널리 사용되어 이슬람 금융을 대표하는 상품이 되어야 한다.

하지만 지금 금융 상황은 당연히 7세기 아라비아 상황과는 다르다. 무샤라카 금융이라는 것이 무슨 압둘라와 사이드라는 사람이 의기투합하여 "우리 이러이러한 사업을 이렇게 한번 해 보세.", "내가 얼마를 낼 테니 자네가 얼마를 내게, 그리고 이렇게 저렇게 나누세." 하는 방식으로 이루어지지는 않는다.

정말 그렇게 위험을 분담하는 방식으로 투자를 해서 이익과 손실을 나누고 싶으면 주식회사 같은 유한책임회사나 조인트벤처를 만들거나 아니면 주식을 사서 회사 지분을 매입하면 된다. 유한책임회사나 조인트벤처, 주식은 그 자체로도 이슬람 율법에 어긋나지 않는다. 무샤라카는 정말 투자를 하려는 의도로 사용되기도 하지만 샤리아 원칙을 어기지 않으면서 일반 금융상품과 유사한 효과를 내려고 그 개념만 빌려와 사용되기도 한다. 투자 금융, 무역 금융 등에 다양하게 활용되고 있고 운전자금 조달 등에도 사용할 수 있다.

무샤라카 계약이 운전자금 조달에 어떻게 활용될 수 있는지 다음의 예를 통해 살펴보도록 하자.[20]

---

20) Otoritas Jasa Keuangan(OJK) Indonesia, 'Standar Produk Perbankan Syariah, Musyarakah dan Musyarakah Mutanaqishah'(샤리아 은행 표준 상품, 무샤라카와 무샤라카 무타나키샤), 2016, p35-37 사례를 참조하여 수정.

A사는 1년 동안 운전자금 10억 원을 살람 이슬람 은행에서 무샤라카 방식으로 조달하고자 한다. 1년간 운전자금 총소요를 50억 원이라 하고, 이 중 10억 원을 무샤라카 금융으로 조달하면 A사:살람은행의 자본투입비율은 80%:20%가 된다. 살람은행은 심사 결과 A의 연간 이익 규모를 5억 원으로 예상하였으며, 은행예상수익률(Expected Banking Rate)로 연 3.5%를 부과하기로 하였다. 금융 제공액이 10억 원이니 연 3.5%의 은행수익률(Banking Rate)을 실현하려면 은행수익은 연간 3천5백만 원이 되어야 한다.

그러려면 5억 원으로 예상한 A사 연간 이익 중 7%를 살람은행이 가져와야 한다(5억 원 × 7% = 3천 5백만 원). 7%를 은행이 가져가고 남은 93%는 A사가 가져가면 되므로 이익 기준으로(수익 기준 배분도 가능하다) A사와 살람은행의 이익배분비율은 93%:7%로 결정되었다.

위 무샤라카 계약 구조를 활용한 운전자금 금융 사례에서 은행이 최종적으로 가져갈 예상수익률은 이익배분비율을 먼저 정하고 거기에 따라 실현된 이익을 나눠 보니 최종적으로 3.5%가 된 것이 아니다. 오히려 예상수익률을 먼저 정하고 거기에 따라 회사의 이익 규모를 예측하여, 미리 정한 예상수익률을 실현할 수 있도록 이익배분비율을 정한다.

그럼 예상수익률은 어떻게 정할까? 물론 회사의 신용 상태나 다른 이슬람 은행에서 부과하는 예상수익률 수준을 모두 고려하여 정하겠지만, 가장 중요한 것은 일반 은행이 비슷한 운전자금 대출 상품에 부과하는 금리 수준이다. 금융 시스템에 이슬람 은행밖에 없다면 다른 대안이 없겠지만, 그렇지 않다면 일반 은행에서 비슷한 신용의 고객에 대해 1년 운전자금 대출 금리로 연 3%를 받는 상황에서 이슬람 은행이 연 3.5%로 더 높은 예상수익률로 부과한다면 고객을 유치할 경쟁력을 잃고 만다.

이 부분을 읽으면 이런 생각이 들 수 있다. '그냥 운전자금으로 10억 원을 1년간 연 3.5%의 금리로 대출하면 간단할 것을 이렇게 복잡하게 해야 하나?' 결국 결과는 똑같은데 이해하기도 어렵게 복잡한 구조를 만들어서 말이다.

그런데 할 수 없다. 이자를 받을 수 없기 때문에 굳이 이런 구조를 사용하는 것이다. 사실 은행은 이렇게 운전자금을 제공하는 상품에서 정말로 이익손실공유를 할 생각은 없는 경우가 많다. 형태만 이익손실공유(PLS) 계약이지, 손실이 나거나 아니면 예측한 만큼 이익이 나지 않을 경우에 이자 또는 원금 손실까지 감수할 의도는 없는 경우가 많다.

따라서 예측한 만큼 이익이 나지 않아서 예상 이익배분을 하지 못할 경우에는 어떻게 할지에 대해서도 약정서에 약정해 두기도 한다. 예상 이익배분이 안 되면 부도 사유가 되기도 한다. 모두 이익손실공유(PLS) 계약의 정신과 원칙과는 맞지 않는 조항이다.

운전자금 상품만이 아니다. 이슬람 금융에서 사용하는 무샤라카 계약 중 상당수는 정말 이익과 손실을 공유하려는 목적이 있는 것이 아니어서, 정도의 차이는 있지만 약정을 보면 여러 가지 장치를 두어 진정한 이익손실공유가 이루어지지 않는 경우가 많다. 이것이 이슬람 금융에서 이익손실공유의 이상을 이루고 싶어 하는 학자들에게는 안타까운 일이겠지만, 특별히 이상에는 관심을 두지 않고 여러 사유로 이슬람 금융을 그저 활용해야 하는 참여자에겐 나쁘지 않다. 복잡해 보이지만 결국 본질은 일반 금융과 크게 다르지 않다는 얘기일 수 있기 때문이다. 다만, 약정서를 읽고 그 내용을 잘 파악해 두어야 함은 물론이다.

수쿠크[21] 스캔들

이슬람 금융이 제대로 역할을 다하고 있느냐 하는 논쟁이 있을 때마다 자주 등장하는 사례가 있다. 이슬람 금융 기준을 제정하는 '이슬람금융회계 및 감사기구(AAOIFI, Accounting and Auditing Organization for Islamic Financial Institutions)' 샤리아학자 위원회 의장이었으며 저명한 이슬람 금융 법학자인 타키 우스마니(Taqi Usmani)가 2007년 수쿠크에 관해 했던 발언이다.

2007년 당시는 수쿠크에 대한 관심이 본격화된 지 얼마 안 되었을 시기이기도 하고 실제로 수쿠크 발행도 증가세를 보이고 있을 때였다. 그런데 수쿠크시장 성장을 환영해야 할 타키 우스마니 의장은 "지금까지 발행된 수쿠크 중 85%는 이슬람의 원칙에 부합하지 않는다."라는 입장을 밝혀 시장에 충격을 주었다.

당시 시장에서 가장 많이 발행되던 채권은 무샤라카나 무다라바 같은 지분 기반의 이익손실공유형 수쿠크였는데, 타키 우스마나 의장과 AAOIFI는 당시 수쿠크 발행 행태가 무늬만 지분 기반이며 진정한 이익손실공유도 실현하지 못하고 있다고 본 것이다.

수쿠크는, 그중에서도 특히 무샤라카나 무다라바와 같은 지분 기반의 수쿠크는 원금과 수익(채권에서는 채권 이자에 해당하는)을 상환하는 재원이 수쿠크가 소유권을 나타내는 자산이나 프로젝트에서 나와야

---

21) 흔히 '이슬람 채권'이라고도 하지만 채권과는 성격이 다르다. 채권이 채권채무 관계를 표시하는 데 반해, 수쿠크는 현재 혹은 장래의 자산이나 프로젝트, 포트폴리오에 대한 소유권을 표시하는 증권이다. 하지만 채권과 유사한 효과를 내기 위해 여러 가지 장치를 넣는 경우가 많아서 이슬람 채권 또는 샤리아 율법에 부합하는 이슬람 채권 등으로 불리기도 한다.

한다. 그래서 원래대로라면 발행자나 제삼자가 수쿠크 원금이나 수익을 보증하는 행위를 해서는 안 된다.

그런데 시장에서 고정수익(fixed-income)을 필요로 하는 투자자와 손실을 감수하고라도 고수익을 얻기를 원하는 투자자는 풀(pool)이 다르다. 수쿠크 투자자 상당수는 고정수익을 원하는 투자자이다. 수쿠크를 이슬람 '채권'이라고 보고 투자를 하는 채권 투자자인 것이다. 이런 투자자에게 수쿠크를 팔려면 수쿠크를 최대한 채권과 비슷하게 만들어야 한다. 그래서 다음과 같은 기법들이 많이 사용된다.[22] 지금도 정도의 차이는 있지만 사용되는 기법이다.

먼저 유동성 보충 약정(Liquidity Facility Arrangement)이 있다. 무샤라카 수쿠크에서 투자자를 모집할 때는 예상수익률을 제시한다. 예를 들어 연 3%라고 하자. 그런데 진정한 무샤라카라면 수익이 1%만 나면 1%만 지급하면 된다. 그런데 그렇게 해서는 고정수익(fixed-income)을 주는 채권 성격의 투자처를 찾는 투자자를 유치하기 어렵다. 이를 해결하기 위해 유동성 보충 약정이라는 장치가 마련된다. 이에 따르면 실제수익률이 예상수익률에 못 미칠 경우 그 차액만큼을 유동성의 형태로 발행자가 투자자에게 지급한다. 위 예에서는 2%가 된다. 사실상 수익을 평탄화(smoothing)시켜서 일정하게 만드는 장치이다.

만기 시 매매 약정(Purchase Undertaking)은 타키 우스마니 의장과 AAOIFI에서 특히 문제를 삼았던 부분이다. 무샤라카 수쿠크는 지분 성격의 금융상품이어서 수쿠크 보유자는 자산이나 프로젝트에

---

22) 이하 내용은 Asyraf Wajdi Dusuki, 'Do equity-based Sukuk structures in Islamic capital markets manifest the objectives of Shariah?', Journal of Financial Services Marketing(2010) vol. 15, 3, 203-214를 참고하였다.

지분을 가지고 있다. 원래대로라면 사업이 잘 안돼서 지분 가치가 하락하면 그만큼 수쿠크 보유자도 손해를 보아야 하고, 사업이 잘되어 지분 가치가 상승하면 상승분도 보유자에게 돌아가야 한다.

그런데 매매 약정을 하게 되면 발행자는 만기 또는 디폴트 발생 시이 지분을 미리 정한 액면가에 매입한다고 약속하게 된다. 수쿠크 보유자 입장에서는 이렇게 지분을 정해진 가격에 매도하게 되면 약속한 원금과 발생 이자에 해당하는 부분을 확실히 돌려받을 수 있게 된다.

사업이 잘되나 안되나 정확히 액면에 이자를 붙인 만큼만 준다는 것이다. 이렇게 하면 지분 기반 수쿠크가 채권과 큰 차이가 없어지게 된다. 일반 채권 구조로 돈을 빌려주면 사업이 잘되건 잘되지 않건 빌려준 만큼만 돈을 돌려받는 것과 같은 원리이다.

수익 배분 제한도 있다. 약정 예상수익률(채권 이자에 해당)이 3%라고 하자. 사업이 잘되어 수익이 5% 났다면 원래는 이걸 수쿠크를 들고 있는 투자자들에게 주어야 한다. 그런데 수익 배분 제한을 걸면 3%만 배분하고 나머지 2%는 수쿠크 발행자에게 인센티브로 준다. 그러니까 손해가 나도 위 유동성 보충 약정으로 부족한 부분은 채워주고, 이익이 나도 초과이익은 인센티브로 발행자에게 주어서 투자자에게는 결국 딱 약속한 3%만 맞춰 주겠다는 것이다.

수익 배분 실패 시 디폴트 요건 구성(EOD, Event of Default)은 약속한 예상수익률을 맞춰 주지 못하면 디폴트를 선언할 수 있다는 요건이다. 이 요건은 무샤라카의 원칙에 정면으로 배치된다. 사업이 성과가 좋지 않아서 수익 배분을 못 하면 투자자가 투자비율대로 그 손실을 부담해야 하는 것이 무샤라카의 원칙인데, 수익달성을 못 한다고 부도를 선언하면 이 원칙과는 어긋난다.

이렇게 신용보강(credit enhancement) 조치를 취해 놓고 보니 이건 말만 무샤라카 수쿠크이다. 형식은 무샤라카와 같이 이익손실공유 계약의 모습을 띠고 있지만 실제로는 액면 얼마짜리 채권을 사서 정기적으로 채권 이자를 받다가 만기에 원금을 돌려받는 채권과 성격이 크게 다르지 않다. 타키 우스마니 의장과 AAOIFI는 이 중에서도 특히 두 번째 만기 시 매매 약정을 문제 삼았지만 다른 것도 다 마찬가지이다.

▼ 형태별 수쿠크 발행 금액(백만 달러)

형태/연도	2000 이전	2001	2002	2003	2004	2005	2006	2007	2008	2009
매매	336	530	50	4,157	4,689	6,391	8,195	5,134	3,055	5,172
리스		250	750	1,050	2,495	1,793	4,991	5,091	6,440	3,340
지분		33	186	587	34	2,400	13,946	35,225	7,346	4,093
기타				23		213	47	1,343	3,700	

(Asyraf Wajdi Dusuki, 2010에서)

위 표를 보면 2006년과 2007년 수쿠크시장의 폭발적인 성장을 이끌었던 것은 무샤라카나 무다라바와 같은 지분 기반 수쿠크인데 공교롭게도 2007년 타키 우스마니 의장의 발언이 있은 후인 2008년에 발행액이 크게 감소한 것을 볼 수 있다. 물론 세계 경제 위기의 여파일 수도 있으나 그렇다고 하기에는 다른 형태의 수쿠크보다 지분 형태의 수쿠크 발행만 크게 감소한 것이 심상치 않다.

이슬람 금융의 이상에 크게 관심 없는 참여자야 지분 기반 수쿠크가 실제 이익손실공유를 하지 않고 본질적으로 채권과 같은 성격을 띤다는 것은 문제가 없다. 오히려 좋을 수도 있다. 하지만 이익손실공유의 이상을 이루고자 하는 이들에게 이것은 수쿠크 스캔들이라고도 할 만하다.

쩐주와 기업가 정신의 만남

| 무다라바(Mudarabah) |

무다라바(Mudarabah)는 무샤라카와 함께 이슬람 금융에서 가장 대표적인 이익손실공유(PLS) 계약이다. 무카라다(Muqaradah)나 키라드(Qirad)라고 하기도 한다. 같은 이익손실공유 계약이어도 무샤라카는 회사나 조인트벤처와 비슷한 개념이라 이해하기 쉬운데 무다라바는 조금 다르다.

파트너들이 모두 자본을 투입하는 무샤라카와 달리 무다라바에서는 돈을 넣는 사람이 따로 있고, 이를 가지고 사업을 하는 사람이 따로 있다. 자본을 투입하는 사람은 라불말(Rabul mal)이라고 한다. 샤히불말(Shahibul mal)이라고도 하는 라불말은 아랍어로 주인을 뜻하는 랍(rab), 그리고 정관사 알(al), 재산을 뜻하는 말(mal)이 합쳐진 말이다. 그러니까 말 그대로 '전주(錢主)'이다. 경영을 하는 사람은 무다립(Mudarib)이라고 한다.

무다라바가 무샤라카와 다른 점은 전주인 라불말만 돈을 투자한다는 것이다. 무다립은 돈을 내지 않고 경영에만 참여한다. 그러니 기업가(entrepreneur)라고 할 수 있다. 무다립은 돈이 아니라 기업가로서의 경험과 시간을 투자한다. 그래서 무다라바를 무다립이 금전적 자본이 아니라 인적 자본을 투자하는 무샤라카의 한 종류라고 보기도 한다.

무다라바가 무샤라카와 구분되는 점이 또 하나 있다. 무샤라카는 자본을 투입한 파트너들이 모두 경영 의사결정에 참여할 수 있다. 그렇지만 무

다라바에서는 전주인 라불말은 자본만 투입하고 경영에는 참여하지 않는
다. 사실 더 엄격히 말하면 경영에 관여해선 안 된다. 경영은 온전히 무다
립의 몫이다. 라불말은 돈만 내고 경영에는 참여하지 못하니 무다립의 과
거 실적과 평판을 고려하여 신중하게 무다립을 선택해야 한다. 자본을 투
입한 파트너인 라불말이 경영에 참여하지 못한다는 점에서 무다라바를 침
묵의 무샤라카(sleeping Musharakah)라고 하기도 한다.

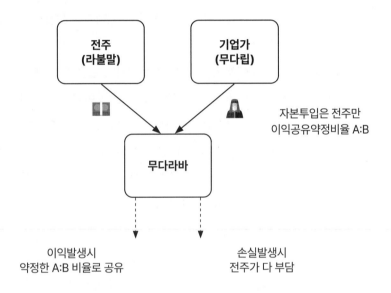

무샤라카와 같이 무다라바도 이익이 나면 어떻게 배분할지를 사전에 약
정한다. 이익이 나면 무샤라카처럼 약정한 배분비율대로 가져가는데 손실
이 나면 그 손실은 돈을 댄 라불말(전주)이 부담한다는 점이 특이하다. 무다
립은 돈을 하나도 안 대고 경영만 맡아서 하면서 이익 중 약속한 비율만큼
은 가져오고 손실에 대해서는 책임을 지지 않는다. 무다립이 손실에 대해
서 책임을 지는 경우는 사업을 운영하면서 태만함이나 잘못된 행동으로 손
해가 발생했다는 것이 입증될 때만이다.

이러한 무다라바 계약 원칙을 보면 이런 생각이 들 수가 있다. 이 계약은
너무 전주인 라불말에게 불리한 계약이 아닐까? 돈은 다 댔는데, 이익은 약

정한 비율대로 나누고 정작 손실이 발생하면 그건 다 돈을 댄 전주에게 돌아가고 말이다. 손실이 나도 무다립은 잃는 것이 하나도 없어 보인다.

하지만 사실은 무다립도 잃는 것이 있다. 무다립은 그 사업을 경영하는 데 들어간 노력과 시간을 잃는다. 무다립이 다른 사업을 해서 성공했으면 약정한 이익배분비율만큼 이익을 얻었을지도 모른다. 아니면 그 시간 동안 다른 곳에 고용되어 있었으면 보수를 받았을 텐데 그 기회도 잃었다. 그러니 무다립은 기회비용만큼 손해를 본다.

또, 무다라바 계약에서 이익을 내지 못해서 평판을 잃으면 다음번 계약이 들어오지 않을 수도 있다. 무다립은 고용인이 아니라 무다라바 계약의 상대방이기 때문에 별도의 임금을 받지 않는다. 그러니 손실이 나면 배당뿐 아니라 임금도 뭣도 아무것도 받지 못하는 것이 무다립이 입는 타격이다. 자본을 투자한 파트너인 라불말은 자본손실을, 인적자본을 투자한 파트너인 무다립은 인적 측면에서 손해를 보는 것이다.

전주인 라불말은 경영에 그냥 참여하지 않는 정도가 아니라 경영에 참여하는 것이 금지된다. 돈을 투자하는 라불말 못지않게 자신의 시간과 경험을 투자하는 무다립도 사업이 잘 안되면 희생하는 것이 많기 때문에 자신의 뜻대로 경영하는 것은 무다립의 권리이다. 라불말의 간섭없이 자신의 능력을 다 펼쳐 보라는 취지이다. 라불말은 중간에 경영에 관여할 수 없기 때문에 처음부터 자신의 뜻대로 경영을 잘 해낼 수 있는 무다립을 고르는 것이 중요해진다.

사례를 들어보자. 자본가 A가 자신의 여러 사업 중 하나를 업계에서 꽤 경영 능력을 인정받고 있는 B에게 무다라바 방식으로 맡긴다고 하자. A와 B는 무다라바 계약을 체결하며 이익배분비율을 8:2로 정한다.

이 계약은 고용 계약이 아닌 무다라바 형식의 계약이며 별도의 고용 계약은 없기에 이익이 발생하지 않으면 A는 B에게 보수를 제공하지 않는다. A는 B가 경영함에 있어서 기본적인 지침만 주고 일체의 경영 행위에 간섭하지 않는다. 이렇게 1년간 영업을 해서 이익이 10억 원이 났다고 하면, 무다라바 계약에 따라 8억 원은 전주인 A에게, 2억 원은 무다립인 B에게 돌아간다. 만약 손실이 1억 원 난다면 이것은 A가 이미 납입한 자본에서 차감되고 B가 사업체 운영을 태만히 했거나 계약 조건을 위반했다는 증거가 없으면 B는 따로 손실에 대한 책임을 지지 않는다. 손실이 나도 B는 따로 부담을 지지는 않으나 1년간 이 사업체에서 열심히 일을 했음에도 불구하고 별도의 보수가 없었기 때문에 아무런 수입을 올리지 못한다.

B는 다른 곳에 고용되어 보수를 받았거나 다른 무다라바 계약에서 이익을 배분받았다면 꽤 괜찮은 수입을 올릴 만한 능력이 있었지만, A와의 무다라바 계약에서는 이익을 내지 못해 기회를 다 놓치고 일 년간 헛수고를 한 셈이다.

무다라바 계약은 제한(restricted)과 무제한(unrestricted) 두 가지 기준으로 구분할 수도 있다. 제한 무다라바는 말 그대로 무다립이 할 수 있는 활동이나 의사결정에 제한을 두는 것이다. 예를 들어, 자본을 가지고 사업을 해서 이익을 추구하는데 재생에너지 부분에 투자하라든지, 신흥 시장에 투자하라든지 하는 지침을 주는 것이다. 무제한 무다라바는 따로 그런 제한을 두지 않는다.

무샤라카가 그랬던 것처럼 현대 이슬람 금융에서 무다라바는 아라비아에 사는 압둘라가 똘똘한 하미드에게 '낙타에 대추야자를 가득 싣고 시리아에 가서 팔아 오고 이익이 나면 그중 몇 퍼센트를 가져가라.' 이렇게 이루어지지는 않는다. 현실은 일반 금융에 있는 여러 상품을 재현해 내는 데 무다라바의 개념을 빌려오는 경우가 많다.

대표적인 예가 무다라바를 활용한 정기예치금 상품이다. 은행업의 기본은 예금과 대출 사이 금리 차로 수익을 내며 그 수익 안에서 신용, 시장, 유동성 등 금융 위험을 잘 관리하는 것이다. 예금 수신은 은행업의 기본이다. 수시입출금식 예금에 해당하는 상품은 크게 문제가 없다. 일반 은행에서도 소비자들은 이런 계좌에서는 이자를 거의 기대하지 않는다. 이슬람 은행에도 이자는 받지 않고 돈을 맡기는 와디아(Wadiah) 같은 계약을 활용한 수시입출 예치금이 있다. 하지만 수시 입출 예치금만으로는 영업에 필요한 재원을 충분히 확보하기 어려우니 정기예치금 계좌를 확보해야 하는데 이때 많이 사용하는 계약 중 하나가 무다라바이다. 고객이 이슬람 은행에 돈을 맡기면서 고객이 전주인 라불말이 되고, 은행이 무다립이 되는 것이다.

은행은 그 돈을 가지고 금융도 제공하고 투자도 하는 등 영업을 하면서 수익을 내고, 여기서 발생한 수익을 미리 약정한 배분비율에 따라 라불말인 고객에게 돌려준다. 일반 은행에서는 정기예금을 예치한 고객에게 약정한 이자를 돌려주지만 무다라바 방식의 이슬람 은행 예치금에서는 무다립인 은행이 전주인 라불말에게 수익을 돌려주는 것이다. 무다라바 정기예치금 예상수익률을 책정할 때에는 시중 비이슬람 은행 정기예금 금리도 참고한다. 아주 종교적이고 충성스러운 무슬림 금융 소비자라면 이슬람 은행 무다라바 상품 수익률이 일반 은행 예금 금리보다 낮아도 이슬람 은행에 돈을 맡기겠지만, 그렇지 않은 소비자가 더 많다. 이런 상황에서 이슬람 은행이 제시하는 예치금 예상수익률이 일반 은행보다 낮으면 이슬람 은행은 예치금 유치에 어려움을 겪게 된다.

문제는 이익손실공유 상품인 무다라바의 특성상 이슬람 은행은 고객에게 예치하면 얼마를 돌려주겠다고 확정적으로 약속할 수 없다는 것이다. 사전에 금액을 약정하면 무다라바가 아니고 그 수익은 이자가 되고 리바가 된다. 하지만 예상수익률은 공시할 수 있다. 고객들은 각 은행에서 내는 무다라바 예치금의 예상수익률을 비교하여 어느 은행에 예치를 할지 결정할 수 있다.

만약 은행에서 고객 예치금을 가지고 영업했는데 실적이 좋지 않을 경우에는 예상수익률을 맞추어 주지 못할 수 있다. 이것은 이슬람 은행 정기 예치금에서만 발생하는 위험이다. 일반 은행에서는 이자를 약정하고 예금을 하면 은행이 망하지 않는 이상은 그 이자는 받을 수 있고, 설사 은행이 망하더라도 예금보험으로 일정 금액까지는 보전을 받을 수 있기 때문이다. 이슬람 은행은 예상수익률을 맞춰 주려고 최대한 노력한다. 한두 번 예상수익률을 달성 못 하면 다음부터는 고객을 유치하기 어렵고 기존 고객도 이탈할 것이기 때문이다. 이렇게 예상수익률을 못 맞추거나 경쟁 금융기관에서 주는 금리나 수익률보다 수익률이 낮아서 고객이 이탈하게 될 위험을 고객이탈위험(DCR, Displaced Commercial Risk)이라고 한다.

이를 방지하기 위해서 예상수익률보다 수익이 괜찮을 때 이를 쌓아 두었다가 나중에 영업이 저조하거나 해서 예상수익을 못 맞출 때 쓰기 위해 이익평탄화충당금(PER, Profit Equalization Reserve)을 활용하기도 한다.

이슬람 은행은 이렇게 무다라바 방식으로 예치금을 조달하면서 반대로 금융을 제공하거나 투자 행위를 할 때도 무다라바 계약을 활용할 수 있다. 예치금을 받을 때는 고객이 라불말, 은행이 무다립이었던 것과는 달리 이슬람 은행이나 금융기관이 라불말이 되고 금융을 제공받거나 투자를 받는 측이 무다립이 되는 것이다. 이렇게 자금을 예치한 고객과 이슬람 은행, 이슬람 은행과 금융을 제공받거나 투자를 받는 자 사이에 연속된 무다라바 계약이 체결되는 것을 2단계 무다라바(two-tier Mudarabah)라 한다.

무다라바는 무샤라카와 함께 이슬람 금융의 이상을 반영하는 이익손실 공유(PLS) 계약 중 하나인데, 많은 이슬람 금융학자가 이 무다라바를 이상적인 이슬람 금융 또는 이슬람 은행업의 모델이라고 생각하며 무다라바에 특별한 애정과 관심을 가진다. 무샤라카와 같이 자본을 모아 위험을 나눠 갖는 파트너쉽 형태의 사업 형태는 항상 있어 왔지만, 무다라바는 자본력이 없더라도 기업가 정신이나 경영 능력이 있으면 사람이나 조직의 능력이 자본과 동등하게 취급받을 수 있다는 점에서 특별하다. 무다라바라는 계약 형태가 있으면, 자본력은 없지만 능력과 진취적 기상이 있는 사람은 무다립으로서 라불말과 동등한 계약을 맺어 수익을 누리며 성공의 사다리를 올라갈 수 있다.

하지만 실제로는 많은 이슬람 은행이 무다라바보다는 다음 장에서 다룰 무라바하(Murabahah) 형태로 금융을 제공하는 것을 선호한다. 무다라바나 2단계 무다라바 모델은 이상이지만 아직 본격적인 현실이라고 얘기하기는 어렵다.

무다라바가 취지는 좋은데 널리 쓰이지 않는 것에 대해서는 여러 분석이 나왔고 대안이 제시되기도 한다. 해결해야 할 문제로 본인-대리인 문제와 정보의 불균형 문제가 거론되곤 한다. 라불말이 투입한 자본을 가지고 무다립이 최선을 다해서 경영을 하고, 그렇게 해서 이익이나 손실이 나서 원칙대로 처리한다면 문제가 없다. 무다립이 잘못이 없거나 태만하지 않았다면 그 손실은 다 라불말이 부담한다. 그런데 무다립이 최선을 다했다는 것은 어떻게 알 수 있을까?

7세기 아라비아 상황이었다면 큰 문제가 없을 것이다. 실적이 좋지 않거나 믿을 만하지 않은 무다립은 평판이 떨어져서 다음번 계약을 따내지 못할 것이기 때문이다. 하지만 지금 무다라바 계약은 그런 식으로 일어나지 않는다. 이슬람 은행에 무다라바 방식으로 예치금이나 투자금을 예치한 고객은 한두 명이 아니다. 은행이나 금융기관에서 관리하는 계약과 프로젝트도 무수히 많다. 관리 소홀이나 도덕적 해이 문제가 발생하지 않았다는 것을 어떻게 보장할 수 있을까?

모든 문제는 라불말인 고객이 돈을 넣고도 무다립인 금융기관이 그 돈을 어떻게 다루는지를 들여다보지 못하거나 반대로 금융기관이 라불말이 되었을 때 금융을 제공받는 측의 의도와 상황을 파악하지 못하는 정보 비대칭에서 나오는 경우가 많다. 그래서 무다라바와 관련한 논문을 보면 공시와 정보 공개를 통해 이 정보 불균형 문제를 해결하는 방안을 다루는 내용이 많다.

또, 손실이 났을 때 무다립에게 잘못과 태만이 있었다는 정황이 있는 경우에는 이를 라불말이 입증해야 하는데, 현대 금융 환경에서 라불말이 개인이고 금융기관이 무다립이 될 때는 개인이 금융기관에 과실이 있다는 점을 입증하기란 쉽지 않다. 이에 손실이 발생하면 기본적으로 무다립에게 잘못이 있다고 보고 잘못이 없다는 것을 무다립이 입증하도록 하자는 등 새로운 주장들이 나오기도 한다.

위에 무다립은 평판이 중요하다는 얘기가 나와서 하는 여담인데, 이슬람 초기 역사를 보면 선지자 무함마드 자신이 평판 좋은 무다립이었다는 주장이 있다.

선지자 무함마드의 첫 번째 부인 카디자는 남편을 일찍 잃은 부유한 상인이었다. 결혼할 당시 무함마드(SAW)와 카디자의 나이에 대해선 몇 가지 설이 있지만 무함마드가 25세, 카디자가 40세였다는 것이 일반적으로 받아들여지는 전승이다.

이 부부는 25년간 혼인 관계를 유지하였으며 그동안 카디자는 무함마드의 선지자 사역을 가장 가까이에서 후원하고 지지해 주었다. 전승에 따르면 무함마드가 처음으로 천사 지브릴(가브리엘)로부터 계시를 받고 두려워할 때 그를 격려하였던 것도 카디자이다. 무함마드는 카디자가 살아있는 동안은 다른 아내를 두지 않았다.

예전에 이슬람 역사나 선지자 무함마드의 생애에 대한 글을 읽을 때면 무함마드가 카디자에게 고용되어 일했다는 내용을 접할 때가 많았다. 이런 내용을 읽으면서 당연히 무함마드가 카디자의 상단에서 일하는 집사나 피고용인이었을 것이라고 생각했다. 상단 여주인과 집사가 결혼하는 스토리이다.

요즘에는 카디자와 무함마드의 관계가 고용인과 피고용인 간 관계가 아니라, 무다라바 계약으로 맺어진 라불말과 무다립의 관계였을 것이라는 주장이 눈에 많이 띈다. 그렇다면 카디자가 라불말이고 무함마드가 무다립이었을 것이다.

생각해 보면 그럴듯하기도 한 얘기이다. 비교적 빈한한 가문에 속하기도 했고 어릴 때 부모를 다 잃고 조부와 작은아버지 손에서 자라기도 했지만, 무함마드는 메카 인근 지역의 무역을 장악하고 있던 꾸라이쉬(Quraisy) 일족의 일원이다. 무함마드 자신도 작은아버지를 따라 비교적 어릴 때부터 시리아 등지를 다니며 장사를 배웠다는 전승이 있다.

선지자 무함마드는 상인으로서도 평판이 아주 좋았다고 한다. 카디자가 평판이 좋던 무함마드에게 결혼 의사를 묻기 위해 친한 친구에게 다리를 놓아 달라고 부탁했던 일도 무함마드가 카디자의 수하에 있는 부하라기보다는 동등한 사업 파트너였다는 정황을 조금 더 설득력 있게 해 준다.

꾸란이나 순나에 무다라바에 대한 설명이 따로 나와 있지는 않지만 무다라바는 이슬람 교리에 따라 새로 만들어진 금융 구조라기보다는 아마도 이슬람 이전부터 상인들이 활용하던 '합자 파트너쉽' 계약 방식이었을 것이다. 그러니 무함마드도 계시를 받아 선지자가 되기 전부터 무다라바 계약을 체결하여 무다립으로 활동하며 명성과 자본을 축적했을 것이라는 가정도 말이 될 것 같다.

꼬멘다, 무다라바, 성공의 사다리 그리고 문명 간 교류

『국가는 왜 실패하는가』는 왜 어떤 나라는 번영하고 다른 나라는 빈곤을 벗어나지 못하고 있는지의 문제를 풀어낸 책이다. 이 책에서 저자들은 다양한 개인과 집단이 자유롭게 활동할 수 있는 동기와 장(場)을 제공하는 포용적 제도를 갖춘 체제는 번영의 선순환을 이루고 부와 권력이 소수에게 집중된 착취적 체제에서는 빈곤의 악순환이 이루어진다고 주장한다.

이런 관점에서 저자들은 중세에 작은 도시국가이면서도 지중해를 제패했던 베네치아의 성공 요인을 그들이 이룩한 개방적이고 포용적 제도에서 찾는다. 그중에서도 가장 대표적인 혁신으로 꼽히는 것이 꼬멘다(Commenda)라고 하는 초기 형태의 합자 계약이다.[23]

꼬멘다에는 두 명의 파트너가 참여한다. 그중 하나는 베네치아에 머물러 있고, 다른 하나는 무역을 하러 여행을 떠난다. 보통 머물러 있는 파트너가 자본을 대고, 여행을 하는 파트너는 상품을 위탁받아 실제로 물건을 사고판다. 꼬멘다 계약은 자본투입과 이익배분을 어떻게 하는가에 따라 두 가지 형태가 있으며, 손실은 자본을 대는 비율대로 부담한다.

이 책의 저자들은 꼬멘다 계약이 신분 상승을 위한 엄청난 동력이었다고 말하고 있다. 당시 베네치아 공문서를 보면 종전의 엘리트층에서 보이지 않던 새로운 이름이 많이 등장하는 것을 볼 수 있다.

---

23) 대런 애쓰모글루 외, 『국가는 왜 실패하는가』, 시공사, 2012, p225-231

기원후 960년과 971년, 982년 정부 문서에는 이전에 없었던 새로 등장하는 이름이 각각 69%, 81%, 65% 보였다고 한다. 성공의 사다리가 열려 있는 활력 있는 사회였다는 뜻이다.

저자들은 꼬멘다와 같은 계약의 존재를 하나의 원인으로 꼽는다. 아무 배경이나 자본이 없는 사람이라도 실력을 인정받으면, 거듭되는 꼬멘다 계약의 성공을 통해 자본을 축적하여 자본가가 될 수 있었다는 말이다. 하지만 번영을 구가했던 다른 체제처럼 베네치아도 나중에는 쇠퇴한다. 저자들은 그 원인을 초기의 포용적 제도가 유지되지 못하고 권력이 기득권층에게 집중되는 착취적 체제가 들어선 것에서 찾는다. 가장 상징적인 사건이 신흥 세력이 엘리트층으로 편입될 수 있는 경제적 창구였던 꼬멘다 계약이 금지된 것이다.

책을 읽으면서 이 부분을 보자마자 '어, 이거 무다라바인데?' 하는 생각이 들었다. 이슬람 금융을 조금이라도 아는 사람은 꼬멘다를 보면 무다라바가 떠오를 것이다. 꼬멘다와 무다라바 사이의 유사성은 현저하다. 꼬멘다에서 경영을 하며 사업을 하는 파트너를 '여행하는 파트너(traveling partner)'라고 하는데, 무다라바라는 말도 '장사를 하면서 여행을 하는'이라는 말에서 나왔다.

아라비아 지역의 대상무역이나 중세의 해상무역 둘 다 사업을 하려면 여행을 많이 해야 한다. 대상무역이나 해상무역은 둘 다 꼬멘다나 무다라바 같은 성질의 계약을 적용하기에 적합했을 것이다. 많은 이슬람 금융학자들은 꼬멘다가 무다라바에서 왔을 것이라고 생각한다. 하지만 실제로 꼬멘다의 기원에 대해서는 여러 설이 존재하며

[24] 무다라바에서 유래했을 것이라는 생각은 합의된 가설은 아니다. 무다라바(당시에는 주로 키라드라고 했다) 외에도 로마나 비잔틴, 유대, 더 오래전으로 가면 바빌로니아에도 무다라바나 꼬멘다와 유사한 계약이 있었다고 한다. 무다라바도 이슬람 이전부터 존재했던 계약 형태였을 가능성이 크고, 꼬멘다도 무다라바 외에 다른 유사한 계약의 영향을 받았겠지만 지리적, 시간적 근접성을 고려하면 꼬멘다가 무다라바로부터 크고 직접적인 영향을 받았을 개연성은 크다.

『국가는 왜 실패하는가』에서 꼬멘다 계약을 개방적이고 포용적인 제도 중 하나로 소개하면서 이런 특성을 베네치아의 성공 요인으로 꼽았던 걸 볼 때 많은 이슬람 금융학자가 비슷한 성격의 무다라바에 왜 특별한 애정을 가졌는지를 조금은 이해할 수 있게 된다. 진취적인 기업가 정신과 능력이라는 인적자본을 물적자본과 동등하게 대우해 주는 제도는 그 자체로 성공의 사다리로서의 기능을 다할 수 있을 것이다.

또 한편으로는 꼬멘다와 무다라바의 유사성은 문명 간 교류에 대해서도 생각할 거리를 준다.

이슬람이 서구에 영향을 주었을 가능성이 있는 제도는 꼬멘다뿐이 아니다. 수표 'cheque' 또는 'check'라는 말은 수쿠크(sukuk)의 단수형인 사크(sakk)에서 왔다고 한다. 사크는 '증서(certificate)'라는 뜻이다. 주로 이슬람 지역에서 사용하던 비공식 송금 시스템인 하왈라(Hawala)는 프랑스의 아발(aval), 이탈리아의 아발로(avallo) 같은 부채에

---

24) 꼬멘다 기원에 대한 논의에 대해서는 John H. Pryor, 'The Origins of the Commenda Contract', Speculum Vol. 52, No. 1 (Jan 1977), 5-37를 참고하라.

대한 삼자보증제도를 통해 현대 대리인 계약에까지 영향을 미친 것으로 보인다. 아발이나 아발로라는 말도 하왈라에서 왔다고 여겨진다.

또, 영국의 신탁법(trust law) 체계가 이슬람에서 신탁 또는 재단에 해당한다고 볼 수 있는 와크프(Waqf)로부터 직접적으로 영향을 받았다는 주장도 있다.[25] 십자군 전쟁 때 예루살렘 인근 지역에서 기독교 기사단과 이슬람 세력이 접촉할 때 이슬람권에서 시행하던 와크프라는 제도가 서구에 영향을 주었다는 것이다.

십자군 때는 기독교와 이슬람 세력이 충돌한 것으로만 알기 쉽지만, 사실은 기독교 세력이 중동 지역에 거점을 마련하면서 주변의 이슬람 세력과 싸우면서도 교류하고 접촉하며 영향을 주고받았음을 잊어선 안 된다. 경제나 금융 분야만이 아니다. 몇몇 학자들은 이슬람 교육기관 마드라사(madrasah)가 대학이 되고, 그것이 유럽의 대학 형성에 영향을 주었다고 주장하기도 한다.

여기서 단정적으로 '○○는 ○○에서 유래했다'라고 쓰지 못하고, '유사점이 있다'거나 '이런저런 주장이 있다'고만 쓰는 이유가 있다. 어떤 두 제도가 비슷하더라도 하나가 다른 하나의 직접적 영향을 받았다는 기록은 없는 경우가 많기 때문이다. 제도의 유사성과 차이점, 그리고 역사적 정황 등에 비추어 더 설득력 있는 가설이 무엇인지를 찾을 뿐이다. 그러다 보니 어느 제도가 다른 제도에 얼마만큼 영향을 미쳤는지에 대해서는 학자마다 의견이 다를 수밖에 없다.

---

25) 영국 신탁법(trust law)이 이슬람 와크프(waqf)로부터 직접적으로 영향을 받았다는 주장에 대해서는 Monica M. Gaudiosi, 'The Influence of the Islamic Law of Waqf on the Development of the Trust in Enland: The Case of Merton College', University of Pennsylvania Law Review, Vol. 136, No. 4 (Apr 1988), 1231-1261을 참고하라.

이슬람학자의 강의를 듣거나 글을 읽다 보면 좋은 건 다 이슬람이 원조라고 하는 것 같다는 생각이 들기도 한다. 그렇지만 일부러 깎아내릴 필요는 없다. 근대화가 늦고 식민지 시기를 거치며 정체해서 그렇지, 이슬람 문명은 한때 서구를 압도하는 찬란함을 자랑했다.

많은 무슬림이 이슬람의 찬란했던 시기(Golden Age)를 그리워한다. 이슬람 문명이 의학, 수학, 화학 등에서 이룬 발전상은 영어나 서구 언어에 남아 있는 아랍어의 영향을 통해 흔적을 남기고 있다. 또, 이슬람학자들이 그리스 철학자들의 생각을 수용하고 극복하여 더 발전시킨 후 서구에 전해 준 것이 나중 문예 부흥(르네상스)의 토대가 되기도 하였다.

이슬람 문명이 꽃을 피워 서구에 영향을 준 분야에는 경제와 금융도 있다. 이슬람권은 상당 기간 지중해를 두고 서쪽으로는 이베리아반도, 남쪽으로는 북아프리카, 동쪽으로는 중동과 레반트 지역을 중심으로 번성하여 유럽 기독교 세력과 때로는 충돌하고 때로는 교류하며 영향을 주고받았다.

이슬람 문명이 서구에 영향을 끼쳤다고 하는 것도, 더 들여다보면 이슬람권에서 처음 시작되지 않아 보이는 것이 많다. 어떤 것은 로마 시대, 어떤 건 바빌로니아, 더 올라가면 아카드나 수메르까지 기원을 거슬러 올라가는 것들도 있다. 사람 사는 것이 다 비슷하니 지금 우리가 생각해 낼 수 있는 제도는 몇천 년 전에도 세부 사항은 다르지만 기본 아이디어는 있었던 것일 때가 많다. 이슬람 문명은 이걸 받아서 잘 써먹으면서 제도화시켰다가 서구에 전해 주었을 것이다.

이슬람 문명만 그런 것이 아니다. 세계 어느 문명이나 다 하는 일이다. 다만, 그 앞선 문명에서 받은 것을 그대로 다른 문명에 전해 준 것이 아니라 그것을 살펴보고, 성찰하고, 때로는 극복하며 발전시켜 자기화한 것을 다른 문명에 소개했을 것이니 그 공은 인정해 주어야 한다.

어느 문명이 다른 문명에 무얼 전해 준다고 해서 어느 한 문명이 다른 문명보다 우월한 것은 아니다. 오히려 받은 쪽에서 받은 걸 잘 발전시켜서 문예 부흥도 이루고, 과학혁명과 산업혁명, 혁신적인 경제 체제를 이루었다면 그것도 대단한 것이다. 준 쪽이나 받은 쪽이 다 대단한 것이니 '좋은 건 다 자기들이 원조래' 하면서 속 좁게 깎아내릴 필요는 없을 것 같다.

이슬람금융 시장을 이끌어 가는 매매 기반 구조

| 무라바하(Murabahah) |

앞에서는 이익손실공유(PLS) 지분 기반 구조인 무샤라카와 무다라바를 살펴보았고, 이제 매매 기반 구조를 살펴보려 한다. 쉽게 얘기하면, 상품 매매 개념을 활용하여 현물과 외상거래를 동시에 진행하면서 그 차액을 이자 대신 받는 금융이다.

말로 하면 잘 이해가 되지 않지만, 사례를 보면 어려운 개념은 아니다. 한 가지 얘기해 둘 것은 보통 이러한 금융 형태를 무라바하(Murabahah) 금융이라고 하기도 하는데, 무라바하라는 말 자체는 '본전과 이익을 얼마인지 밝히며 하는 매매'라는 뜻이다. 반대로 무사와마(Musawamah)라고 하면 본전과 이익이 얼마인지 밝히지 않는 매매이다.

예를 들어 귤을 팔면서 "7천 원에 떼어 와서 3천 원 이익을 붙인 가격이 1만 원!"이라고 밝히면서 판매하면 무라바하이다. 그런데 보통 시장이나 마트에서처럼 원가는 밝히지 않고 "귤 한 상자에 1만 원!" 하면 무사와마이다.

금융에 사용하는 매매 형태는 왜 무라바하인가 하면, 그렇게 해야 원금과 이자에 해당하는 부분을 쉽게 구분할 수 있기 때문이다. 그러니 '무라바하 금융'이란 무라바하 자체가 금융계약이라는 뜻이 아니라 무라바하라는 매매 형태를 활용한 금융이라고 이해하면 된다. 사실 조금 번거롭고 어렵긴 하지만 금융기관과 거래하지 않아도 수완이 있으면 상품 매매를 거듭해

가며 자체적으로 자금을 마련할 수 있다. 무라바하 금융 원리를 활용한 자체 거래라 할 수 있다.

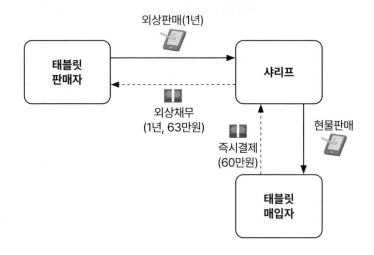

여기 지금 1년 동안 60만 원이 필요한 샤리프가 있다고 하자. 은행에 가면 1년 5% 이자율로 돈을 빌릴 수 있다. 하지만 무슬림인 샤리프는 60만 원을 빌려서 1년 뒤에 63만 원을 갚는 대출 거래는 하고 싶지 않다. 그래서 샤리프는 방법을 찾던 끝에 60만 원 상당의 태블릿 PC를 1년 외상 조건으로 63만 원에 사고는 손에 쥔 태블릿 PC를 즉시 매매대금을 받는 조건으로 60만 원에 팔았다.

그러면 태블릿 PC는 샤리프의 손을 거쳐 최종 매입자에게 가고, 샤리프에게는 즉시 결제 조건으로 태블릿 PC를 팔아 손에 쥔 현금 60만 원과 1년 뒤 갚아야 할 외상채무 63만 원이 남는다. 60만 원을 5% 이자율로 빌려 1년 뒤 63만 원을 갚는 대출과 유사한 효과이다.

사고파는 물건이 꼭 태블릿 PC일 필요는 없다. 다른 어떤 상품이나 자산을 사용해도 상관없다. 외상거래와 즉시결제거래를 동시에 행하면서 결제 시기와 가격 차이를 이용할 수 있는 품목이면 어느 것이나 좋다.

그런데 샤리프 혼자 이런 자체 금융 거래를 하긴 어렵다. 필요한 돈에 딱 맞는 물건을 구하기도, 그것을 외상으로 파는 곳을 찾기도, 그것을 적당한 값에 즉시 결제 조건으로 팔기도 어렵다. 이론적으로 가능하긴 해도 개인이 무라바하 방식으로 자체 금융을 하긴 어렵다. 하지만 샤리프의 금융 수요를 채워주기 위해 이런 거래의 구조를 짜 주는 금융기관이나 상대방이 있으면 이야기가 달라진다.

샤리프가 63만 원에 태블릿 PC를 1년 외상 조건으로 사고, 60만 원에 즉시 결제 조건으로 팔 수 있도록 구조를 짜 주는 것이다. 이것이 바로 '무라바하'나 매매 기반 금융의 아이디어이다. '샤리프'가 힘들게 물건과 상대방을 찾을 것 없이, 이미 짜인 구조에 들어가서 준비된 서류에 서명만 하면 된다. 물론 형식적으로 각각의 거래는 별도의 매매 거래여야 하지만 전체를 모아 보면 대출과 성격이 유사한 금융 거래가 된다. 매매 대상 물건도 태블릿 PC 같은 것 말고 구리나 팜유(Crude Palm Oil)처럼 표준화되고 균질한 상품(commodity)이면 시장 형성이 훨씬 쉽다. 거래가 활발하면 중개인도 생기고 플랫폼도 갖춰져서 나중에는 그냥 표준화된 금융 거래를 찍어낼 수 있게 된다.

위 사례에서 샤리프는 한 번은 외상으로 그리고 한 번은 현물로 태블릿 PC를 매매할 상대를 직접 찾아야 했다. 그러면 이 작업을 아주 효율적으로 조직화시키면 어떨까? 하나의 상대방이 그걸 다 해 주는 것이다. 외상기간도 샤리프가 필요한 만큼 정확히 맞춰 주고 말이다.

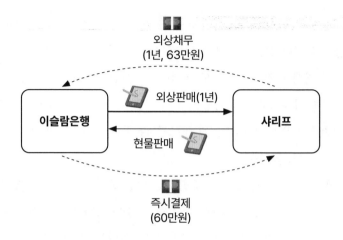

외상채무
(1년, 63만원)

이슬람은행　　외상판매(1년)　　샤리프

현물판매

즉시결제
(60만원)

일단 샤리프가 이슬람 은행으로부터 1년 후에 63만 원을 주기로 하면서 태블릿 PC를 외상으로 산다. 그리고 그걸 바로 60만 원에 현물 거래로 되팔면서 대금 60만 원을 받는 것이다. 그럼 태블릿 PC는 두 차례의 매매 거래를 거친 후에 다시 원래의 주인인 이슬람 은행에 돌아간다. 남는 것은 샤리프의 손에 쥐어진 60만 원과 샤리프가 1년 뒤 갚아야 할 부채 63만 원이다.

결국 샤리프가 60만 원을 지금 빌리고 1년 뒤에 5%의 이자율로 63만 원을 갚는 거래와 본질상 다르지 않다. 다만, 여기에서 이슬람 은행과 샤리프가 서명하는 서류는 금전대차 계약이 아니라 두 개의 별개의 매매 거래 계약서라는 점이 다를 뿐이다.

이렇게 무라바하 매매와 재매매를 통해 물건이 원래 주인에게 돌아가는 구조를 '이나(Bay al-Inah)'라고 한다. 위 사례에서처럼 은행이 가지고 있던 태블릿 PC를 사용할 수도 있지만, 주택 금융이라면 고객이 사려고 하는 주택을 이슬람 은행이 샀다가 고객에게 되팔 수도 있다. 처음 매매 대상이 어디에서 출발하냐에 따라 '이나'와 '역(逆) 이나(reverse Inah)'로 구분하기도 한다. 편법이라면 일종의 편법이라고 볼 수도 있다. 하지만 원칙은 있다. 두 개의 매매 계약은 별도의 독립된 계약이어야 하며 하나의 계약이 다른 계약에 종속되어선 안 된다. 똑같은 태블릿 PC를 현물과 외상이라는 매매 조건 차이에 따라 가격을 달리해서 사고파는 것도 문제가 되지 않는다. 두 개의 매매 계약은 독립된 계약이기 때문에 서로 가격이 다른 것은 상관없다. 같은 태블릿 PC라도 다른 매장에서 사면 값이 다를 수 있는 것과 같은 논리이다.

어떤 이슬람 경제학자는 이슬람 율법이 화폐의 시간 가치(Time Value of Money)를 인정하지 않는다고 본다. 하지만 또 다른 학자들은 리바인 이자를 정당화하는 데 사용하는 것이 문제이지 이슬람이 화폐의 시간 가치 자체를 부정하는 것은 아니므로 외상 거래 가격이 현물 거래에서보다 더 비싼 것도 문제가 아니라는 입장이다.

'이나'와 본질에서는 다르지 않지만 조금 더 번거로운 과정을 거쳐서 '이나'보다 덜 편법처럼 만들어 놓은 구조가 있다. '따와룩(Tawarruq)'이라는 구조이다. 따와룩은 '은을 얻다'라는 뜻으로서 거듭되는 매매를 통해 현금을 손에 넣는다는 의미이다. 맨 처음에 소개했던 대로 샤리프가 태블릿 PC를 이리저리 사고팔아 현금을 손에 쥔 사례도 일종의 따와룩이다.

이렇게 각 거래가 정말 독립된 따와룩을 '비구조화 따와룩(unorganized Tawarruq)'이라고 한다. 하지만 이슬람 금융에서 의미가 있는 따와룩은 실질적으로는 구조화가 되어 있는 따와룩이다.

원칙대로라면 구조화된 따와룩이 아니라 비구조화 따와룩이 율법에 부합하지만 상업적으로 의미가 있으려면 어느 정도는 구조화를 해야 한다.

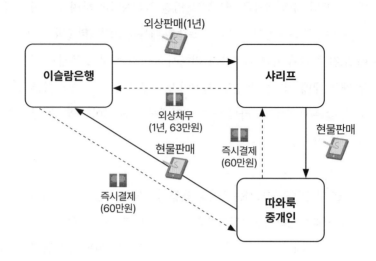

외상판매(1년)

이슬람은행

샤리프

외상채무
(1년, 63만원)

현물판매

현물판매

즉시결제
(60만원)

즉시결제
(60만원)

따와룩
중개인

　태블릿 PC가 처음 따와룩 중개인으로부터 출발한다고 해 보자(사실은 어디에서 출발해도 상관없다). 은행이 PC를 현물로 사서 그것을 샤리프에게 외상으로 팔면 샤리프는 바로 그 PC를 중개인에게 현물로 판다. 그림을 보면 세 개의 매매 계약의 결과로 PC는 원래 소유주인 중개인에게 돌아가고, PC 현물 판매대금 60만 원은 이슬람 은행으로부터 중개인을 거쳐 샤리프에게 가고, 샤리프가 1년 뒤 은행 앞으로 갚아야 할 채무인 외상판매대금 63만 원이 남는다. 물론 실제로 샤리프는 태블릿 PC를 구경도 할 필요가 없다. 그냥 서류로만 사고파는 것이다.

　복잡해 보이지만 결국 지금 60만 원을 빌려 1년 뒤 63만 원을 갚는 금전 대차 거래와 결과는 같다. 그런데 거기에 매매 계약서가 세 장이 필요하고, 태블릿 PC 소유주가 세 번 바뀌어 원래 소유주에게로 돌아가고, 중개인도 필요하다. 따와룩이나 무라바하 금융에 대해 잘 아는 금융인이라면 이유를 알겠지만 이슬람 금융을 잘 모르는 일반 금융 소비자라면 어리둥절할 수도 있다.

　실제로 말레이시아에서 이슬람 은행이 영업하던 초창기에는 금융을 받는 사람이 자기는 은행에 돈을 빌리려고 왔을 뿐인데 웬 PC 매매 계약에서명을 해야 하느냐고 따지던 일도 종종 있었다고 한다.

하지만 이 삼자(三者) 따와룩도 문제가 있다. 세 차례 매매 거래의 결과 매매 대상물이 결국 원래 주인에게 돌아가게 되는 것이 '이나(Inah)'의 요소 라고 볼 소지가 있다는 것이다. 그래서 지금 따와룩이라고 하면 중개인을 하나 더 두어 다음과 같이 사자(四者)가 하는 따와룩이 일반적이다.

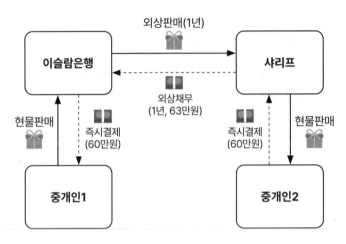

사자(四者) 따와룩에서는 이슬람 은행이 중개인으로부터 상품을 사서 이 를 샤리프에게 외상으로 팔고, 샤리프는 다른 중개인에게 이를 판다. 그러 면 상품은 첫 번째 중개인으로부터 출발하여 은행과 샤리프를 거쳐 두 번 째 중개인에게로 간다. 샤리프는 두 번째 중개인으로부터는 상품을 현물로 판 대금에 해당하는 돈을 받고, 이슬람 은행에는 1년 뒤 외상판매대금 63 만 원을 갚을 채무를 진다. 중개인 1은 이슬람 은행으로부터 상품매매대금 을 받고, 중개인 2는 샤리프에게 상품 매매대금을 준다.

중개인이 둘이 되니 삼자 따와룩보다 더 복잡해 보이지만 사실 따와룩 거래와 본질은 똑같다. 한 명의 중개인이 하던 역할을 두 명의 중개인이 나 눠서 한다고 보면 된다. 위 거래의 결과 중개인 1은 상품을 팔아 현금을 받 았고, 중개인 2는 반대로 상품을 사면서 현금을 지출했다. 이와 같은 거래는 보통 금속이나 팜유(CPM, Crude Palm Oil) 같은 상품을 취급하는 거래 시장과의 협업을 통해 플랫폼을 만들어 이루어진다.

상품시장은 런던 금속거래소(LME)처럼 이미 있는 시장을 이용하기도 하고 무라바하 금융을 위한 플랫폼을 새로 만들기도 한다. 일단 플랫폼이 만들어지면 중개인도 여러 명 등록할 것이고 체결하는 거래 건도 많아진다. 이 구조에서는 삼자 따와룩 거래와는 달리 상품이 원래 소유주에게 돌아가지 않으므로 중개인 1, 2는 상품 매매대금을 정산해야 하는데, 정산은 개별 거래 단위로 할 필요가 없다. 플랫폼 안에서 중개인들 간에 여러 건의 거래가 오갈 것이기 때문에 상품 매매와 그로 인한 거래를 모두 기록한 후 그 차액을 청산하여 결제하면 된다.

이런 거래 구조는 매번 일부러 짤 필요도 없고 플랫폼을 만들어서 거래 절차를 표준화한다. 매매하는 상품도 금속이나 팜유 같은 상품(commodity)을 활용하므로 이런 거래를 보통 '커머디티 무라바하(Commodity Murabahah)'라고 하며, 그냥 따와룩이라고 하기도 한다.

위 그림은 이해를 돕기 위해 좀 간략화하였는데 실제로는 하나 빠진 부분이 있다. 샤리프가 중개인 2에게 상품을 파는 행위는 이슬람 은행이 대리한다. 고객은 은행에 가서 은행만 상대하면 되는 것이지, 중개인이나 상품시장까지 신경 쓰지 않아도 된다.

따와룩이나 커머디티 무라바하 구조에는 자산 또는 상품이 활용된다. 그래서 '이슬람 금융은 자산을 기본으로 해야 한다'는 원칙에 부합한다고 얘기할 수 있을지 모른다. 하지만 사실 이 거래에서 자산이나 상품은 금융을 일으키기 위한 수단일 뿐, 자산이 본래 가진 가치는 별로 중요하지 않다. 실제로 이런 거래에서 상품을 사고파는 가격이 꼭 시시각각 변하는 상품의 현물이나 선물 가격을 정확히 반영할 필요도 없다. 그냥 당사자들이 합의한 가격이면 충분하다. 어차피 정말 그 상품이 필요해서 사고파는 것은 아니기 때문이다.

율법에 따르면 각각의 매매 거래는 그 자체로 완결되고 진정한 거래여야 하는데, 이 구조에서 상품은 실물로 인도되지 않을 뿐 아니라 어디에 있는지도 모르는 창고에 있는 경우가 대부분이다. 상품을 사고팔지만 상태가 어떤지 점검하거나 가서 볼 필요도 없다. 서류상으로만 소유권이 옮겨가지 상품이 실제로 내 손에 들어오지도 않고 실제 그 상품을 보유하거나 사용할 의도도 없기 때문이다.

똑같은 상품이 여러 번의 거래에 거듭 사용되는 것이 문제가 되기도 했다. 상품의 실제 가격이 얼마인지는 중요하지 않으므로 매매 가격도 실제 시세 대비 터무니없게 정해지기도 했다. 커머디티 무라바하의 이런 특성이 샤리아 부합 여부와 관련해서 논란을 일으키기도 한다. 이런 논란을 방지하고자 커머디티 무라바하 거래에서 매매 가격이 상품 시세 대비 어느 정도 범위에는 들어와야 한다든지, 실물 인도 조건은 어떠해야 한다든지 하는 조건이 부과되기도 한다.

이 거래는 그냥 부채 금융(debt financing) 거래이다. 매매도 진짜 거래는 아니다. 율법적으로는 문제가 없는 거래일지 모르지만, 샤리프가 필요로 하는 것은 사실 태블릿 PC도, 팜유도, 구리도 아니다. 샤리프는 돈이 필요했을 뿐인데 여기에 상품을 사고팔면서 소유주 손바뀜이 여러 번 일어난 끝에 필요한 돈을 얻고 상품은 청산되고 부채가 남을 뿐이다.

한번은 이슬람 금융 관련한 웨비나(webinar)를 듣고 있는데 인도네시아에서 사업을 하는 젊은 핀테크 경영자가 나와서 발표를 한 적이 있다. 이 젊은 경영자는 무라바하 금융을 설명하면서 '마치 매매를 하는 것처럼'이라는 표현을 썼다. 무라바하 금융에서 사용하는 매매가 진정한 매매가 아니라 매매를 하는 척만 한다는 인상을 줄 수 있는 발언이다. 너무 솔직하게 얘기를 한 것 같다.

이런 커머디티 무라바하 구조를 보면 비무슬림도, 무슬림도 할 말이 많다. 무슬림이 아닌 사람 중 상당수는 '이게 뭐야?' 하는 반응을 보인다. '이슬람 금융이 뭔가 했더니 이런 거였나?' 하는 생각이 들기도 한다. 그냥 대출 계약서 하나 쓰면 될 것을 뭐 이렇게까지 복잡하게 하냐는 생각도 든다. 계약서를 여러 개 쓰니까 종잇값, 잉크값도 더 들고 전체 거래 구조도 복잡해진다. 아무리 거래를 표준화하고 비용을 최소화한다 해도 추가 비용이 발생하고 번거롭다. 그래도 이렇게 하는 것이 율법에 맞는 것이라고 하면 따르는 수밖에 별수 없다. 어떤 샤리아학자들은 바로 질러갈 수 있는 길을 샤리아에 부합하도록 하기 위해 복잡하고 비싸게 돌아가는 것이 의미 있는 신앙의 표시라고 말하기도 한다.

따와룩이나 무라바하 금융에 대한 입장은 이슬람 금융계 내에서도 엇갈린다. 어떤 학자는 어쨌건 무라바하 금융이 샤리아의 형식 요건은 만족시키기에 문제가 없다고 본다. 율법의 금지를 비껴가기 위한 편법(힐라 hilah, 복수는 히얄 hiyal)도 율법이 꼭 금지하는 것은 아니라고 하며 따와룩이나 무라바하 금융의 사용을 부정적으로 볼 필요가 없다는 입장이다. 반면, 다른 학자들은 '이나'는 물론이고 '따와룩'도 '리바에 이르는 뒷문(back door to riba)'이라며 도대체 이것이 리바와 무엇이 다르냐고 비난한다.

또, 무라바하 금융이 샤리아의 외적 형식은 만족시킬지 모르나 진정한 샤리아의 정신과 목적(마카싯, Maqasid)은 이루지 못한다고 주장한다. 세미나나 콘퍼런스에서도 이 주제만 놓고 논의가 이루어지기도 하는데 양쪽 입장이 팽팽하여 끝없는 토론이 이어지고 결론 없이 마무리될 때가 많다.[26]

---

26) 웨비나 'Exploring Innovation in Islamic Bank: Pros&Cons of Tawarruq and Other Possible Alternatives –ISEF', Komite Nasional Ekonomi dan Keuangan Syariah(KNEKS), Indonesia, 2020.9.9 논의를 참고하라. https://youtu.be/L9w3JgwYnFM

무라바하라고 해서 다 이렇게 논란이 많은 구조만 있는 것은 아니다. 사실 이슬람 금융 교과서를 보면 앞서 소개했던 이나와 따와룩보다 먼저 나오는 것이 매매 주문(PO, Purchase Order)에 따른 무라바하 구조이다.

예를 들어 소비자가 금융을 활용하여 자동차를 구매한다고 해 보자. 소비자는 이슬람 은행이나 금융기관에 차를 사 달라고 주문을 낸다. 그럼 금융기관이 차를 현물로 사서 소비자에게는 외상으로 파는 방식이다. 할부처럼 대금은 분할하여 지급하는 것이 보통이다.

많지는 않지만 매매 주문을 활용한 무라바하를 제대로 하는 금융기관은 자동차를 보관하는 창고를 보유하고 차를 모아둔 곳도 있다고 한다. 금융기관이 정말 차를 사 와서 소비자에게 팔겠다는 것이다. 이렇게 하면 '이슬람 금융이 실물을 기반으로 한다'는 말이 아주 틀린 말은 아니게 된다. 이 정도가 되면 이슬람 금융기관은 금융을 넘어 실물경제에도 발을 걸치게 되는 셈이다.

이와 같이 이슬람 금융을 정석대로, 이상대로 실천하면 금융과 실물경제의 경계가 살짝 허물어지기도 한다. 이런 경우 제도 정비가 먼저 이루어져야 하는 것이 보통이다. 금융기관이 실물 부문에 참여하는 것을 제한하는 곳이 많기 때문이다.

교과서와는 달리 매매 주문 기반 무라바하보다 여기에서 이나와 따와룩을 먼저, 그리고 주로 소개한 이유가 있다. 더 널리 쓰이고 쓰임새도 많기 때문이다. 매매 주문 기반 무라바하에서는 금융기관이 오토바이 구매 자금을 주려면 오토바이를, 자동차 금융에선 자동차를, 주택 금융에선 집을 사야 한다. 따와룩이나 커머디티 무라바하 구조를 사용하면 자금 용도에 상관없이 그냥 상품(commodity)을 사고팔면 된다. 훨씬 간편하고 쓰임새도 더 다양하다.

따와룩이나 커머디티 무라바하는 매매 주문 기반 무라바하보다 편하다.

79

무샤라카나 무다라바같이 이익과 손실을 공유하는 계약보다도 간편하다. 무슨 용도로 돈이 필요하건, 무슨 자산을 사서 어디에 투자를 하건 꼭 그 자산이나 투자 프로젝트를 기초로 금융을 하지 않아도 그냥 금속이나 팜유를 사고팔면서 돈을 받는 것이 더 편하다.

주택 금융도, 소비자 금융도, 운영 자금이나 무역 금융도, 은행 간 대출도 그냥 다 무라바하로 하면 된다. 파생금융상품도 무라바하 구조로 만들어 낼 수 있다. 무라바하는 범용(汎用)이고 확장성이 좋다. 그러다 보니 결국은 무라바하 금융이 이슬람 금융시장을 휩쓸게 된다.

이슬람 금융을 통해서 샤리아의 정신과 목적, 이상을 구현하고 싶어 하는 샤리아학자나 이슬람 금융학자들은 이런 상황이 맘에 들지 않지만 무라바하 금융은 너무 간편하고 쓰임새가 많다. 이슬람 금융계에서 많은 노력을 기울임에도 불구하고 무라바하를 대체할 다른 이렇다 할 대안은 잘 나오질 않는다. 무라바하 자체는 문제가 없지만, 무라바하가 이슬람 금융시장을 지배하는 현실은 큰 문제라는 것이 많은 이슬람 금융학자의 의견이다.

이슬람 금융계에서 무라바하는 고마우면서도 불편한 존재이다. 쉽게 기존 금융 구조를 이슬람 금융 방식으로 복제할 수 있게 해 준 무라바하 금융이 없었다면 이슬람 금융은 지금과 같은 규모로 성장할 수 없었을 것이다. 하지만 무라바하 금융은 이슬람 금융의 이상을 반영하지 못한다. 이슬람 금융계는 무라바하가 아닌 새로운 챔피언이 필요하다. 이슬람 금융, 탈(脫) 무라바하가 과연 가능할까?

'이나' 거래(Bay al-Inah), 편법인데 괜찮을까?

이나는 매매 대상물을 사고팔아서 그것이 원래의 소유주에게 돌아가는 거래이다. 보는 시각에 따라서는 일종의 편법이다. 무라바하를 활용한 구조가 적법성을 인정받으려면 전체 구조를 구성하는 각각의 거래가 독립되고 진정한 거래여야 한다.

그런데 이나 거래의 의도는 누가 봐도 금융을 일으켜 돈을 얻는 것이다. 정말로 물건을 사고팔려는 의도가 없음이 명백하다. 거래 당사자가 3인인 따와룩도 어떻게 보면 마찬가지라 논란의 대상이 되고 있지만, 둘이서 물건과 돈을 주고받는 이나에서는 그 의도가 더 명백히, 너무 눈에 띈다.

이슬람 율법에서 행위는 목적과 의도를 가지고 판단한다.[27]

이 원칙은 율법의 기본 명제(Legal Maxim)를 다룰 때 항상 첫 번째나 두 번째로 나오는 주요 원칙이다.

문제는 겉으로 표현하여 드러난 의도와 진정한 의도가 다를 때이다. 이슬람 가족법에서 이혼에 관한 사항을 통해 예를 들어 보자.

이혼은 이슬람에서 허용되는 행위이다. 율법은 이혼에 대해서도 상세한 규정을 두어 다루고 있다. 이 중에는 이혼을 한 후 같은 배우자와 다시 결혼하는 상황에 대한 규정도 있다. 어떤 해석에 따르면 같은 배우자와 이혼하고 재결합하는 것은 두 번까지는 가능한데 세 번은 안 된다. 같은 배우자와 이혼과 결혼이 쉬우면 홧김에 이혼을 선언했다가 다시 재결합하고 또 이혼하는 등, 경솔하게 이혼과 결혼을 반복할 수 있기에 이를 막기 위해 이런 장치를 둔다는 설명이다.

남편이 아내와 두 번 이혼과 재혼을 거듭한 후 세 번째로 이혼하면 전 아내와 재혼하는 행위는 허용되지 않는다. 단, 아내가 다른 사람과 결혼했다가 이혼하는 경우에는 재결합이 가능하다. 이혼, 재혼

---

27) Al Umur Bimaqasidiha, Acts are judged by goals and purposes.

카운트가 리셋되는 셈이다.

두 번 이혼과 재혼을 반복하고 세 번째 이혼을 한 다음에 이를 후회하고 재결합하고 싶은 부부가 있더라도 이 규정에 따르면 이제 다시 결혼할 수 없다. 이럴 때 사용할 수 있는 방법이 있다. 전 아내를 다른 사람과 결혼시킨 후 바로 이혼시키는 것이다.[28] 이렇게 이혼하고 나면 원래의 남편과 재결합이 가능해진다.

이런 구조가 작동하려면 바로 결혼했다가 이혼하는 걸 도와서 기꺼이 결혼하고 나서 바로 이혼해 줄 남자를 구해야 한다. 이렇게 곧 이혼할 목적으로 하는 결혼은 사실 진짜 결혼이라고 할 수 없다. 결혼 계약에서 무슨 말을 하고 무슨 합의를 하더라도 사실 진짜 목적은 결혼 후 바로 이혼해서 원래의 남편과의 재결합을 돕는 데 있다.

이렇게 율법의 형식적 요건을 맞추기 위해 사용하는 일종의 편법을 힐라(hilah, legal trick)라고 한다. 물론 모두가 이런 편법을 인정하는 것은 아니다. 대부분의 학자는 바로 이혼하는 것을 염두에 두고 하는 결혼 계약은 무효라고 본다. 결혼 계약을 할 때 실제 결혼하려는 의도가 없기 때문이다. 하지만 이슬람 4대 법학파 중 샤피(Shafie)학파 계열 학자들은 일반적으로 이런 결혼도 유효하다고 본다. 샤피학파라고 행위를 판단함에 있어 의도가 중요하지 않다는 것은 아니다.

그런데 의도는 밖으로 표현한 의도에 따라서 판단해야지, 숨은 의도를 가지고 판단할 수는 없다는 논리이다. 숨은 의도는 당사자 외에는 누구도 알 수 없다. 신만이 안다. 그러니 결혼 계약을 할 때 결혼하겠다는 의도를 표시했으면 그 표시한 의도를 가지고 계약을 체결해야 하며, 결혼 후 곧 이혼하겠다는 의도는 숨어 있어 확인이 불가능하므

---

28) 다만 이런 형태의 결혼은 심각한 인권 침해 소지가 있다는 비난을 받기도 한다.

로 거기에 근거해서 계약의 유효성을 판단해서는 안 된다는 것이다.

샤피학파가 다른 학파보다 법 적용을 더 느슨하게 하기 때문에 이런 입장을 가지는 것이 아니다. 오히려 샤피학파는 사람의 의도를 판단하는 기준을 좀 더 엄격하게 적용하고 있다.

정황상 어떤 계약을 하는 의도가 명백해 보인다고 하더라도 샤피학파의 입장에 따르면 숨은 의도는 사람이 알 수 없으니, 계약의 유효성은 드러난 의도만 가지고 판단을 내릴 수 있을 따름이다. 신만이 아는 숨은 의도를 가지고 계약의 유효성 여부를 판단하기 시작하면 계약의 안정성이 깨진다.

이슬람 금융 '이나' 이야기를 하다가 왜 난데없이 이혼 얘기를 할까 싶을 수도 있다. 이혼과 재혼 이야기에서 의도와 힐라(hilah)를 해석하는 원리가 '이나'에도 똑같이 적용되기 때문이다. '이나' 거래는 무라바하 매매를 수반하지만 누가 봐도 매매가 진정한 목적은 아니다. 매매는 수단일 뿐 금융 거래를 하려는 것이 진정한 의도이다. 그래서 대부분의 학자는 이 매매는 진정한 매매라고 볼 수 없으며 계약도 무효라고 본다.

하지만 샤피(Shafie)학파 계열의 학자들은 각각의 매매 거래에서 밖으로 표현되고 드러난 의도만 가지고 계약이 유효한지를 판단해야 한다고 본다. 매매 대상을 사고파는 두 개의 거래는 각각 독립된 별개의 진정한 매매일 뿐이다. 이 두 개의 매매를 가지고 율법을 회피하여 금융 거래를 하겠다는 숨은 의도를 짐작할 수만 있을 뿐, 여기에 근거해서 매매가 무효라고 할 수 없다. 따라서 샤피학파 계열에 따르면 '이나' 구조도, 이를 활용한 계약도 다 유효하다. 다만 숨은 의도가 있다면 그것은 오직 신(Allah)이 판단할 일이다. 샤피학파를 제외한 다른 학파에서는 대부분 이나 거래를 허용할 수 없는 것으로 본다.

이 '이나'에 근거한 상품은 말레이시아에서 가장 활발하게 사용되었고 중동에서는 쓰이지 않는다. 말레이시아를 포함한 동남아시아 이슬람이 율법(fiqh)을 적용함에 있어 샤피학파를 주로 따랐기 때문이다. 논란의 소지는 있지만 구조가 간단한 '이나'는 이슬람 금융이나 은행업에 대해 경험이나 제도, 인프라가 충분하지 않은 상황에서 사용할 수 있는 가장 좋은 대안 중 하나였다.

말레이시아는 1983년 이슬람 은행법(Islamic Banking Act 1983)을 제정하고 이슬람 은행(Bank Islam)도 만들고 전략적으로 이슬람 은행업을 육성하였다. 말레이시아는 샤피학파를 주로 따랐고[29] 이에 따라 '이나'의 시행을 허용할 수 있다는 근거를 가지고 있었는데, 이 점이 말레이시아가 짧은 기간 이슬람 은행 점유율을 크게 올리는 데 도움이 되었다.

말레이시아는 '이나' 구조를 꽤 오랫동안 사용하면서 시장의 크기를 키우고 이슬람 은행과 금융기관의 역량을 높이고 경험을 쌓았지만, 지금은 '이나' 거래 요건이 더 엄격해져서 지금은 말레이시아에서도 '이나' 기반 상품이 거의 거래되지 않는다. 말레이시아도 '이나'를 더 이상 필요로 하지 않는 것 같고, '이나'는 자기 소임을 다하고 이렇게 무대 뒤로 사라진 셈이다.

---

[29] 인도네시아도 말레이시아와 마찬가지로 샤피 계열의 율법 해석을 주로 따르지만, 말레이시아와는 달리 '이나' 거래를 허용하지 않았다. 특정한 학파의 율법 해석이 주를 이룬다고 하여 어떤 사안에 대해 항상 같은 결론이 도출되지는 않는다는 좋은 예이다.

무샤라카 무타나키사(Musharakah Mutanaqisah)
주택 금융, 좋은 의도 그리고 그렇지 못한 결과

말레이시아에서는 이슬람 은행 영업 초기에 주택 금융에 '이나(Bay al-Inah)' 구조를 활발하게 사용했다. 바이 비타만 아질(Bay Bithaman Ajil)이라 하고 보통 BBA라고 부르는 상품인데, BBA는 '결제가 이연된 거래(A sale with deferred payment)'라는 뜻이다.

구조는 이렇다. 집을 사려는 사람이 계약금을 치르고 집을 사서는 은행에 집을 판다. 물론 서류상으로만 파는 것이다. 실제 등기가 이전되거나 하지는 않는다. 그다음엔 은행이 잔금을 치르고 그 집을 다시 고객에게 파는데, 이때 이 매매에 대한 결제를 분할상환 조건으로 받는다. 실무적으로 해결해야 할 몇 가지 문제가 있긴 하지만 개념은 주택담보대출과 거의 유사하다고 볼 수 있다. 금리나 상환 스케줄도 일반 주택담보대출과 비슷하다.

이런 상품은 말레이시아에서 '이나' 거래 활용이 가능했기에 나올 수 있었다. 개인적으로는 이 상품이 말레이시아를 이슬람 금융을 선도하는 나라 중 하나로 만드는 데 크게 기여했다고 생각한다. 우리나라에서야 처음 이슬람 금융이 알려질 때 수쿠크가 관심을 받아서 그렇지, 사실 경제 시스템 저변에서 더 크고 넓은 영향을 끼치는 것은 은행업이라고 할 수 있다.

말레이시아도 1983년 이슬람 은행법을 기반으로 최초의 이슬람 은행을 열고 시장점유율을 확대하여 저변이 넓어진 토대 위에 수쿠크나 이슬람 주식 등 자본시장으로 영역을 확대할 수 있었다. 은행 입장에서는 거액의 자금을 안정적으로 장기간 유치하는 것이 중요하다. 주택 금융은 소매 금융에서 가장 중요한 부분을 차지한다. 대출기간도 길고 대출금액도 소매 금융치고는 큰 편이다. 또, 대부분의 소비자가 생애주기에서 한 번 이상은 주택을 구입하기 때문에 시스템 전체로도 주택 금융 규모가 큰 편이다.

전반적으로 주택경기가 침체되면 리스크가 커지기는 하지만, 담보 비율이나 원리금 상환 비율 같은 수단으로 관리할 수 있고 소매 금융 특성상 기업 금융보다 리스크도 작은 경우가 많다.

비난도 받고 논란도 많았지만 말레이시아 이슬람 은행업, 더 나아가서는 이슬람 금융이 지금까지 이르는 데 BBA가 공헌한 바는 꽤 크다고 본다.

BBA가 이슬람 은행업 발전에 큰 공헌을 한 것이 사실이라고 하더라도 논란이 많은 '이나' 구조에 기반한 상품을 말레이시아 이슬람 금융의 대표주자로 계속 사용하는 것은 부담스럽고 안팎에서 비난도 컸다.

이런 상황에서 말레이시아에서 영업하는 외국계 은행인 쿠웨이트 파이낸스 하우스(KFH, Kuwait Finance House)가 2006년 선보인 무샤라카 무타나키사(Musharakah Mutanaqisah)라는 상품은 BBA의 대안으로 각광을 받았다. 줄여서 MM이라고도 한다. 개념 자체는 2006년 이전에도 있었지만 처음 상업적으로 의미 있는 형태로 상품화된 것은 이때부터이다.

무샤라카 무타나키사는 '지분체감형 무샤라카(Diminishing Musharakah)'라는 뜻이다. 용어에서 보이는 대로 무샤라카는 무샤라카인데 지분이 줄어드는 무샤라카이다. MM에는 기본적으로 무샤라카와 이자라, 그리고 매매 세 가지의 계약이 들어있다.

먼저 고객이 주택을 매입하기로 하고 계약금을 내고 나면 이슬람 은행은 잔금을 치른다. 그러면 은행과 고객은 주택에 들어간 자금의 비율만큼 지분을 가지고 주택을 보유하는 파트너쉽(partnership)을 구성한다. 만약 고객이 계약금을 20%를 내고, 은행이 잔금 80%를 치렀다면 이 주택에 대한 지분은 고객 2, 은행 8 해서 2:8이다.

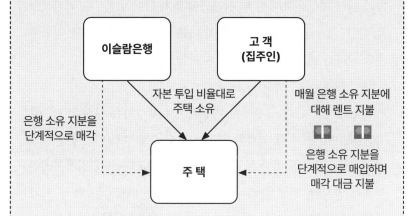

그러면 고객은 20%는 자기 집, 80%는 은행 집인 주택에서 은행 소유 지분 80%에 대해서 임대료를 낸다. 이 부분이 이자라(Ijarah)의 요소이다(이자라는 다음 장에 나온다). 그런데 고객과 은행이 이 집을 보유하는 비율은 고정되어 있지 않고, 고객은 매월 은행의 주택 지분을 조금씩 산다. 그렇게 조금씩 지분을 사다 보면 만기에 이르러서는 고객이 지분을 다 사게 되고 비로소 100% 주택을 소유하게 된다.

은행 지분이 줄어들면서 고객이 은행 지분 해당분에 거주하는 것에 대해 지불하는 이자라 임대료 부분을 계산할 때 사용하는 모수(母數)도 매월 감소한다. MM에서 고객이 매입하는 지분은 주택담보대출에서는 원금상환 부분에 해당하고, 매월 은행지분에 거주하는 것에 대해 지불하는 임대료는 대출로 치면 이자 부분에 해당한다.

흔히 은행에서 많은 액수의 대출을 받아 아파트를 살 때면 이 집은 내 집이 아니고 은행 집이라고 하면서 은행에 월세를 내면서 산다고 농담처럼 말할 때가 있는데, MM은 정말로 은행 집에 월세를 내고 살면서 은행이 보유한 지분을 점차 취득해 가는 개념이다. 완전히 똑같지는 않지만 우리나라에도 공공주택 분양 시 분양을 받는 자가 일부 지분을 취득한 뒤 장기간에 걸쳐 나머지 지분을 적립식으로 사고, 그 기간에는 공공 지분에 대해 임대료를 내는 '지분적립형 주택'이라는 제도가 있는데 이와 유사한 면이 있다.

처음에는 이슬람 금융에서 이상적으로 생각하는 무샤라카를 활용한 MM이 '이나'에 기반한 BBA보다 더 이슬람적이고 좋아 보였다. 그런데 운영을 하다 보니 기존 주택을 사고파는 데 사용하기엔 문제가 없지만, 건설 중인 주택에 활용하기는 어렵다는 점 등 여러 가지 문제가 드러나기도 했고, 또 이것이 무늬만 이익손실공유(PLS) 계약이지 실제로는 주택담보대출 같은 것과 무엇이 다른가 하는 비판도 제기되었다.

드러난 문제를 하나하나 열거하긴 어렵고 하나만 예를 들어 보면 이렇다. 원칙대로라면 고객이 은행이 소유한 주택 지분에 대해 지급하는 임대료는 실제 임대료 수준을 반영하는 것이 이상적이다. 이슬람 금융을 제대로 하려면 이렇게 실물 부문 변수를 반영해야 한다. 그런데 실제 시세를 반영해서 임대료를 산정하는 것은 굉장히 어렵다. 은행이 부동산회사도 아니고 말이다.

MM에서 임대료는 주택담보대출로 치면 금리에 해당하는 부분이다. 지역마다 임대료를 다르게 받는다는 것은 지역마다 금리가 다르다는 말과도 같은데 소비자 입장에서 수용하기도, 시장에서 통하기도 어렵다. 이런 이유로 실제 임대료는 주택담보대출과 마찬가지로 평균 시중 금리 수준을 반영하여 책정하는 경우가 대부분이다.

MM의 기본 개념은 무샤라카와 이자라와 매매의 결합이라고 해도, 지분 매입과 임대료 납입 스케줄을 보면 주택담보대출의 원금상환과 이자 납입 스케줄과 크게 다르지 않으리라 쉽게 짐작 간다.

집 한 채 사는 데 은행과 고객이 파트너쉽까지 구성해 가면서 사는 것이 좀 거창해 보이긴 한다. 이렇게 BBM 일변도의 주택 금융 제공 관행을 벗어나서 뭔가 다른 방식으로 주택 금융을 해 보려 사용했던 무샤라카 무타나키사(MM)이지만, 시작할 때 기대와 달리 이후 성적은 좋지 않다. 본질적으로 MM은 주택담보대출이나 BBA와 크게 다르지 않은 데다가 대출과 BBA에는 없는 새로운 문제까지 드러났다.

그러다 보니 말레이시아에서 야심 차게 출시했던 MM 상품은 지금은 인기를 잃고 있다. 말레이시아의 성공을 기반으로 다른 나라에까지 영업 기반이 확대되기는커녕 말레이시아마저 MM 상품을 취급하지 않는 은행이 늘고 있다. 주택 금융 외에 프로젝트 금융에서 민관협력사업(PPP)에 MM 구조가 사용되고는 있지만 주택 금융에서의 쓰임새는 확실히 줄어드는 모양새다. 말레이시아에 MM을 도입했던 쿠웨이트 파이낸스 하우스(KFH)마저 더 이상 MM을 취급하지 않는다는 점이 MM의 현재 위상을 단적으로 말해 준다.

대부분 은행이 MM뿐 아니라 BBA도 더 이상 취급하지 않고 있는 상황에서 BBA와 MM의 빈자리는 커머디티 무라바하(Commodity Murabahah)와 이자라 계열 상품이 채우고 있다. 결국 무샤라카 무타나키사 주택 금융의 등장과 몰락 이야기는 커머디티 무라바하의 매력과 확장력만 돋보이게 한다.

리스와 렌트를 금융에

| 이자라(Ijarah) |

이자라(Ijarah)는 대가를 주고 용익(usufruct)을 사용한다는 뜻으로, 원래는 꼭 금융을 말하는 것은 아니다. 앞에서 무샤라카 무타나키사를 설명할 때, 고객이 은행이 소유한 지분에 대해 임대료를 지불하는 것이 이자라라고 한 것처럼 일정 기간 동안 계약을 맺고 무엇이든 사용하여 효익을 얻고 대가를 지불하면 이자라이다.

공항에서 포터에게 짐을 날라 달라고 부탁하고 약속한 돈을 주는 것도 이자라이다. 하지만 현대에는 이자라라고 하면 보통 이슬람 금융에서 사용하는 이자라 금융을 의미한다.

이자라는 세부 사항에서는 차이가 있지만 리스 금융과 유사하다. 무엇인가를 사용하고 대가를 지불하면 이자라인데, 이자라 금융은 이러한 이자라 구조를 활용하여 금융을 일으키는 것이다.

리스 금융에 운용리스와 금융리스가 있는 것처럼 이자라 금융에도 운용이자라와 금융이자라가 있다. 운용이자라(operating Ijarah)는 계약기간이 끝났을 때 자산의 소유권이 임차인에게 이전된다는 계약이나 약속이 없고 임대인이 자산을 전적으로 소유하고 효익만을 대여하는 성격이 더 짙다. 이자라 금융이라 하면 주로 금융리스와 유사한 형태의 구조가 사용된다.

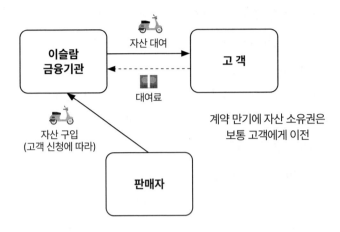

전형적인 이자라 거래 구조는 이렇다. 먼저 고객이 이자라 금융을 활용하여 자산을 사고자 한다고 금융기관에 신청한다. 금융기관은 판매자로부터 자산을 사서 고객에게 일정 기간 대여하고 대여료를 받는다. 물론 금융기관이 고객으로부터 요청을 받을 때마다 새로 판매자를 찾는 것은 아니다. 자동차나 모터사이클, 중장비같이 주로 이자라 금융을 제공하는 대상 품목이 있고, 금융기관은 주 취급 품목에 대해 이미 판매자와 거래 관계를 가지고 있는 경우가 많다.

이렇게 대여료를 받다가 계약 기간이 끝나면 자산 소유권은 보통 고객에게 이전된다. 계약 기간에 자산을 대여하다가 계약 만료 시 소유권을 넘긴다고 하여 아이탑(AITAB, Al ijarah Thumma Al Bay)이나 이자라 문타히야 비탐릭(Ijarah Muntahiya Bi Tamlik)이라는 상품명으로 부르기도 한다.

아이탑은 '이자라 이후에 매매'를 한다는 뜻이고, 이자라 문타히야 비탐릭은 '매매 선택권이 있는 이자라'라는 뜻이다. 만기 시 소유권 이전 조건이 어떠냐를 두고 이 둘을 구별하기도 하지만, 결국 이자라 이후 매매가 이루어진다는 뜻이어서 큰 틀에서는 유사한 성격이라고 볼 수 있다.

이자라 계약의 원칙상 임대인은 자산을 완전히 소유하고 있어야 하며,

계약 기간 동안 소유인으로서의 의무를 다하여야 한다. 이자라 계약 기간 자산에 대한 관리와 유지보수를 담당하고 이에 따른 비용도 부담하는 것이 임대인의 의무이다. 한편 대여 기간 종료 시 소유권이 임차인에게 넘어가는 매매 계약은 리스 계약과는 별개의 계약이어야 한다는 조건도 있다. 하지만 이건 말 그대로 원칙이 그렇다는 것이고 실무적으로 이러한 원칙이 다 지켜지는 것은 아니다.

아이탑이나 이자라 문타히야 비탐릭 같은 상품은 은행에서 취급할 수도 있고, 할부 금융이나 리스 금융을 취급하는 금융회사에서도 많이 취급한다. 자동차나 오토바이, 건설장비 등을 구입할 때 이런 구조로 금융을 제공하는 것이다. 한 회사에서 일반 리스 금융을 취급하면서 이슬람 창구(Islamic window)에서 같은 성격의 이자라 금융을 취급하기도 하고 자회사에서 취급하는 경우도 있다. 소비자가 일반 리스 금융이나 할부 금융에 익숙한 상황에서 이자라 금융상품도 이와 비슷하게 만들어 이름과 용어만 달리하여 판매하는 것이다.

내가 인도네시아에서 종합 금융회사에서 근무했을 때의 일이다. 어느 날, 일을 잘하던 회계·자금 담당 직원이 사직하겠다는 의사를 밝혀 왔다. 우리 회사에서 취급하는 리스 금융이나 시설·운전자금 상품이 이자, 즉 리바에 근거하고 있기 때문이라는 이유에서였다. 입사할 때는 괜찮았는데 회사를 다니면서 뭔가 심경에 변화가 있었던 모양이다. 이슬람 금융을 전공한 나는 이 직원이 하는 말이 무슨 뜻인지는 이해가 되었지만, 일 잘하는 직원을 놓치기 아까워 이렇게 말했다.

"우리 회사에서 취급하는 리스 금융이 다른 이슬람 금융사에서 취급하는 이자라 상품하고 거의 똑같아. 리스 금융에 대해서 받는 이자도 우린 이자가 아닌 리스료라고 기표하잖아. 그냥 이름만 다르지 거의 똑같은 상품이야. 그냥 똑같다고 생각해 주면 안 될까?"

물론 이렇게 말한다고 해서 이게 먹힐 거라고 생각한 것은 아니다. 그냥 너무 아쉬워서 한 말이다(이 직원은 결국 회사를 그만두었다). 하지만 이름만 다르지 똑같은 상품이라는 말은 그냥 한 말은 아니다. 리스 금융과 이자라 금융은 정말로 비슷하다.

이자라 금융은 리스나 할부 금융 개념과 거의 비슷하기 때문에 이해하기 쉽다. 소비자들은 자동차나 오토바이, 중장비같이 실제로 사용할 품목을 이자라 금융을 활용하여 사용하다가 최종적으로는 매입하게 된다. 리스 대상으로 사용할 물건이 없으면 이자라 금융을 활용하기는 어렵다. 하지만 커머디티 무라바하에서처럼 이자라 금융에서도 실제로 사용할 의사가 없는 목적물을 대여하는 것처럼 활용해서 자금을 조달하는 방법이 있다.

예를 들어보자. 어떤 회사가 3천억 원을 시장에서 조달하려고 한다고 하자. 물론 커머디티 무라바하 같은 방식을 쓸 수도 있겠지만 이자라 구조를 활용할 수도 있다. 여기에서 이 회사가 필요한 것은 이자라 구조에서 많이 활용하는 품목인 자동차나 오토바이, 중장비 같은 것이 아니다. 돈 3천억 원이 필요할 뿐이다. 설사 중장비가 필요하다 해도 중장비로 3천억 원어치를 임차하려고 한다면 얼마나 번거롭겠는가? 임차자산 리스트도 길어지고 말이다. 그냥 3천억 원을 한 번에 조달해서 그걸 필요한 곳에 사용하는 것이 낫다. 이럴 때 많이 사용하는 것이 '매매 후 재리스(sale and lease back)' 방식의 이자라 구조이다. 대부분의 이자라 수쿠크가 이 구조를 사용한다.

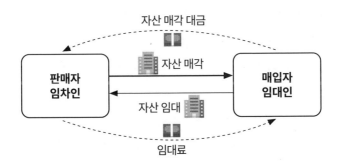

쉽게 설명하기 위해 예를 들어보도록 하겠다. 어떤 회사가 보유 중인 사옥을 활용하여 이자라 형태로 3천억 원 금융을 조달한다고 생각해 보자. 이 회사는 사옥을 3천억 원에 상대방에게 판다. 그리고 매각대금 3천억 원을 받는다. 그리고는 이 자산을 다시 임차하여 그대로 사용하고는 정기적으로 임대료를 상대방에게 지불한다.

이 사옥은 이미 자신의 소유가 아니고 상대방의 소유인데 빌려 쓰는 셈이 되기 때문이다. 이자라 수쿠크에서는 이 구조에서 특수목적기구(SPV)가 매입자·임대인이 되어 판매자·임차인과 이 거래를 행한다. 그리고 SPV는 이 자산에 대한 권리를 기반으로 하여 증서(수쿠크)를 발행하여 다수의 최종 수쿠크 보유자와 매입자·임대인 간 오가는 현금 흐름을 중개한다.

수쿠크는 채권과 마찬가지로 만기가 있기 때문에 만기가 되거나 부도 요건이 발생하면 판매자·임차인이 처음 약속한 금액(보통 만기 시에는 자산을 매각했던 원래 금액이며, 부도 요건 등이 발생하는 경우에는 원금에 발생임대료와 비용 등을 가산한 금액)으로 자산을 다시 매입한다.

보통 처음 거래하거나 수쿠크를 발행할 때 와앗(Wa'ad)이라는 형태로 자산을 다시 재매매할 것이라는 약정(purchase·sale undertaking)을 한다.

여기서 몇 가지 짚고 넘어갈 것이 있다. 자산을 매매한다고 해서 이 건물에 대해 등기부상 소유주가 바뀌는 것은 아니다. 이전되는 것은 법적 소유권(legal ownership)이 아니라 수익적 소유권(beneficial ownership)이다. 그리고 처음 자산을 매매할 때 가격에 꼭 시세를 정확하게 반영할 필요도 없다. 위 예에서 자산인 사옥은 3천억 원이라는 자금을 마련하기 위한 수단으로써 금융을 일으키기 위해 사용되었을 뿐, 정말로 사옥의 소유권을 넘길 생각은 없기 때문이다.

그리고 어차피 계약 기간이 끝나면 이 자산은 최초 매각 가격에 원래 소유주에게로 되돌아갈 것이다. 그 사이에 부동산 가치가 상승하거나 하락해도 이 재매매 가격에 반영되지 않는 것이 보통이다. 정기적으로 지급하는 임대료도 실제 건물이나 사무실 임대료 시세를 반영할 필요는 없다. 대부분의 경우에는 일반 금융에서 사용하는 금리를 참고하여 임대료 수준을 결정한다.

위 그림을 보면 이런 생각도 들 수 있다.

'매매 후 재리스 방식으로 이자라 수쿠크를 발행하면 어쨌건 자산을 기초로 하고 있으니까 발행자가 임대료와 원금을 제대로 갚지 않더라도 자산을 처분하면 채권을 보전할 수 있지 않을까?'

하지만 꼭 그렇지는 않다. 자산을 매매할 때 법적 소유권이 이전되는 진정한 매매(true sale)가 일어나는 것도 아니고, 따로 담보 설정을 하지 않으면 자산에 대한 권리를 주장하지 못하는 경우가 많다. 부도 상황이 되면 원래 자산이 매매되었던 가격에 그동안의 발생임대료와 비용 등을 가산한 금액에 매도자·임차인이 자산을 다시 매입한다는 약정이 있을 뿐이다. 결국 이것은 이 이자라 수쿠크 계약이 매도자·임차인, 즉 이자라 수쿠크를 발행하여 자금을 조달하고자 하는 측의 신용에 근거한 신용계약임을 말해 준다.

자산은 그냥 리바, 즉 이자의 요소를 제거하기 위해 이자라 구조를 만들려고 끼어들어 왔을 뿐이다. 여기에 별도의 장치를 넣어서 신용보강을 할 수도 있지만 그것은 수쿠크가 아닌 일반 채권도 마찬가지다. 또, 각 나라의 법률 체계에 따라서 수익적 소유권의 성격을 어떻게 보는지도 변수이다. 수쿠크 부도 사례가 충분히 쌓인 것이 아니기 때문에 부도가 나면 법원이 어떤 판단을 내릴지에 대한 불확실성도 항상 존재한다.

이렇게 보면 이자라 수쿠크라는 것이 일반 채권하고 거의 다를 게 없어 보인다. 자산을 매매하고 리스를 하지만 그것은 그냥 금융을 일으키기 위한 수단일 뿐, 자산으로 채권보전을 하는 것이 아니니 말이다. 하지만 역설적으로 바로 이런 점 때문에 이자라 구조는 수쿠크에서 가장 널리 사용되는 구조 중 하나이다.

처음 채권 투자자들에게서 자금을 받아 정기적으로 약정 이자를 지급하다가 만기가 되면 원금과 이자를 돌려주는 채권의 구조를 가장 이해하기 쉬우면서도 흡사하게 복사해 낼 수 있기 때문이다. 다만, 그만큼 이 구조가 샤리아에 부합하느냐에 대한 논란에서 자유롭지는 않다.

정부나 준정부기관에서 발행하는 수쿠크(sovereign Sukuk)도 이자라 구조를 활용하곤 한다. 그러려면 정부가 보유하는 자산을 특수목적기구에 매각했다가 이를 다시 리스하는 과정을 거쳐야 한다.

이럴 때 발생할 수 있는 문제가 있다. 이자라 수쿠크 발행을 위해 공항을 기초자산으로 사용한다고 생각해 보자. 무슬림이 다수가 아닌 나라에서는 수쿠크 발행을 위해 국가 소유의 자산인 공항을 매각하는 것에 반대하는 목소리가 나오기도 한다. 신문에 '정부가 무슬림에게 공항을 팔려 한다'는 표제의 기사가 실리기도 하고 그러는 것이다. 사실 공항 매각은 수쿠크 발행을 위한 형식적인 절차일 뿐이며 실제로 수쿠크 보유자가 공항에 대해 실질적인 권리를 행사하는 것이 아니라 하여도, 또 무슬림만 수쿠크를 매입하여 보유하는 것이 아니라 하여도 소용이 없다. 이런 사안에서는 팩트가 어떤지는 그다지 중요하지 않을 수도 있다. 팩트를 알고 싶지 않을 수도 있고, 알았다 해도 상관이 없을 수도 있다. 이것은 정서의 문제이며 정치적 문제이다. 또, 나라마다 국유자산을 매각하는 절차가 복잡하고 어려운 경우도 있다. 이 매각이 진정한 매각이 아니라 해도 말이다.

그 외의 계약들, 그리고

앞에서 살펴본 무샤라카, 무다라바, 무라바하, 이자라 이 네 개의 구조가 이슬람 금융에 활용하는 계약이나 구조 중 가장 많이 언급된다. 많이 쓰이기 때문(무라바하, 이자라)이기도 하고, 기대하는 만큼 충분히 많이 활용되고 있지는 않지만 이익손실공유, 위험공유라는 이슬람 금융의 이상을 반영하기 때문(무샤라카, 무다라바)이기도 하다. 이 외에도 살람, 이스티스나, 와칼라 같은 계약들이 사용되고 있는데 간단하게 살펴보기로 한다.

살람(Salam)은 이슬람 경제 버전의 선도(forward) 거래라고 할 수 있다. 아라비아 지방에서는 주로 농산물 거래에 사용되었으며, 지금도 농산물 금융에 활용되기도 하며 중량이나 품질을 특정할 수 있는 상품(commodity) 거래에 활용될 수 있다. 살람의 매매 계약은 현재 시점에서 체결하고 대금도 바로 지불하되 물품의 인도는 약정한 미래 시기에 하는 거래이다.

앞에서 이슬람 금융의 원칙 중 하나로 가라르(gharar) 금지를 소개한 바 있다. 계약에서 명확하지 않은 점이 있어서는 안 된다는 뜻이다. 가장 대표적인 예가 보유하고 있지 않은 것을 파는 행위이다. 손에 들고 있지 않은 것을 나중에 인도하기로 하고 매매 계약을 체결하고 지금 돈을 받는 살람 계약은 이 가라르 금지 원칙의 가장 중요한 예외이다.

살람 계약은 일반적으로 이슬람 공동체인 움마(ummah)의 공익에 유익하다는 뜻인 마슬라하(maslahah)에 근거하여 허용되는 것으로 본다. 농부의 소득은 계절성이 있어서 농작물을 수확해야 소득이 생겨 가족을 부양할 수 있다. 살람 계약은 미래에 수확할 농작물을 미리 팔아 소득을 현재화할 수 있는 수단을 제공한다. 살람에 근거하여 상품을 거래할 때는 대상이 되는 상품의 품질과 중량, 인도일을 명확하게 정해야 한다. 선지자 무함마드가 살람 계약을 언급하며 상품 명세와 인도일을 정확하게 지정하며 거래를 해야 한다는 지침을 내린 바 있는 것으로 받아들여지고 있다.

살람 계약이 미래에 인도할 상품에 대한 대금 지불을 미리 당겨서 받는 것이라고 한다면, 이스티스나(Istisna) 계약은 시공자에게 무엇인가를 제조하거나 건설해 달라고 하고 대가를 지불하는 계약이다. 건설이나 인프라 프로젝트, 주택 금융 등에 주로 사용할 수 있다.

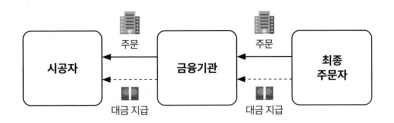

이스티스나 구조 중 최종 수익자와 시공자 사이에서 은행 등 금융기관이 개입하여 두 개의 독립된 이스티스나 계약을 체결, 두 계약 간 가격과 대금 지급 방법 차이를 활용하여 금융 구조를 짜는 것을 병렬 이스티스나(Parallel Istisna)라고 한다.

최종 주문자는 금융기관과 이스티스나 계약을 체결하여 시공이나 제조를 맡기고, 금융기관은 시공이나 제조 역량이 없으므로 다른 계약자를 찾아 별도의 이스티스나 계약을 체결한다. 금융기관은 시공자에게 지불하는 대금에 마진을 얹어서 최종 주문자 또는 고객에게 대금을 청구하여 이익을 낸다. 이스티스나 목적물이 완공되면 최종 시공자가 금융기관에게, 금융기관은 고객에게 이를 차례로 인도하도록 되어 있지만 보통은 금융기관이 시공자를 대리인으로 지정하여 고객에게 직접 인도하도록 한다. 또, 시공자도 금융기관이 찾는 것이 아니라, 보통은 고객이 찾아와서 금융기관에 금융 제공을 요청한다.

주택을 새로 건축하고자 하는 사람은 다음과 같은 방법으로 병렬 이스티스나 구조를 활용하여 금융을 받을 수 있을 것이다. 실제로 건축을 담당할 시공자는 고객이 찾는다. 그리고 은행에 이스티스나 금융을 신청하면 은행은 고객과 이스티스나 계약을 체결한다. 그리고 은행은 곧 시공자와 또 다른 이스티스나 계약을 체결한다. 은행은 계약금과 공정에 따른 공사대금을 시공자와의 계약에 따라 지급하되, 고객이 은행에 지불할 대금은 분할하여 외상으로 상환하도록 계획을 짠다. 아마 일반 은행 중도금대출이나 주택담보대출 상환 계획과 유사할 것이다. 은행이 고객과의 계약에서 받는 대금은 은행이 시공자에게 지불하는 대금에 이익을 붙인 금액이 될 것이며, 은행이 붙이는 이익의 크기는 일반 은행의 이자 수준과 거의 유사할 것이다.

계약에 따라 주택이 완공되면 서류상으로는 시공자가 은행에, 은행이 고객에게 차례대로 목적물을 인도하면 되지만, 사실 은행은 주택을 직접 인수해 검수까지 할 이유도 능력도 없다. 최종 인수자인 고객을 대리인으로 지정하여 시공자로부터 직접 주택을 인수하도록 하면 그만이다.

와칼라(Wakalah)라고 하는 대리인 계약도 이슬람 금융에 많이 활용된다. 대리인 계약 자체는 이해하기 어려울 것이 없다. 어떤 일을 직접 하지 않고 대리할 권한을 주어 다른 사람에게 맡기면 그것이 대리인 계약이다. 일반적으로는 정액 또는 금액에 비례한 수수료를 받지만, 필요에 따라서는 수수료를 주고받지 않을 수도 있다. 사실 와칼라라고 하는 계약은 와칼라 금융이라는 이름을 달지 않고도 다른 이슬람 금융 구조를 실행하는 단계 곳곳에 숨어 있다.

예를 들어 방금 소개한 병렬 이스티스나 구조에서 금융기관이 시공자로부터 주택을 인수해 검수하는 수고를 덜기 위해 최종 사용자인 고객을 대리인으로 지정하여 시공자로부터 직접 주택을 인수하도록 한다면 이것도 일종의 와칼라 계약이다.

이처럼 와칼라 계약은 이슬람 금융 구조 곳곳에 숨어 있기도 하고, 때로는 다른 계약과의 조합을 통해 새로운 상품을 만들어 내는 데 쓰이기도 한다.

와칼라 계약을 이용한 이슬람 신용장(LC)이나 와칼라 수쿠크와 같이 와칼라가 전면에 나서는 구조나 상품도 있다. 이 중 와칼라 빌-이스티스말(Wakalah bil-Istithmar)은 와칼라를 활용한 투자 계약인데, 대리인을 지정하여 투자하도록 하는 계약이다.

이슬람 은행 또는 이슬람 금융기관은 고객으로부터 어디 어디에 어떻게 투자하라는 지침과 함께 투자금을 받는다. 지침이나 제한이 없는 형태로 투자를 대리할 수도 있다. 그리고는 수수료를 받아 투자하여 여기에서 나온 수익은 원금과 함께 고객에게 돌려준다.

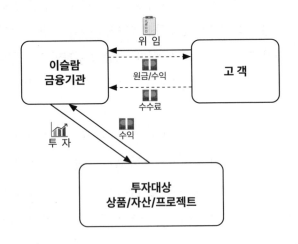

이렇게 들으면 일반적인 펀드 투자 같은 것과 크게 다르지 않아 보인다. 그런데 거의 고정금리에 가까운 예상수익률을 제시하며 고객을 유치할 수도 있다. 이 예상수익률을 맞추려면 투자 대상 상품으로는 무라바하처럼 고정수익률을 보장하는 것들을 택해야 한다.

물론 높은 위험을 무릅쓰고라도 높은 수익을 원하는 고객도 있을 텐데, 그런 경우라면 고객의 기호에 맞게 상품을 설계하면 될 것이고 사실 이런 고객이라면 굳이 와칼라 빌-이스티스말이 아니어도 이슬람 뮤추얼펀드 같은 데 가입하면 된다.

구조적으로 수익률을 고정하고 싶다면 이런 방법을 쓸 수 있다. 실현된 수익률이 예상수익률을 넘어서는 경우에는 수익률 초과분은 고객에게 돌려주지 않고 보너스 또는 인센티브로 금융기관이 갖기로 하고, 반대로 수익률이 예상수익률을 미달한다면 미달분만큼을 수수료에서 차감하기로 하면 된다. 이런 식으로 실현수익률이 예상수익률과 다를 경우 계약 당사자들이 상황에 따라 자신이 가진 권리를 포기(waive, tanazul)하도록 하여 딱 예상수익률만큼만 돌려주게 하면 이 와칼라 상품은 형식적으로는 투자 상품이지만 실질적으로는 고정수익률을 보장하는 정기예금 또는 금전대차 거래와 유사하게 된다.

지금까지 이슬람 금융상품을 만들거나 거래를 구조화할 때 많이 사용하는 계약을 살펴보았다. 이 계약을 종류별로 나눠 보면 무라바하나 살람 계약은 매매 기반의 계약으로 분류할 수 있다. 어떤 책을 보면 무라바하를 따와룩이나 이나같이 더 세부적인 구조로 나누거나 서로 구분해서 분류하기도 한다. 이자라는 리스 기반의 계약이며, 무샤라카와 무다라바는 지분 기반 계약이다. 이익손실공유 계약이라고 할 수도 있다.

이를 표로 정리해 보면 아래와 같다. 이슬람 금융 관련 책이나 웹사이트를 찾아보면 계약을 표나 그림으로 정리해 놓은 것들을 볼 수 있는데, 큰 틀에서는 차이가 날 것이 없지만 세부 사항은 서로 다른 경우가 많다. 지금까지 소개해 온 계약이나 구조 중 무샤라카 무타나키사(MM) 같은 것은 아래 표에 따로 표시하지 않았다.

　MM은 그 자체가 하나의 계약이 아니라 무샤라카와 이자라, 무라바하 계약을 주택 금융이라는 목적을 위해 조합한 구조이기 때문이다. 또한 아래 표에 있는 와디아(Wadiah), 카팔라(Kafalah), 란(Rahn)과 같은 계약은 이 책에서 따로 설명하지 않았다.

무이자대출	카르둘 하산
매매 기반	무라바하(이나, 따와룩, 커머디티 무라바하 등), 살람(선도 거래)
리스 기반	이자라
지분 기반 (이익손실공유)	무샤라카, 무다라바
기타	와칼라(대리인), 이스티스나(제조, 건축), 와디아(보관), 카팔라(보증), 란(전당) 등

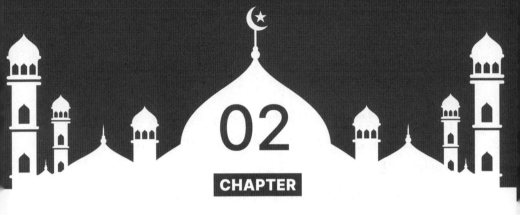

02
CHAPTER

이슬람금융 더 깊이 들어가기

01

이슬람금융 계약의 쓰임새

위키피디아에서 이슬람 금융상품, 서비스, 계약(Islamic finance products, services and contracts) 항목을 찾아보면 다음과 같은 것이 있다고 예를 들어 놓았다.

'무다라바, 와디아, 무샤라카, 무라바하, 이자라, 하왈라, 타카풀(이슬람 보험), 그리고 수쿠크'

이걸 보면 이슬람 금융의 종류에는 무다라바, 와디아, 무샤라카, 무라바하 같은 계약이 있는데, 타카풀과 수쿠크도 그런 계약 중 하나인 것처럼 되어 있다. 읽는 사람이 헷갈릴 수 있는 분류이다.

2010년과 11년 우리나라에서 이슬람 금융에 대한 관심이 컸을 때 보면 이슬람 금융은 곧 수쿠크였다. 내가 이슬람 금융을 공부하러 말레이시아에 간다고 했을 때도 주위에서 "아, 수쿠크 공부하러 가는구나?" 이런 말을 많이 들었다.

당시에 우리나라뿐 아니라 세계적으로 이슬람 금융에 대한 관심이 커진 것이 수쿠크시장의 성장 때문이고, 또 우리나라에서도 수쿠크 발행을 위한 조세 관련 법률 정비를 두고 논란이 일었던 적이 있으니 이해가 가는 측면이 있다.

수쿠크는 가장 잘 알려진 이슬람 금융 수단이다. 하지만 수쿠크는 이슬람 금융에서도 한 부분일 뿐이다. 중요한 것은 맞지만 중요하더라도 여전히 한 부분이지 수쿠크가 이슬람 금융의 전부인 것은 아니다.

은행이나 금융기관에서 취급하는 금융에 여러 형태와 필요, 쓸모가 있는 것처럼 이슬람 금융도 그렇다. 소매 금융도 필요하고 기업 금융도 있어야 한다. 소매 금융에는 주택을 구입하기 위한 자금, 생활비를 마이너스 통장처럼 쓸 수 있는 자금, 신용카드 같은 금융 수단들이 있을 것이다.

마찬가지로 기업 금융도 설비 자금, 운영 자금이 다 필요하다. 무역대금 결제를 위한 무역 금융도 있어야 하며, 샤리아 원칙에 부합한 신용장을 개설해 줄 은행도 찾아야 한다. 조금 더 규모를 키워서 보면 선박 금융이나 건설 금융, 인프라와 프로젝트 금융도 다 이슬람 방식으로 취급할 수 있다.

또, 상업 금융과는 별개로 사회적 목적으로 활용하는 사회적 금융도 있으며, 은행이나 금융기관이 필요한 자금을 조달하기 위해서는 예치금도 이슬람 방식으로 유치해야 한다. 주식이나 뮤추얼펀드도, 보험과 채권에 해당하는 금융 수단도, 파생금융상품도 이슬람 금융을 구성하는 요소이다.

요약해 보면 이슬람 금융에는 수쿠크만 있는 것이 아님을 알 수 있다. 나열하자면 끝이 없을 만큼 일반 금융에서 취급하는 거의 모든 금융상품이 이슬람 금융에도 똑같이 있어야 한다. 그런데 그것을 일반 금융에서 취급하는 방식으로 똑같이 가져와 쓰지는 못한다. 일반 금융상품은 대부분 리바를 비롯하여 샤리아에서 금지하는 요소를 포함하고 있기 때문이다.

그러니 이슬람 금융은 쓰임새는 기존 금융상품과 똑같거나 거의 유사하면서도 이슬람법을 훼손하지 않는 그런 상품과 구조를 만들어 내야 하는 숙제가 있다. 이때 사용하는 것이 앞에서 소개한 것처럼 무샤라카나 무다라바, 무라바하같이 샤리아에 부합하는 금융계약이다. 이 계약 중 적당한 것을 골라서 단독으로, 또는 몇 개 이상을 조합해서 일반 금융상품과 유사한 상품을 만들어 낸다.

이슬람 세계 밖으로 가장 잘 알려진 이슬람 금융상품인 수쿠크를 예로 들자. 일반 금융에서 채권과 유사한 기능을 하는 상품을 만들어야 하겠는데, 채권은 기본적으로 채권채무 계약을 바탕으로 하고 있어 샤리아에 부합하지 않으니 수쿠크라는 개념을 가져다 활용하고 여기에 여러 이슬람 금융계약을 가져다 붙이는 것이다. 무샤라카를 활용하면 무샤라카 수쿠크가 되고, 와칼라를 활용하면 와칼라 수쿠크가 된다. 수쿠크는 앞에서 살펴본 계약을 거의 다 활용하여 구조화할 수 있다. 그러니 이자라 수쿠크, 이스티스나 수쿠크, 살람 수쿠크, 무라바하 수쿠크가 다 있다. 계약을 꼭 하나만 사용할 필요도 없다. 두 개 이상을 사용해서 구조화하면 하이브리드 수쿠크도 된다.

수쿠크만 그런 것이 아니다. 이슬람 보험인 타카풀도 그렇다. 무다라바와 와칼라 개념을 활용해서 타카풀 업자가 타카풀 기금을 관리하도록 할 수 있다.

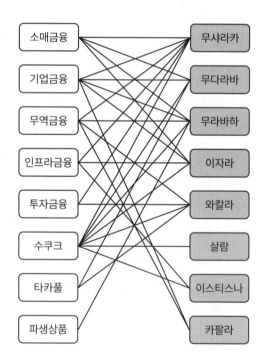

신용카드 상품을 만드는 방법도 하나가 아니다. 대표적으로 커머디티 무라바하 방식을 사용할 수도 있다. 이슬람 신용장도 무라바하 방식으로도, 와칼라로도, 무샤라카로도 구조화해서 발행할 수 있다.

그림으로 표시해 보면 이렇다. 왼쪽에 있는 수쿠크나 타카풀, 소매 금융, 기업 금융 부문의 상품을 만들기 위해 오른쪽에 있는 무라바하와 무샤라카, 이자라와 같은 계약을 하나 또는 그 이상 활용한다. 이 그림은 예시에 불과하다. 왼쪽에 있는 금융의 종류는 훨씬 더 많기도 하고 표시해 놓은 것들도 더 세분화할 수 있다. 여기에 사용할 수 있는 계약 종류나 조합 가능한 경우의 수도 그림보다는 훨씬 많다.

이슬람 금융기관이 몇 개의 계약을 이리저리 쓰면서 수십, 수백 가지 형태의 금융상품을 만들어 내는 것을 보면 기발하다는 생각이 절로 든다. 때로는 하나 이상의 계약을 조합하여 특정한 금융상품을 만들어 내기도 한다. 수쿠크의 경우 두 개 이상의 계약을 조합한 하이브리드 수쿠크는 이미 흔하다. 또, 앞에서 살펴본 것처럼 무샤라카 무타나키사 주택 금융은 무샤라카와 이자라, 무라바하 계약을 조합한 것이다. 이슬람 금융을 공부하면 새로운 개념의 상품과 구조가 계속 나온다. 다만, 그렇게 기발한 아이디어를 동원해서 복잡한 구조를 짰는데 그 결과가 고작 이미 있는 일반 금융상품과 거의 유사한 상품일 때가 많은 것은 고민이다.

02

이슬람금융 시장의 스타

| 수쿠크(Sukuk) |

앞에서 살펴본 것처럼 이슬람 금융에는 수쿠크만 있는 것이 아니다. 사실 금융 부문에 종사하지 않는 일반 무슬림이라면 살면서 수쿠크 관련 거래를 해 볼 일도 많지 않다. 규모로 보아도 그렇고 더 많은 사람의 삶에 영향을 준다는 차원에서도 수쿠크보다는 이슬람 은행업이 더 중요할 수 있다. 하지만 이슬람 세계 바깥에서는 아무래도 이슬람 은행업보다는 수쿠크가 더 잘 알려져 있다.

수쿠크는 국가나 기업이 한 번에 대규모의 자금을 조달하는 수단으로 사용되기 때문에 개별 발행 건이 중요하고 관심을 얻기도 더 쉽다. 수쿠크가 아니었다면 이슬람 금융이 세계적으로 관심을 끌지 못했을 것이며, 아마 우리나라에도 이슬람 금융이 제대로 소개될 기회가 없었을 것이다.

수쿠크(Sukuk)라는 말은 아랍어로 '증서'라는 뜻이다. 원래 증서를 뜻하는 말은 '사크(Sakk)'인데, 사크는 단수이고 수쿠크는 복수이다. 이 사크라는 단어로부터 서구권에서 수표 등을 의미하는 체크(cheque)라는 단어가 유래했다는 주장은 꽤 신빙성이 있다.

하지만 현대적 의미의 수쿠크는 거의 전적으로 일반 금융에서 채권에 해당하는 이슬람 금융상품을 가리키는 용어이다.

수쿠크의 정의는 '이슬람 금융 회계 및 감사기구(AAOIFI, Accounting and Auditing Organization for Islamic Financial Institutions)'의 것이 가장 많이 쓰인다. AAOIFI가 내린 정의를 요약하면 수쿠크는 '현재 혹은 미래 자산 포트폴리오에 대한 소유권을 표시한 증서'이다. 다른 기관이나 학자가 내린 정의도 있으나 용어가 다를 뿐 개념은 비슷하다. 수쿠크는 자산에 대한 권리를 표시하는 증서이다.

수쿠크는 일반 금융에서의 채권과 그 성격이 유사하다. 그래서 이슬람 채권(Islamic bond) 또는 샤리아에 부합하는 채권(Sharia compliant bond)이라고도 불린다. 하지만 수쿠크는 자산에 대한 소유권을 표시한다는 점에서 채권과 완전히 똑같지는 않다.

채권(bond)은 자산의 소유권이 아니라 채권채무 관계를 표시하는 증서이기 때문이다. 여기에서 수많은 오해와 논란이 발생한다. 형식과 실질이 일치하지 않음에서 오는 문제이다.

채권 거래는 이슬람에서 금지하는 이자 수수를 수반하기 때문에 샤리아에 어긋난다. 하지만 수쿠크는 자산에 대한 소유권을 표시하기 때문에 샤리아와 관련해서는 문제가 없다. 또, 자산을 기초로 하고 있기 때문에 더 안전하다고 여겨지기도 한다. 수쿠크를 샤리아 원칙대로 곧이곧대로 발행하면 아무 문제가 없다. 그런데 그렇게 해서 수쿠크를 발행하면 채권의 성격을 많이 잃게 된다.

시장은 채권을 원하는데 샤리아 원칙과 이상을 충실히 반영하여 발행한 수쿠크는 채권이 아닌 다른 어떤 것이 되고 마는 것이다. 수쿠크가 흔히 이슬람 채권이라고 불리는 데는 이유가 있다. 수쿠크를 사려고 하는 이들은 대부분 '이슬람'적이면서 '채권'이기도 한 그런 금융상품을 사고 싶어 한다. 그래서 수쿠크를 사려는 수요를 확보하려면 여러 가지 장치를 넣어서 수쿠크를 최대한 채권과 가깝게 만들어 놓아야 한다.

이렇게 하면 발행자, 투자자는 문제가 없는데 이젠 또 샤리아학자들이 문제를 삼는다. 이건 무늬만 수쿠크이지 진짜 수쿠크도 아니고 샤리아에 부합하지도 않고 이슬람적이지도 않다는 것이다. 이들의 주장대로 수쿠크를 더 샤리아에 부합하는 형태로 구조화하여 발행할 수는 있다. 그런데 그렇게 하면 채권과는 성격이 달라져 투자자 수요를 충분히 확보할 수 있다는 확신이 없다. 끝없는 도돌이표이다.

수쿠크를 발행할 때는 보통 발행하려는 측이 특수목적기구(SPV)를 설립하고 SPV와 계약을 체결한다. 발행자는 무샤라카, 무라바하, 이자라와 같이 목적과 여건에 맞는 계약과 구조를 사용하여 SPV와 거래하고 SPV는 발행자와의 거래에서 발생하는 권리와 현금 흐름을 바탕으로 증서를 발행해 이를 다수의 수쿠크 투자자에게 연결한다.

수쿠크에 투자하는 이들은 이 증서인 수쿠크를 매입하여 보유하거나 유통시장에서 거래한다. 이자라 계약을 다룰 때 이자라 수쿠크 이야기를 한 바 있지만 여기서 이자라 계약을 활용한 수쿠크가 그냥 이자라 금융과 어떻게 다른지 간단히 설명해 보면 다음과 같다.

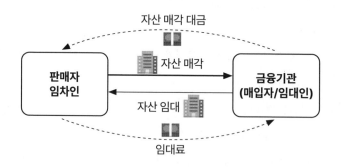

사옥을 이자라 금융의 대상으로 하여 '세일 앤드 리스백(sale and lease back)'으로 자금을 조달하는 방식을 설명하기 위해 보여준 그림이다. 수쿠크를 발행하지 않고 금융기관과 직접 거래하려면 자금을 조달하려는 측이

금융기관에 매매와 리스 대상물인 사옥을 매각했다가 다시 임차하면 된다. 매각대금을 받고 정기적으로 임대료를 내다가 만기가 되면 사옥을 다시 처음 약정한 가격에 사들이면 된다. 별로 어려운 것이 없다.

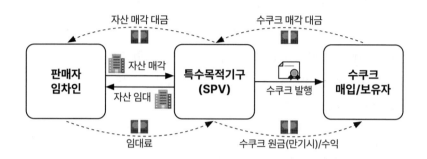

수쿠크를 발행할 때는 앞의 예에서 금융기관이 했던 역할을 SPV가 담당한다. 회사는 SPV를 만들고, SPV와 세일 앤드 리스백 방식의 이자라 거래를 한다. 그리고 SPV는 회사와의 이자라 거래에서 발생하는 권리와 현금흐름을 바탕으로 이를 표시하는 증서인 수쿠크를 발행하여 이를 최종 매입자에게 판매한다. 이때 수쿠크를 최종적으로 매입하는 당사자는 채권과 마찬가지로 보통 다수이다.

이자라만 그런 것이 아니고 다른 계약 방식을 활용한 수쿠크도 기본 원리는 똑같다. 수쿠크를 통해 자금을 조달하고자 하는 측이 SPV를 설립하고 SPV와 무라바하, 무샤라카, 살람, 이스티스나같이 샤리아에서 허용하는 계약을 행한다. 그리고 SPV는 이를 바탕으로 수쿠크를 발행하여 다수의 투자자에게 판매하여 연결해 준다.

수쿠크는 채권시장에 비해 유통시장이 잘 발달되어 있지 않기 때문에 일단 매입한 수쿠크는 만기까지 보유하는 경우가 많다.

상거래 등에서 발생한 부채를 거래하는 것을 '바이 알-다인(Bay al-Dayn)'이라고 하는데 원칙적으로 샤리아는 빚을 사고파는 것을 금하거나 엄격한 조건을 부과한다. 그러니 프로젝트나 자산에 대한 권리를 표시하는 수쿠크는 유통이 가능하지만, 무라바하 수쿠크처럼 상거래로 인한 부채를 표시하는 수쿠크는 원칙적으로 거래가 쉽지 않다. 하지만 말레이시아와 같이 이런 거래를 허용하는 곳도 있고, 여러 계약을 섞어서 수쿠크를 발행할 때 부채 기반 계약 비중이 일정 비율 이하일 경우에는 허용되는 것이 보통이다.

유통시장에서 거래하는 데 아무런 문제가 없는 채권과 달리 수쿠크는 유통시장에서 거래가 되는지를 따져 봐야 한다. 이런저런 이유로 유통시장이 잘 발달되어 있지 않다는 점이 발행시장에서 수쿠크 가격 형성에 영향을 미치기도 한다.

앞에서 무샤라카나 무다라바, 이자라 계약을 설명할 때 조금 언급한 것처럼 수쿠크는 샤리아 원칙을 만족하는 형태로 발행하면 채권과 함께 지분증권의 성격을 함께 가지고 있다고 보기도 한다. 이 경우에 수쿠크 보유자는 자산이나 프로젝트에서 정기적으로 나오는 수익을 받지만 자산이나 프로젝트 가치가 상승/하락함에 따라 수익도 변하게 된다. 또, 수쿠크를 가지고 있으면 자산이나 프로젝트에 대한 권리 중 일부를 보유하고 있는 셈이므로 발행자가 부도가 나는 경우에도 발행자의 신용이 아니라 자산이나 프로젝트 잔여 가치에 따라 다른 채권자들보다 먼저 채권을 보전받을 수 있게 된다.

수쿠크가 이처럼 지분증권의 성격도 일부 가지고 있다는 것은 정말로 자산이나 프로젝트 소유권에 근거하여 수쿠크를 발행할 때의 이야기이다. 실제로는 자산이나 프로젝트는 수쿠크를 발행하기 위한 수단으로만 사용되고 수쿠크 보유자가 여기에 대해 진짜 권리를 가지지 않는 경우가 더 많다. 이럴 때는 수쿠크가 지분증권의 성격도 일부 가지고 있다고 말하기 어렵고, 그냥 채권과 똑같은 상품이라고 말하는 것이 옳다.

실제로 인도네시아에서 열린 이슬람 자본시장을 주제로 한 웨비나에서 증권거래소에서 나온 강사는 "수쿠크는 채권과 같다."라고 말하기도 했다. 이슬람 금융 관계자나 샤리아학자들이 아무리 수쿠크는 채권과 다르다고 말해도 현장에서 일하는 실무진의 인식은 수쿠크와 채권이 본질적으로 유사하다는 생각일 때가 많다.

2021년 기준으로 전 세계 이슬람 금융자산 규모는 약 4조 달러로 추산된다.[30] 이 중 이슬람 은행업에 70%인 2.8조 달러가 몰려있고, 수쿠크시장은 바로 그 뒤를 이어 18%인 7천1백억 달러 규모(잔액 기준)이다. 2012년에 수쿠크 잔액 규모가 2천 6백억 달러 수준이었으니 9년 사이에 잔액이 세 배 가까이 늘어난 셈이다.

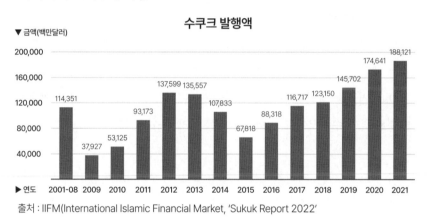

수쿠크 발행액

▼ 금액(백만달러)

출처 : IIFM(International Islamic Financial Market, 'Sukuk Report 2022'

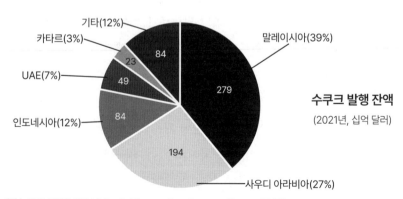

수쿠크 발행 잔액

(2021년, 십억 달러)

출처 : ICD-REFINITIV, 'Islamic Finance Development Report 2022'

---

30) ICD-REFINITIV, 'Islamic Finance Development Report 2022'

연도별 수쿠크 발행 현황[31]을 보면 발행액은 2012~13년까지 상승세를 보이다가 2015년에는 정점의 절반 수준까지 하락한 뒤, 이후 지속 상승 중인 것을 볼 수 있다. 2021년 발행액은 1천881억 달러로 전년 대비 약 7% 증가했다. 새로운 상품들이 개발되고 있을 뿐 아니라 이슬람권 국가 및 금융기관과 기업이 발행하는 수쿠크 규모가 커지고 지리적으로도 수쿠크를 발행하는 나라들의 풀이 조금씩 다양해지기 때문일 것이다.

한화로 하면 약 200조 원을 넘는 정도라서 액수가 매우 커 보이지만, 참고삼아 말하자면 2021년 우리나라 국고채 발행 규모가 180조 원 수준이다. 모든 형태로, 모든 지역에서, 모든 통화로 발행한 전 세계 수쿠크 발행 규모가 한 나라의 국채 발행 규모와 비슷한 수준이니 아직 수쿠크시장 규모는 채권시장과는 비교할 수 없는 수준이라 하겠다. 2021년 기준으로 총 1천881억 달러의 수쿠크 발행액 중 1천387억 달러는 발행한 국가 내에서 발행된 국내 수쿠크이고, 494억 달러는 국제 수쿠크이다.

수쿠크 발행은 지리적으로나 종류별로 아직 다소 편중되어 있다.[32] 2021년 말 잔액 기준으로 말레이시아가 2천8백억 달러 규모로 전 세계 수쿠크 발행 잔액 중 39%를 차지하고 있으며, 사우디아라비아가 1천9백억 달러로 27%, 인도네시아가 약 8백억 달러로 12%를 점하고 있다. 말레이시아와 사우디아라비아, 인도네시아 삼 개국이 발행한 수쿠크 잔액이 전 세계 수쿠크 발행 잔액 중 78%에 이르는 것이다.

말레이시아는 발행액 기준으로도 잔액 기준으로도 전 세계 수쿠크 발행 시장에서 절반에 가까운 점유율을 차지해 왔다. 최근에는 수쿠크 발행 지

---

31) IIFM(International Islamic Financial Market), 'Sukuk Report 2022'

32) ICD-REFINITIV, 'Islamic Finance Development Report 2022'

역이 다변화되면서 점유율이 다소 하락해 발행액 기준으로는 40% 안팎의 비중을 기록 중이다.[33]

말레이시아는 특히 국내 단기 수쿠크 발행이 활발하다. 경제 규모를 감안하면 인구가 3천만 명을 조금 넘는 나라인 말레이시아가 수쿠크시장에서 가장 중요한 위치를 유지하고 있다는 점은 인상적이다. 하지만 한편으로 달리 생각하면 수쿠크에 대한 관심이 커졌음에도 불구하고 발행액이나 잔액이 말레이시아를 비롯한 몇몇 나라에 편중되고 있다는 점은 시장이 아직 충분히 커지지 않았다는 말일 수 있다. 아직 많은 나라에서 수쿠크 발행이 일반적이고 보편적인 선택지가 되지 않았다는 말이다. 이 이야기는 바꿔 말하면 지금까지 수쿠크 발행이 잘되지 않던 곳에서 발행액이 늘어나면 전체 시장 규모가 커질 수 있는 여지가 꽤 있다는 말일 수도 있다. 실제로 수쿠크 관련 보고서들을 보면 매년 수쿠크시장이 새롭게 성장하는 지역들을 볼 수 있다.

발행은 아직 정부 신용등급 수쿠크(soverign Sukuk)에 몰려있다. 정부 등급 수쿠크는 수요도 많고 발행만 하면 매수세도 강하다.

경제 상황에 따라 매년 차이가 있긴 하지만, 수쿠크 발행이 가장 활발한 삼 개국 중 말레이시아는 그래도 정부 수쿠크 외에 민간 수쿠크 발행이 어느 정도 이루어지고 있다. 하지만 사우디아라비아와 인도네시아는 정부 수쿠크 의존도가 현저하게 높다. 물론 정부 수쿠크도 중요하지만 기업이 자금 조달 수단으로 수쿠크 발행이라는 선택지를 계속 활용해야 수쿠크시장이 커지고 다양성도 확대될 수 있다.

2021년 기준으로 세계 수쿠크 발행액 중 59%가 정부 수쿠크 형태로 발

---

33) 2021년 수쿠크 발행액 중 말레이시아가 36%, 사우디아라비아가 25%, 인도네시아가 11% 상당액을 발행하여 말레이시아, 사우디아라비아, 인도네시아 3개국이 한 해 수쿠크 발행 총액 중 72% 규모의 수쿠크를 발행하였다.

행되고, 18%가 준정부기관에서 발행되었다. 기업이 발행한 수쿠크 규모는 23% 수준이다. 기업 수쿠크는 발행 비용이 높고, 건당 발행 규모도 크지 않아서 기업 입장에서 그다지 효율적인 조달 방법으로 여겨지지 않아 성장세가 더디다.[34]

계약 종류별로는 와칼라와 이자라, 무라바하 수쿠크 구조의 발행이 활발하다. 국제 수쿠크에서는 와칼라 구조의 발행이 가장 흔하며, 와칼라는 2015년 이후에 국제 수쿠크에서 가장 많이 발행되는 형태의 계약이다. 그 전까지 가장 많이 발행되던 이자라 수쿠크 역시 와칼라 수쿠크에 이어 많이 발행되고 있다. 무라바하 구조는 발행국 내부에서 발행되는 국내 단기 수쿠크에서 사용 빈도가 높다.

와칼라 구조와 둘 이상의 구조를 결합한 하이브리드 수쿠크 비중이 커지며 무라바하나 이자라 비율은 다소 감소하고 있으나, 사실 와칼라나 하이브리드 수쿠크에도 무라바하나 이자라 구조가 들어가는 경우가 많아서 실제 비중은 명목상 비중보다 클 수 있다.

전통적 의미의 정부 수쿠크와 기업 발행 수쿠크 외에 사회적책임 수쿠크(CSR Sukuk)나 ESG 수쿠크, 그린 수쿠크같이 새로운 개념의 수쿠크 발행도 잇따르고 있다. 참고로 채권에도 전환 가능 채권이나 영구채, 하이브리드채, 코코 채권, 후순위 채권, 그린 채권, ESG 채권 등이 있는 것처럼 수쿠크도 전환 가능 수쿠크, 영구 수쿠크, 하이브리드 수쿠크, 코코 수쿠크, 후순위 수쿠크, 그린 수쿠크, ESG 수쿠크 같은 형태로 발행이 가능하다.

---

34) ICD-REFINITIV, 'Islamic Finance Development Report 2022'

자산에 기반한(Asset-Backed)
vs
자산을 활용한(Asset-Based) 수쿠크

수쿠크의 원칙과 이론, 그리고 실제의 차이에서 오는 오해와 혼란은 상당 부분 용어와 정의에서 온다. 누군가가 '수쿠크는 이러하다'라고 말하는 것을 들을 때는 여기에서 말하는 수쿠크가 어떤 수쿠크인지 생각해 볼 필요가 있다.

상상 속의 수쿠크인지, 아니면 실제 시장에서 수요가 있고 많이 팔리는 수쿠크인지를 구별해야 하는데, 이때 자산에 기반한(asset-backed) 수쿠크와 자산을 활용한(asset-based) 수쿠크의 차이를 알면·혼란을 상당 부분 줄일 수 있다. 구글에서 'asset-backed vs asset-based sukuk'라는 검색어만 입력해 봐도 수많은 자료를 찾아볼 수 있다.

자산에 기반한(asset-backed) 수쿠크는 수쿠크의 본래 정의에 어느 정도 충실히 부합하는 수쿠크 구조이다. 수쿠크를 발행하려는 측이 특수목적기구(SPV)에 자산을 매각할 때 자산의 소유권이 정말로 이전된다. 진정한 매각(true sale)이 이루어지는 것이고, 따라서 발행자와 자산 사이의 관계는 끊어진다. SPV는 이 자산에 대한 권리와 여기에서 나오는 현금 흐름을 바탕으로 하여 수쿠크를 발행하므로 수쿠크를 매입하여 보유한 측은 수쿠크가 표시하는 지분만큼 자산에 대해 실질적으로 권리를 가지고 있다고 볼 수 있다.

수쿠크 보유자가 자산에 대해 실질적인 소유권을 주장할 수 있게 되면, 수쿠크에서 원리금에 해당하는 금액 상환은 자산에서 발생하는 수익과 현금 흐름에서 나온다. 다시 말해 부도에 해당하는 사건이 발생하거나 수쿠크 발행자 신용이 하락하여도 자산 가치만 떨어지지 않으면 수쿠크 신용은 영향을 덜 받는다.

최악의 경우 발행자가 사라지더라도 자산을 매각해서 투자 원금과 수익을 확보할 수 있다. 반면, 발행자 신용에는 문제가 없더라도 자산이나 프로젝트 가치가 하락하면 수쿠크 투자자는 손실을 볼 수도 있다. 자산 기반 수쿠크에서는 손익 현금 흐름이 발행자 신용이 아니라 자산 가치에 연동되기 때문이다.

또, 수쿠크 만기가 돌아왔을 때 자산 가치가 처음보다 상승하거나 하락하였을 경우에도 그 차액은 투자자에게 손익으로 돌아오게 된다. 이처럼 수쿠크 투자에 있어 자산이나 프로젝트 가치가 중요하므로 자산 기반(asset-backed) 수쿠크에 투자할 때는 자산에 대한 실사(due diligence)가 중요하다. 또, 수쿠크 신용등급을 산정할 때도 자산이나 프로젝트의 향후 가치에 대한 예상이 중요하게 된다.

자산을 활용한(asset-based) 수쿠크는 자산이나 프로젝트, 포트폴리오에 대한 소유권을 표시한다는 수쿠크의 정의를 충실히 반영하지는 못한다. 수쿠크 발행을 위해 자산을 특수목적기구(SPV)에 매각할 때 소유권이 정말로 이전되지 않는다. 진정한 매각이 아니며, 따라서 발행자와 자산 사이에 절연이 일어나지 않는다. 자산이나 프로젝트는 수쿠크 원금에 더해지는 수익을 이자가 아닌 수익, 즉 매매차익, 리스료 등으로 만들기 위해 활용될 뿐이다. 여기에서 나오는 수익과 현금 흐름만 가지고 보유자들에게 원금과 수익을 돌려줄 계획도 없다.

결국 자산 활용 수쿠크에서 수쿠크 신용은 곧 발행자의 신용이다. 자산의 진정한 매각이 일어나지 않으므로 수쿠크 보유자가 자산에 대한 실질적인 소유권을 가지고 있다고 볼 수 없기 때문이다. 그러므로 발행자가 부도가 나는 사건이 발생했을 때도 자산을 매각해서 원금과 수익을 확보한다든지 할 수 없다.

따라서 수쿠크 신용평가에서도 자산 실사보다는 발행자의 신용을 제대로 평가하는 것이 중요하다. 일반 채권 신용평가와도 비슷하다.

반면, 보유 기간 중 자산 가치가 변동해도 만기가 돌아왔을 때 돌려받을 원금과 수익에는 영향이 없다. 수쿠크 보유자 입장에서는 자산 가치가 상승했을 때 그 상승분을 누리지는 못하지만, 자산 가치가 하락해도 발행자만 건재하면 투자금을 손해 보지 않고 안정적이고 예측 가능한 수익을 누릴 수 있게 된다.

사실 이것이 채권 투자자들이 채권을 매입하고 보유하는 이유이기도 하다. 수쿠크 만기가 돌아오면 발행자는 보통 미리 체결한 매입 약정에 따라 최초에 매각했던 가격에 SPV로부터 자산을 재매입한다.

금융을 일으키기 위해 자산을 그냥 활용만 하는 구조로 발행한 수쿠크보다는 자산에 기반한(asset-backed) 수쿠크가 더 샤리아의 원칙과 이상에 부합하는 것은 사실이다. 하지만 이렇게 되면 채권과는 성격이 많이 달라진다. 채권의 현금 흐름을 그대로 복제해 내려면 자산은 그냥 거들기만 해야 한다. 수쿠크 원금과 수익 가치가 자산 가치에 연동되면 채권의 가장 큰 특징인 고정수익(fixed income)이라는 성격이 사라진다. 많은 채권 투자자가 이 고정수익을 얻기 위해 채권을 산다. 자산 기반(asset-backed) 수쿠크를 발행하지 못해서 발행하지 않는 것이 아니다. 시장에서 채권과 유사한 성격의 자산 활용 수쿠크에 수요가 더 많다고 보기 때문이다.

사실 자산의 가치에 기반한 증서라는 개념도 이슬람 금융이나 수쿠크에만 있는 고유한 것도 아니다. 일반 금융에서도 이런 구조로 채권을 발행할 수 있다. 또, 담보부 채권을 발행하면 발행자 신용 외에도 자산의 가치로 원리금 상환을 보장받을 수도 있다. 하지만 이런 장치가 있음에도 불구하고 발행자 신용에 기반한 일반 채권이 훨씬 더 많이 발행되고 유통된다. 수쿠크도 마찬가지이다. 자본시장 참여자가 종교심이 부족하고 샤리아의 정신은 생각하지 않고 이윤만 추구하기 때문에 수쿠크의 본래 의미를 더 충실히 담고 있는 자산 기반 수쿠크보다 채권과 성격이 더 유사한 자산 활용 수쿠크가 더 많이 발행되는 것이 아니다.

수쿠크의 샤리아 관련 문제나 소유권과 관련된 문제는 해결하기가 쉽지 않다. 현대적 의미의 수쿠크 자체가 채권을 바라보고 모방하여 구조화되었기 때문이다. 십 년 전에도 '자산 기반 vs 자산 활용(asset-backed vs asset based)'를 주제로 하는 논문이나 글이 많이 나왔었는데 지금 나오는 글들도 내용이 크게 다르지 않다. 수쿠크의 구조와 개념에 대해 획기적인 전환이 있지 않으면 앞으로도 큰 변화를 기대하기는 쉽지 않을 것 같다.

가려서 담는다

| 이슬람 주식 |

주식은 채권과 함께 자본시장을 구성하는 가장 중요한 요소이다. 이슬람 자본시장도 마찬가지이다. 앞에서 살펴본 수쿠크와 더불어 이슬람 주식은 이슬람 자본시장을 구성하는 주된 요소이다.

주식이 '이슬람적'이라거나 '샤리아에 부합'하다는 것은 무슨 뜻일까? 분명 채권과 수쿠크의 경우와는 다르다. 채권은 채무를 표시하는 증권이기 때문에 이자가 뒤따른다. 이슬람은 이자를 허용하지 않는다. 따라서 채권과 유사한 효과를 내면서 이자가 아닌 매매차익, 공유수익, 임대료, 수수료의 형태로 수익을 주고받기 위해 이슬람 금융에서는 수쿠크라는 구조를 활용한다. 그러니 채권이면 채권이고, 수쿠크이면 수쿠크이지 채권이면서 수쿠크인 상품은 없다.

하지만 주식은 다르다. 주식은 처음부터 이자를 수반하지 않는다. 수익이 나더라도 그 수익은 위험을 무릅쓰고 대가를 지불하고 거둔 정당한 수익이다. 무샤라카라는 계약에서 보듯이 이슬람은 위험과 수익을 공유하는 형태의 계약이나 거래를 금하지 않을 뿐 아니라 장려한다. 기업을 나누어 소유하는 주식이라는 금융상품 거래는 샤리아 원칙에 어긋나지 않는다. 따라서 어떤 주식이 일반 주식이면서 동시에 샤리아에 부합하는 주식, 또는 이슬람 주식이 되는 것은 가능하다. 몇 가지 조건만 충족하면 말이다.

시장에 있는 주식 중에서 이슬람 주식, 또는 샤리아에 부합하는 주식을 정해진 조건에 따라 골라내는 과정을 '스크리닝'이라고 하는데, 스크리닝 기준은 나라마다 또는 시장마다 다르다.

우선 충족해야 하는 조건은 주식을 발행하는 기업의 영업활동이 샤리아에 부합하는가 하는 것이다. 주식이라는 거래 형태는 샤리아에 어긋나지 않지만, 회사의 영업활동 자체가 샤리아 규정이나 정신에 어긋나면 그 회사에서 발행하는 주식을 이슬람 주식이라고 하기 어렵다.

예를 들어, 술을 파는 주류회사나 돼지고기 햄, 소시지를 파는 회사 주식은 이슬람 주식이 되지 못할 것이다. 술이나 돼지고기는 이슬람에서 금하기 때문이다. 또, 은행처럼 이자를 취급하는 일반 금융회사 주식도 이슬람 주식이 되지 못한다.

그런데 이렇게 항상 알기 쉬운 경우만 있는 것은 아니다. 맥주나 위스키 회사같이 회사의 영업 전반이 주류 판매와 관련이 있으면 판단이 쉽다. 돼지고기 베이컨회사 주식을 사서는 안 된다는 것도 쉽게 알 수 있다. 그런데 식당 체인을 운영하는 회사인데 술을 일부 판매한다면 어떨까? 식품회사가 햄, 소시지, 베이컨 라인을 일부 가지고 있다면? 샤리아에 어긋나는 활동이 일부 있다고 해서 그 회사 주식 전체에 '부적격' 딱지를 붙여야 할까?

그렇지 않다. 그런 활동이 전체 영업활동 대비 일부라면 허용해 주는 구간이 있다. 그래서 샤리아 부합 주식을 골라내는 스크리닝 기준에는 5%니, 20%니 하는 정량 허용 기준이 있다. 샤리아에 부합하지 않는 영업활동이 일부 있더라도 허용 비율 이하라면 용인해 주는 것이다.

예를 들어 말레이시아 증권거래위원회 기준 중 일부를 소개하면 이렇다. 회사의 총수입과 수익의 5% 이상이 일반 금융, 도박, 주류, 돼지고기,

할랄이 아닌 식음료 등에서 나오면 그 회사에서 발행하는 주식은 샤리아 주식으로 분류하지 못한다. 주식 거래나 주식 중개 거래, 샤리아에 부합하지 않는 활동에서 나오는 임대 수익 등은 총수입과 수익의 20%를 넘어선 안 된다.

또 하나 중요한 기준은 재무 비율이다. 보통 전체 자산에서 부채가 차지하는 비율을 가지고 샤리아 주식 분류 가능 여부를 정한다. 말레이시아의 경우는 총자산 중 현금 및 현금성자산 비율과 총자산 중 부채 비율이 33%를 넘지 않아야 적격 샤리아 부합 주식으로 분류될 수 있다. 다만, 이때 현금은 이슬람 금융기관에 예치되어 있지 않은 것만을, 부채는 이슬람 금융상품이 아닌 이자(또는 리바)를 바탕으로 하는 일반 차입금만을 기준으로 계산한다.

자신들이 발행한 주식이 샤리아 주식으로 편입되기를 원하는 기업이라면 이슬람 금융기관에 예치하거나 이슬람 금융상품을 활용해서 자금을 조달하면 이 비율을 준수하는 것이 쉬워진다.

영업활동이나 재무 비율 기준은 나라마다 거래소마다 다르다. 시간이 지남에 따라 기준 자체가 달라지기도 한다. 보통 샤리아 주식이라는 개념이 처음 소개될 때는 다소 느슨한 기준을 적용하다가, 샤리아 주식 비중이 늘고 여기에 대한 투자가 활성화되어 시장이 안정되면 기준이 엄격해지기도 한다. 샤리아 주식 스크리닝 기준이 다소 느슨한 나라에서는 자신들도 말레이시아처럼 더 엄격한 비율 기준을 적용해야 하지 않느냐는 목소리가 나오기도 한다.

그런데 사실 말레이시아도 처음부터 지금과 같은 기준을 적용했던 것은 아니다. 샤리아 주식에 대한 투자가 어느 궤도에 이르면 기준은 얼마든지 더 엄격하게 바뀔 수 있다.

시점에 따라 달라지긴 하지만 말레이시아의 경우 거래소(Bursa Malaysia)

에 상장된 주식의 75% 정도가 샤리아 주식이다. 인도네시아에서도 상장 주식의 절반 이상은 샤리아 주식이다. 따라서 이슬람 주식, 샤리아 주식에 투자한다는 것은 특별한 일이 아니다. 일반 주식이 따로 있고, 샤리아 주식이 따로 있는 것이 아니라 샤리아 주식이 전체 혹은 일반 주식 풀(pool)의 부분집합이 되는 셈이고 거래소마다 그 비율이 다를 뿐이다. 말레이시아는 일찍부터 샤리아 주식과 관련한 틀을 정비하고 이슬람 금융 활성화를 적극 장려했기에 샤리아 주식 비중이 높다.

증권을 거래하는 거래소에 주가 지수가 있듯이 몇몇 거래소에는 샤리아 주식만을 모아 놓은 이슬람 지수가 있다. 다우 존스에는 '다우 존스 이슬람 시장 지수(DJIM, Dow Jones Islamic Market Index)'가 있고, 인도네시아에는 '자카르타 이슬라믹 지수(JII, Jakarta Islamic Index)'가 있다.

이슬람 지수는 샤리아 주식 스크리닝 기준을 충족하는 종목 전체로 만들기도 하고 선별한 종목으로 구성하기도 한다. 경쟁력 있는 이슬람 주식 지수를 만들어 놓으면 이 지수를 추종하는 펀드를 조성하여 판매하기도 쉬울 것이다. 한번 스크리닝 기준을 만족하여 샤리아 주식으로 등록이 되고 이슬람 지수에 편입되었다고 그 효력이 영구적이지는 않다. 정기적으로 선별 작업(스크리닝)을 해서 기준을 만족하지 못하면 탈락하고 만다.

샤리아 주식으로 편입되었던 종목이 정기적으로 행해지는 샤리아 스크리닝 기준을 만족하지 못하면 문제가 발생한다. 개인 투자자의 경우에는 각자 투자 원칙에 따라 계속 이 종목을 들고 있을지 매도할지 여부를 자율적으로 판단하면 되지만, 이슬람 상품만 편입할 수 있는 펀드라면 문제가 된다. 이슬람 펀드나 성지순례(하지) 기금에서 펀드를 운용하는 매니저는 투자 포트폴리오에 샤리아 스크리닝 과정에서 탈락한 종목이 있다면 이를 매도해야 한다.

그런데 더 이상 샤리아 주식 기준을 충족하지 못하는 종목을 팔려고 보면 팔려는 이들은 많고 수요는 줄어들게 되어 주가 하락을 감수해야 하는 경우가 생길 수 있다. 따라서 즉시 이 주식을 팔아야 한다면 불리한 조건에 거래해야 하기에 상황에 따라 다르기는 하지만 보통은 몇 주간의 유예기간이 부여된다. 그 기간 안에 매도를 하면 된다.

그럼에도 불구하고 도저히 매도할 상황이 되지 않아서 팔지 못하면 어쩔 수 없이 유예기간을 넘길 수도 있다. 이 경우에는 주식 매각으로 이익이 발생하더라도 이를 이익으로 실현하지 못하고 자선기금에 기부한다든지 하는 방식으로 정화한다.

일반 펀드와 같이 이슬람 펀드는 자금을 운용하는 회사나 운용인이 고객으로부터 받은 자금을 가지고 자산에 투자하는 상품이다. 투자 대상이 샤리아에 부합하는 자산이어야 한다는 점을 제외하면 일반 펀드와 다를 것이 없다. 규모를 키워가는 이슬람 펀드는 다른 이슬람 금융상품과 상생하는 관계이다. 고객으로부터 자금을 예탁받는 이슬람 펀드는 샤리아에 부합하는 금융상품이 투자 대상이다. 따라서 펀드 자금을 투자하는 매니저는 포트폴리오에 담을 양질의 이슬람 금융상품이 필요하다. 일반 펀드와 같이 주로 이슬람 은행 예치금과 수쿠크, 이슬람 주식이 주된 투자 대상이 될 것이다.

이슬람 펀드가 이슬람 금융상품을 필요로 하는 것처럼, 이슬람 금융상품도 이슬람 펀드가 필요하다. 이슬람 펀드에 유입되는 투자금이 증가할수록 이 펀드가 담아야 하는 이슬람 금융상품에 대한 수요도 확대될 것이기 때문이다.

이슬람 뮤추얼펀드 외에도 샤리아에 부합하는 금융상품에 투자해야만 하는 펀드에는 여러 종류가 있다. 이슬람 보험인 타카풀에서 회사는 고객으로부터 받은 보험료를 운용해야 하는데 이슬람 보험이라는 라벨을 달고 있으니 투자도 샤리아 주식과 같은 이슬람 금융상품에 해야 할 것이라는 점을 쉽게 짐작할 수 있다.

성지순례 기금도 비슷한 성격이다. 성지순례인 '하지'는 이슬람에서 5대 의무 중 하나로 꼽힐 만큼 무슬림의 삶에서 중요한 의례이다.

가고 싶다고 아무 때나 갈 수 있는 게 아니고 성지인 메카를 관리하는 사우디아라비아 정부가 매년 나라별로 인원을 배정하면 각 나라에서 지방별로 인원을 배정한다든지 하는 방식으로 체계적으로 인원이 선발된다.

보통은 신청이 한참 밀려있기 때문에 미리 계획을 세워서 신청해 두어야 한다. 신청하고 기다리는 동안 경비도 마련해야 하기 때문에 성지순례를 계획하는 이들은 성지순례 적금 같은 것을 들고는 한다.

무슬림인 국민이 성지순례 자금을 적립할 수 있도록 별도의 기관을 운영하는 나라도 있다. 말레이시아의 '따붕 하지(Tabung Haji)' 같은 기관이 그것이다. 굳이 번역하면 '하지 적금' 정도의 의미이다.

따붕 하지는 말레이시아 최초의 이슬람 은행인 '이슬람 은행(Bank Islam)'을 자회사로 두고 있으며, 은행 외에도 증권회사와 이슬람 보험회사도 거느린, 말하자면 종합 금융 그룹이다. 따붕 하지처럼 성지순례 기금을 조성하여 투자하는 기관은 투자도 당연히 샤리아 투자 수단에 해야 한다.

이슬람 자본시장 발달에 이런 기관들의 역할이 중요함은 물론이다. 또, 반대로 성지순례기금 같은 기관을 운영하는 측도 기금을 잘 운영하고 목표한 수익을 내어 수요자들에게 돌려주려면 고수익 우량 자산이 필요하므로 잘 발달된 이슬람 자본시장이 있어야 한다.

우리나라에서는 국민연금이 주식시장에서 가장 큰손 중 하나인 것처럼, 이슬람 금융이 발달한 곳에서는 성지순례 기금이 자본시장 발달에 있어서 중요한 역할을 담당한다.

무슬림이 국민의 다수를 차지하는 국가도 선진국만큼은 아니더라도 복지에 대한 관심이 커지면서 성지순례 기금뿐 아니라 연기금 자체가 자본시장에서 큰손으로 떠오르기도 한다. 실제로 인도네시아에서 진행되는 자본시장에 대한 웨비나에서 질의응답 시간에 참여자가 근로자 퇴직연금 등을 담당하는 기관(BPJS Ketenagakerjaan) 담당자에게 이슬람 자본시장 투자를 늘려야 하지 않겠느냐는 질문을 하는 것을 들은 적이 있다.

지금은 연기금 투자에 이슬람 자본시장 상품에 대한 투자를 얼마만큼 해야 한다는 규정 같은 것은 없다. 하지만 전 인구 중 무슬림이 차지하는 비중이 85%에 달하는 인도네시아에서라면 조성된 퇴직연금 기금 기여분 중에도 무슬림 근로자의 몫이 클 텐데, 그렇다면 당연히 기금 투자도 이슬람 자본시장을 향해야 하는 것이 아닌가 하는 논리이다. 이슬람 자본시장이 아직은 일반 자본시장만큼 충분히 크지 않아서 연기금 투자 수요를 다 흡수하기에는 부족해 보인다. 하지만 이슬람 자본시장과 연기금이 각자 성장해 가면서도 서로가 서로를 키워준다면 가능한 시나리오일 것 같기는 하다. 그렇다면 무슬림 인구가 많은 나라의 이슬람 자본시장은 더욱 날개를 달게 될 것이다.

다른 이슬람 금융상품이나 구조와 마찬가지로 이슬람 자본시장도 일반 자본시장을 본보기로 하여 여기에서 상품과 구조를 파생시킨다. 따라서 상장지수펀드(ETF, Exchange Traded Fund)나 벤처캐피탈, 스타트업 또는 중소기업에 대한 크라우드펀딩 투자 등 일반 자본시장에 존재하는 상품과 구조는 대부분 이슬람 자본시장에도 있다고 보면 된다.

위험을 관리한다

| 이슬람 보험과 파생금융상품 |

이슬람은 위험을 감수하는 것을 장려한다. '위험이 있어야 수익이 있다'는 말은 정당하지 못한 수익인 리바와 정당한 수익을 구별하는 가장 중요한 기준 중 하나이다. 하지만 이때 말하는 위험은 주로 '사업적인 위험'이다. 세상을 살면서 또는 사업을 하면서 노출되는 갖가지 위험과 불확실성을 다 무릅써야 한다는 뜻은 아니다. 물론 신심이 깊은 이들 중에는 살면서 일어나는 일은 다 그냥 신께 맡기는 것이 믿음이라는 생각으로 보험도 들지 않고 사는 그런 경우가 있기는 하다.

위험 관리와 관련하여 가장 크고 중요한 사업은 보험 산업이다.

보험가입자는 위험을 보험업자에게 대가를 지불하고 판다. 보험업자는 확률을 추정하여 위험에 대한 가격을 매기고 다수의 사람에게 정책을 팔아 위험을 분산하면서 위험 인수의 대가인 보험료를 받는다. 거두어들인 보험료는 보험금 지급을 위해 일부는 유동성이 높은 자산 형태로 보유하지만 그 외에는 자산에 투자해서 수익을 도모한다.

보통 보험 구조는 보험업자와 보험가입자 쌍방 간 계약 관계에서 이루어진다. 그런데 보험 계약에서는 보험료를 낸다고 해도 보험금을 지급받을지 아닐지, 언제 얼마나 지급받을지가 분명하지 않다.

보험금 지급 여부와 시기는 계약에서 정한 사건이 발생하는지 여부에

달려 있는데 이는 확률의 영역이다. 보험료를 내자마자 보험금을 받는 사람도 있을 수 있고, 몇십 년 보험료를 내도 보험금을 받지 못하는 사람도 있다. 이견이 없지 않지만 이런 이유로 보험에는 가라르(불명확함)와 마이시르(도박, 놀음)의 요소가 있다고 보는 것이 이슬람 금융계에서 일반적으로 받아들여지는 입장이다.

그런데 책을 읽거나 인터넷에서 자료를 찾아보면 정확히 어디까지가 가라르이고 어디서부터 마이시르인지 설명이 조금씩 다르긴 하다. 꾸란과 하디스, 그리고 샤리아가 확립되던 시기에 지금과 같은 의미의 보험이 있지는 않았을 것이다. 가라르와 마이시르라는 단어가 의미하는 바가 정확히 무엇인지에 대한 정의도 명확치 않으니, 가라르와 마이시르를 들어 보험이 허용되지 않는 이유를 모두가 동의하고 납득할 수 있는 형태로 설명하기란 쉽지 않은 일이다.

다만, 이슬람 율법학자도 아니고 이슬람 금융이나 보험업계에 종사하지 않는 제삼자 입장이라면 가라르와 마이시르 때문에 보험은 허용되지 않는다는 정도로만 알아도 족할 것 같다.

보험이 샤리아 원칙에 어긋난다고 하여 이슬람에 보험이 없는 것은 아니다. 다른 이슬람 금융상품처럼 이슬람 버전의 상품 구조를 만들어 내면 된다. 그것이 타카풀(Takaful)이라고도 하는 이슬람 보험이다. 이슬람 보험에서는 보험을 가입자와 업자 간 계약으로 보지 않고, 참여자들이 연대에 기초해 협동을 통해 서로를 지켜주는 약속이라는 개념으로 재정의한다. 이렇게 하면 일반 보험에서 나타나는 가라르와 마이시르의 문제가 발생하지 않는다.

타카풀에서는 참여자들이 서로서로 자금을 각출하여 기금을 만들고 여기에서 보험금 지급 사유에 해당하는 사건이 발생하면 보험금에 해당하는 돈을 지급한다. 여기에도 일반 보험과 마찬가지로 불명확함이나 확률 같은 요인이 있어 가라르나 마이시르 요소가 있지 않느냐고 생각할 수도 있다. 하지만 타카풀은 가입자와 업자 간 쌍방 계약이 아니라 참여자가 자발적으로 행한 일종의 기부 계약에 근거하고 있기 때문에 보통은 샤리아 원칙에 위배되는 것으로 보지 않는다.

사실 이런 종류의 상호부조는 이슬람이 출현하던 당시 중동에서뿐 아니라 우리나라에도 있었고 조금씩 형태만 다르지 동서고금을 막론하고 어디에서도 찾아볼 수 있다. 하지만 보험을 대체할 정도로 체계적으로 타카풀 기금을 운용하기 위해서는 전문가의 손길이 필요하다. 개념이 상호부조라는 것이지, 정말로 누가 돈을 먼저 다 타 가고 나면 뒤에 순번이 돌아오는 사람들은 받을 돈이 없는 그런 상황이 벌어져도 괜찮다는 뜻은 아닐 것이기 때문이다.

그래서 타카풀 기금 운용은 보통 전문업자가 담당한다. 보험 가입이나 보험료 부과, 보험금 지급에 관한 사항은 물론이고 기금 투자에 관한 사항도 이 업자가 담당한다. 그리고 이런 형태의 상업적인 타카풀 대부분이 운영 방식에 있어서 일반 보험과 크게 다르지 않으리라는 것도 쉽게 짐작이 간다. 다만 개념적으로는 일반 보험에서의 보험회사와 타카풀에서의 운영자의 위치가 다르다.

일반 보험에서 보험은 보험회사와 가입자 간 계약이지만, 타카풀에서 계약은 참여자 간의 상호 기부 계약이며 운영자는 이 타카풀 기금을 위탁받아 운용하고 배당이나 보수를 받는다. 이때 무다라바나 와칼라 같은 구조가 흔히 쓰인다.

순전히 개념만으로만 보면 상호부조를 위해 조성된 타카풀 기금이 이를 운영할 업자를 찾아 운영을 위탁하고 무다라바나 와칼라 같은 이슬람 금융 구조를 활용해 배당이나 보수를 주고받는 모양새이다. 소규모의 공동체 기반 타카풀에서 이런 구조가 불가능한 것은 아니지만 실제 상업적으로는 타카풀회사가 참여자를 모집한다.

일반 보험과 다르지 않다. 개념만 상호 협력과 부조에 기반한 구조를 활용하는 것이다. 따라서 일반 은행이 이슬람 은행 창구나 자회사를 두는 것처럼 일반 보험사가 타카풀회사를 함께 운영하는 일도 매우 흔하다. 참여자가 타카풀회사와 직접 계약을 하지 않는다는 점만 다를 뿐, 타카풀회사의 운영이 보험사 운영과 다를 이유도 없다. 참여자를 어떻게 받아들이고 확률을 어떻게 계산하여 보험료를 책정할지, 보험금 지급 기준은 어떻게 할지 논리와 방법론도 대부분 보험 쪽에서 가져온다. 타카풀 산업 초창기에 타카풀 산업을 이끌어 갔던 것도 보험 쪽에서 경력을 쌓고 잔뼈가 굵은 이들이다.

상호 협력을 통해 서로를 지지해 주는 보험이라는 개념은 아름답지만, 실제 운영은 보험과 다를 바가 없다. 보험료를 내는 것이 아니고 기부의 개념이라고 하지만 이 기부는 대가를 바라지 않는 기부는 아니라, 사건이 발생했을 때 반대급부를 생각하는 기부이다.

자연히 이게 진짜 기부냐는 말이 나올 만하다. 또, 가입자를 받아들이는 원칙만 해도 그렇다. 일반 보험과 마찬가지로 때로는 이런 보호가 가장 필요한 사람이 가입하지 못하는 일도 발생한다. 타카풀의 규칙도 형식상으로는 참여자들이 정하는 것이지만 실제로는 타카풀 운영자가 정할 것이기 때문이다. 결코 타카풀 기금이나 업자가 손해를 볼 내용을 약관에 넣지는 않는다. 조심스럽지만 결국 현재 운영하고 있는 타카풀은 다른 이슬람 금융 상품과 마찬가지로 이슬람이라는 이름을 앞에 붙이고 용어와 개념을 달리한 보험이라고 해도 크게 틀리지 않다.

한편, 위험을 관리하기 위해 사용하는 또 다른 수단인 파생금융상품도 이슬람 금융계에서 바로 가져와 사용하기에는 문제가 있다. 이슬람 관점에서 파생금융상품 사용은 여러 문제가 있지만 역시 보험과 마찬가지로 가라르와 마이시르의 요소가 가장 두드러진다.

보험과 마찬가지로 샤리아 원칙이 왜 파생금융상품 사용을 허용하지 않는지에 대해선 다양한 설명이 있다. 설명하는 사람이나 책마다 다르기도 하다. 샤리아학자가 아닌 이상은 보험과 마찬가지로 전통적 파생금융상품은 가라르와 마이시르의 요소가 있어서 일반적으로 이슬람 금융시장에서 받아들여지지 않는다는 정도로 정리하고 넘어가도 충분하지 않을까 한다.

사실 파생금융상품은 단독으로는 투기적 목적으로 사용될 때도 많지만, 기초자산이 있는 경우에는 기초자산의 가격 변동에 따른 위험을 방지하기 위한 헷지(hedge) 목적으로 사용될 때가 많아 성격이 보험과 유사하다.

파생금융상품은 투기적 목적으로 쓰일 때는 위험을 증폭시키지만 위험 방지 목적으로 쓰일 때는 위험을 줄이고 미래 현금 흐름을 확정시키기도 한다. 물론 투기적 목적으로 파생금융상품을 거래하는 참여자가 없으면 헷지도 불가능하기 때문에 투기적 거래가 꼭 악(惡)인 것만은 아니다.

어쨌건 샤리아학자 중에도 기초자산이 있고 위험 방지 목적으로 쓸 때는 파생상품을 개별 상품 단위로 보지 말고 기초자산과 묶음으로 보아서 원칙에 어긋난 것으로 보지 않아야 한다고 주장하는 이들도 있다. 샤리아의 정신과 목적(마카싯, Maqasid)을 개별적, 미시적으로만 볼 것이 아니라 거시적으로, 또 시스템 전체적으로 보아야 한다는 주장이다(거시적 마카싯, macro Maqasid). 하지만 이런 주장은 소수의 목소리이며 다수를 점하지는 못한다.

파생금융상품이 샤리아 원칙을 위배한다고 해서 아예 쓰지 않을 수는 없다. 사실 파생금융상품이 아니고서는 가격이나 환율이나 주가 등의 변동에서 오는 불확실성을 제거하고 현금 흐름을 확정하고 싶을 때 마땅한 수단이 없다. 그래서 지금까지 다른 금융상품에서 그랬던 것처럼 창의적인 방법을 고안하여 샤리아 원칙을 위배하지 않으면서도 파생금융상품과 동일한 효과를 내는 이슬람 파생금융상품을 만들어 낼 필요가 있다.

가장 많이 사용하는 수단 중 하나로 와앗(Wa'ad)이 있다. 와앗은 일종의 약속이며 파생금융상품뿐 아니라 다른 이슬람 금융상품과 구조에도 쓰임새가 많다.

예를 들어 이자라 수쿠크 구조에서 수쿠크를 발행하려는 측이 대여 기간이 만료되면 SPV로부터 대여 대상이 되는 자산을 미리 약속한 가격에 재매입하겠다고 하는 약정(purcase undertaking) 같은 것도 와앗이다. 샤리아 원칙에 위배된다고 간주되는 파생금융상품에 와앗 개념을 사용하면 금지의 빗장이 풀리는 것은 와앗이 본질상 쌍방 계약이 아니라 일방이 행하는 약속이기 때문이다. 와앗은 일반적으로 도덕적으로는 구속력이 있지만 법적으로는 구속력이 없는 것으로 받아들여진다. 따라서 법적 구속력이 있는 쌍방 간 계약(아캇, Aqad)과는 달리 가라르와 마이시르 같은 조항의 적용을 받지 않는다.

예를 들어 1개월 뒤에 A가 B에게 100달러를 주고 13만 원을 받는 외환선도(FX forward) 거래를 한다고 해 보자. 일반 선도 거래에서는 1개월 뒤 일어날 현금 흐름에 대해서 현재 시점에서 선도 거래 계약을 체결한다. 계약은 현재 시점에서 체결하고 1개월 뒤에는 계약을 이행하면 되는 것이다. 하지만 샤리아 관점으로 이 거래는 가라르와 마이시르의 요소가 있다. 이때 사용할 수 있는 개념이 와앗이다. 현재 시점에서는 1개월 뒤에 A가 B에게 100달러를 주고 13만 원을 받기로 약속만 하는 것이다. 그리고 실제로 100달러와 13만 원을 교환하는 거래는 1개월 후에 체결한다. 현재 시점에서는 약속만 한 것이고 실제 계약과 거래는 달러와 원화가 교환되는 시점에 동시에 체결되고 이루어지므로 가라르와 마이시르 문제를 피할 수 있게 된다. 와앗은 한쪽만 할 수도 있고, 양쪽이 서로 할 수도 있다. 양쪽이 서로에 대해 약속을 한다고 하여도 이것이 쌍방 계약이 되는 것은 아니고, 이론적으로는 두 개의 별개의 약속이 동시에 존재하는 것이다.

옵션(option)이나 스왑(swap) 같은 다른 파생상품들도 이런 원리로 만들어 낼 수 있으며, 스왑과 같이 정기적으로 여러 번 현금 흐름이 교환되는 거래는 와앗과 더불어 거래마다 무라바하 구조를 사용할 수도 있다.

와앗은 여러모로 편리하게 사용할 수 있는 개념이지만 법적으로 구속력이 없다고 하면 거액이 오가는 금융 거래에 사용하기는 어렵다. 하지만 이 약속을 지키지 않아서 상대방이 입은 손해에 대해서는 보상해 주어야 한다는 판례도 있어서 실질적으로는 구속력이 없다고 보기 어려운 측면도 있다. 와앗은 구속력이 없는 일방적 약속이어서 샤리아 원칙을 위배한다는 점을 피해 가면서도, 실질적으로는 어기기 어려운 약속이기 때문에 파생금융상품 구조화에 사용할 수 있는 것이다.

파생금융상품 자체는 일반적으로 샤리아 원칙에 맞지 않는다고 본다. 그럼에도 이슬람 금융계 종사자들은 어떻게 해서든 이슬람 버전의 파생금융상품을 만들어 냈고 앞으로도 만들어 낼 것이다. 갖가지 기발한 개념과 아이디어들이 동원된다. 파생금융상품은 때로 시장에서 변동성을 키우는 주범으로 비난받기도 하지만, 잘 사용하면 위험을 잘 관리할 수 있게 해 주는 도구이다. 파생금융상품이라는 것이 '이슬람'이라는 딱지가 붙지 않아도 때로는 복잡하고 어려운데, 거기에 샤리아 원칙까지 지키려니 '이슬람 파생금융상품'은 더 어렵다. 금융 거래와 관련한 여러 위험을 관리하기 위해 파생금융상품을 잘 활용할 필요가 있지만 이슬람 파생금융상품은 이해하기도 쉽지 않고 표준화하기도 어려워 시장이 발달하고 성숙하는 데 이래저래 장애물이 많다.

종교적 의무 그리고 사회적금융

| 자캇(Zakat), 인팍(Infaq), 사다카(Sadakah), 와크프(Waqf) |

신앙고백, 기도, 자캇, 금식, 성지순례는 이슬람에서 핵심적인 신앙의 다섯 가지 실천으로 꼽힌다. 이 중 경제적 영역에 대한 의무라고 할 수 있는 자캇은 무슬림의 다섯 가지 핵심 실천 중 하나에 들어갈 정도로 중요하다. 자캇은 재산 중 일정 부분을 바치라는 의무이기도 하면서, 이슬람이 경제 정의에 대해 어떠한 원칙을 가지고 있는지 말하는 항목이라는 점에서 중요하다.

최근 자캇은 신앙적 의무라는 측면에서뿐 아니라 사회적 금융이라는 측면에서도 주목을 받고 있다.

'자캇(Zakat)'은 일정한 기준을 충족하는 재산에 대해서 정해진 비율만큼을 바치도록 되어 있는 의무를 말한다. 꾸란의 한국어 의미 번역은 자캇을 '이슬람세(稅)'라고 번역하고 있는데 아랍어 원뜻으로는 '정화시키는 것'이라는 의미도 있다. 자캇을 내면 재산 중 일부를 떼어 바치는 것이지만, 이로써 가진 재산과 부가 모두 정화되고, 탐욕으로부터 마음을 지킬 수 있는 효과가 있다.

자캇에 대한 설명 중에서 흔히 '무슬림은 소득의 2.5%를 자캇으로 낸다'는 말을 들을 때가 많은데, 아주 틀린 말은 아니지만 딱 맞는 말도 아니다. 선지자 무함마드가 활동하고 꾸란과 하디스가 기록된 배경이 된 7세기 아라비아는 산업 사회나 정보화 사회가 아니었다. 그러니 급여를 받거나 직업

활동을 통해 정기적으로 들어오는 소득으로 생활하는 것이 일반적이지 않고 가축을 기르거나, 농사를 짓거나, 상업에 종사하여 소득을 얻고 재산을 축적하는 사람이 더 많았을 것이다. 따라서 자캇에 대한 규정도 급여같이 정기적으로 들어오는 소득보다는 재산을 중심으로 만들어진 측면이 있다.

만약 지금 경제 상황을 염두에 두고 자캇에 대한 규정을 만들었다면 급여소득과 전문직의 소득, 보유하고 있는 부동산 평가액 등을 감안하여 더 상세한 조항을 마련했을 것이다.

자캇은 재산 종류별로 규정된 최소 기준 이상의 부에 대해서 일정한 비율을 내도록 되어 있다. 자캇을 내야 하는 기준을 '니삽(nisab)'이라고 하는데 이 기준은 재산 종류별로 다르다.

예를 들어 금 동전의 니삽은 보통 20디나르이다. 20디나르까지는 금을 보유해도 자캇을 내지 않다가, 20디나르부터 납부 의무가 생긴다. 지금은 금을 화폐로 직접 사용하는 경우가 드물기 때문에 귀금속이나 자본재의 가치를 화폐로 환산해서 계산하는 것이 보통이다. 금이나 은, 귀금속 등 재산의 양이 니삽을 넘을 경우에 적용하는 자캇률(率)이 1/40, 즉 2.5%이다.

우리가 지금 화폐 경제 체제에 살고 있기 때문에 2.5%를 가장 대표적인 자캇률(率)로 알고 있어도 크게 무리는 없지만 가축이나 농산물은 내는 비율이 또 다르다.

꾸란이나 하디스에 '자캇 계산과 납부 가이드라인' 같은 것이 잘 정리되어 있는 것이 아니고 지금은 경제 체제도 그때랑 다르기 때문에 재산이나 소득 종류별로, 그리고 상황별로 자캇을 내야 하는지 아닌지, 니삽은 얼마인지, 자캇으로 내야 하는 비율이 얼마인지에 대해선 학자나 학파, 지역별로 의견이 일치하지 않을 때도 많다.

앞서 언급한 대로 소득에 대해 자캇을 내는 것이나, 정기적으로 소득을 발생시키는 부동산 등에 대해 자캇을 내는 것도 딱히 규정이 있는 것이 아니어서 기존에 있는 규정을 확장하여 해석하곤 한다. 따라서 해석을 내리는 학자나 자캇을 내는 무슬림 개인마다 지역마다 조금씩 다른 기준을 가지고 적용해도 이상하지 않다. 무슬림 인구가 다수인 국가 중에는 자캇을 거두고 관리하는 사무를 국가가 관여하거나 중앙에 관청을 설립하여 담당케 하는 곳도 있고 그냥 민간에 맡기는 곳도 있다. 국가가 자캇 사무에 관여하는 곳에서는 자캇을 납부하면 그만큼 세금을 감면해 주기도 한다.

자캇을 거두면 어디에 쓰는지에 대해서도 규정이 있다. 꾸란에서 이를 규정하는 구절[35]에 근거하여 보통은 다음의 여덟 부류의 사람들에게 사용할 수 있는 것으로 본다.

> 1. 가난한 사람
> 2. 쓸 것이 부족한 사람
> 3. 자캇 관리자
> 4. 이슬람으로 개종한 사람, 개종할 수 있는 사람 등
> 5. 종살이에서 해방된 사람
> 6. 과도한 빚을 진 사람
> 7. 신을 위해 분투하고 노력하는 사람[36]
> 8. 여행 중에 있는 사람

이 중 가난한 사람과 쓸 것이 부족한 사람은 꾸란 해당 구절에서는 별도 항목으로 구분했지만 차이가 명확하지는 않다. 구별하는 것이 큰 의미는

---

35) 꾸란 9장(Al-Tawba) 60절

36) 일반적으로 성전(聖戰)으로 번역되는 '지하드'를 말하지만, 군사적인 의미만 있는 것이 아니라 이슬람을 열심히 공부하는 것처럼 종교적인 열심을 내는 것 등도 지하드의 범주에 들어간다.

없으니 그냥 묶어서 가난한 사람으로 보면 된다.

지금까지 설명한 자캇은 재산에 대한 자캇(자카툴 말, Zakat ul-Mal)이며 금식월 라마단에 금식을 마친 후 이어지는 축제인 에이둘 피트르(Eid ul-Fitr)에 내는 자캇(자카툴 피트르, Zakat ul-Fitr)도 있다. 재산에 대한 자캇이 기준(니삽)을 넘는 재산에 대해 일정한 비율을 내는 것과는 달리 명절에 내는 자캇은 무슬림 개개인이 정액을 낸다. 절기 헌금 같은 성격이며, 내는 양도 곡식이나 말린 과일 같은 것으로 정해져 있는데 환산하면 5천 원에서 1만 원 정도여서 경제적으로 큰 의미는 없다.

인팍(Infaq)은 대가를 바라지 않고 신을 기쁘게 하기 위한 용도로 지출하는 것을 말한다. 의무적으로 내야 하는 자캇과 달리 자발적으로 내는 지출을 의미하기도 하고, 때로는 의무적으로 내는 자캇까지 포괄하는 개념으로 사용되기도 한다. 넓은 의미로는 소비를 포함해 그냥 모든 지출을 통틀어 인팍이라고 부를 수도 있다.

인팍은 자캇, 인팍, 사다카, 와크프 이런 식으로 종교적 목적의 기부나 사회적 금융을 묶어서 얘기할 때 함께 거론되는 개념으로서 인팍 자체만으로는 경제적으로 특별한 의미가 있지는 않다.

사다카(Sadaqah)는 다른 사람을 돕기 위해 자발적으로 내는 구제나 희사, 기부를 의미한다. 자발적으로 낸다는 점에서 의무적으로 내는 자캇과는 상대되는 개념으로 쓰일 때도 있으며, 때로는 자캇도 사다카의 한 종류로 설명하기도 한다. 사다카는 돈이나 물질뿐 아니라 비물질적 형태로 줄 수도 있다. 다른 사람을 돕는 모든 수단이 다 사다카가 될 수 있다. 말을 친절하게 하는 것, 다른 사람들을 보고 웃어주는 것도 모두 사다카이다. 또, 가족을 부양하는 것은 의무이기도 하면서 사다카로 간주되기도 한다.

사다카는 자발적이라는 점에서 자캇보다 범위가 훨씬 넓고 납부나 쓰임새에서 더 유연하지만, 자발적이기 때문에 자캇에 비해서는 정해져 있는 틀이 없다. 또 자발적인 기부라는 것이 이슬람에만 있는 발상은 아니라는 점에서 종교적이고 상징적인 의미 외에 이슬람 금융이나 이슬람 사회적 금융에서 가지는 함의는 그다지 크지 않은 편이다.

와크프(Waqf)는 신탁이나 재단 성격의 기부를 말한다. 전통적인 와크프 시스템에서는 기부자인 와키프(Waqif)가 보통 땅이나 건물같이 형태가 있는 부동산 형태의 자산을 기부하고 이 자산이 신탁인 와크프를 구성하게 된다. 일단 와크프로 기부한 자산은 기부자의 통제를 벗어나게 되며 미리 정한 와크프 설립 목적과 수혜자에 대한 규칙에 따라 관리자인 나지르(Nazir)가 관리한다.

와크프는 존속 기한이 정해져 있지 않다는 것이 일반적인 해석이다. 와크프는 기본적으로 영속적인 성격을 지니고 있기 때문에 대상 재산 자체는 처분하지 않고 거기서 나오는 효익을 가지고 수혜자를 돕는 것이 원칙이다. 예를 들어 과수원이 와크프 재산이라고 하면 나무를 베어 팔아 수혜자를 돕는 것이 아니고 나무에서 나오는 열매를 팔든지 해서 나오는 수익이 수혜자에게 돌아가는 식이다.

자선과 와크프에 관련하여 선지자 무함마드는 이렇게 말했다고 한다.[37]

"사람이 죽으면 그의 행위도 모두 끝난다. 계속되는 자선과 다른 사람을 돕는 지식, 그리고 그를 위해 기도하는 신앙심 깊은 자녀, 이 세 가지를 제외하곤."

---

37) 하디스 Sahih Muslim 1631

여기서 '계속되는 자선'을 와크프라고 해석할 때가 많다. 와크프는 이론적으로 중단 사유가 발생하지 않으면 영속되는 성격이기 때문에 자선의 효력이 기부자의 사후에도 계속된다는 생각이다. 나는 죽더라도 나의 선한 행위는 계속 남아 있다는 생각은 꽤 매력적이다. 이런 생각 때문인지 동산도 기부가 가능하지만, 와크프자산으로는 부동산이 활용되는 것이 일반적이었다. 오랫동안 관리하기에도 동산보다는 부동산이 더 용이했을 것이다.

와크프로 기부할 수 있는 재산이나 용도에 대해서 특별한 제한이 있지는 않지만 와크프의 특성상 사원이나 학교, 병원 같은 시설을 와크프 형태로 운영하는 경우가 꽤 많다. 지금도 예루살렘의 성전산(聖殿山) 부근의 알-아크사(Al-Aqsa) 사원과 그 부속시설, 바위의 돔(Dome of the Rock) 등 시설은 예루살렘 이슬람 와크프(Jerusalem Islamic Waqf)에서 관리하고 있다.

재미있는 와크프 사례도 있다. 무슬림이 성지순례를 하기 위해 방문하는 사우디아라비아 메카에는 인도네시아 아체(Aceh) 지방 출신들이 설립한 와크프(Wakaf Baitul Asyi)가 있는데, 여기서는 호텔과 건물을 운영하여 그 수익금으로 아체에서 성지순례단이 오면 돈을 준다.

2022년에만 해도 2천 명 정도 되는 아체 성지순례단에 한 사람당 40만 원 정도 되는 돈을 주었다고 한다. 성지순례를 오려면 많은 돈을 모아서 써야 하는데, 성지순례객들에게 적지 않은 도움이 되었을 것이다.

와크프는 종교적으로는 의미가 있을지 몰라도 최근에는 경제적으로 큰 의미가 있지는 않았다. 사원이나 학교, 병원 등이 와크프 형태로 운영되기는 하지만 규모도 크지 않고 거기서 나오는 수익금도 충분치 않아서 자체 시설을 운영하는 데도 충분치 않은 경우가 많았다. 또 와크프가 조성되고 시간이 오래 지나면 관리가 제대로 되지 않는 경우도 많았다. 와크프가 이슬람 금융의 틀 안에서 의미 있게 사회와 경제에 기여하기 위해서는 돌파구가 필요한 상황이었다.

이러한 상황에서 최근에는 현금 와크프(Cash Waqf)가 대안으로 떠오르고 있다. 화폐 경제 사회인 지금 사회에 의미 있는 영향을 줄 수 있으려면 현금으로 조성된 와크프가 필요하다는 것이다. 지금까지 사원이나 학교, 병원같이 건물을 지어 놓고 운영하는 전통적인 와크프 모델이 주를 이루었던 것을 생각하면 꽤 혁신적인 움직임이다.

이전에도 현금으로 와크프를 조성하는 것이 불가능한 것은 아니었지만 일반적인 모델은 아니었다. 또, 보통 부동산으로 조성된 와크프가 존속 기한이 따로 정해져 있지 않고 영구적인 성격을 가지고 있는 데 반해, 현금이나 금융상품으로 조성된 와크프는 기한부 와크프일 때가 많다는 점도 발상의 전환이다.

이런 가운데 인도네시아 정부는 2020년에 '현금 와크프 연계 수쿠크(Cash Waqf Linked Sukuk)'를 처음으로 발행하여 판매하였다.

현금 와크프만 해도 그 나름대로 새로운 개념인데 그것을 수쿠크에 연계한 것이다.

구조는 이렇다. 와크프에 재정적으로 기여하고자 하는 이들은 관리자(나지르, Nazir)로 지정된 사람이나 기관에 자금을 기여하여 와크프를 조성한다. 와크프 조성을 위해 부동산이 아닌 현금을 납부했기에 이 와크프는 현금 와크프이다. 정부는 기한부(5년) 수쿠크를 발행하여 와크프에게 이를 판매하고, 와크프가 수쿠크를 매입하며 지불한 대금으로 공공시설을 짓는다. 첫 번째 모델에서는 안과 병원 시설을 지었다. 수쿠크이기 때문에 기한이 경과하면 이자처럼 수익이 발생하는데, 이 현금 와크프 구조에서는 이 수익을 와크프 기여자들에게 돌려주지 않고 미리 지정한 수혜자를 대상으로 한 무료 백내장 수술 비용으로 사용하였다.

수쿠크가 만기되면 원금은 와크프를 통해 와크프 기여자들에게 돌려준다. 와크프 기여자들은 원금도 기부하고 싶은 마음이 있을지 모르지만, 와크프로 낸 재산은 허물지 않고 수익으로만 수혜자를 돕는 와크프 원칙에 따라 원금은 돌려받고 수익만 포기하는 셈이 된다. 그리고 수쿠크 기한이 되면 원금을 돌려주고 와크프가 해산되기에 이 현금 와크프는 기한부 와크프이다.

이 현금 와크프 연계 수쿠크는 최근에 개념이 제안되었음에도 벌써 몇 차례나 발행되는 등 활발하게 활용되고 있다. 현금 와크프와 개념이 유사한 주식 와크프 같은 구조도 제안되고 있어서 앞으로 현금이나 금융상품과 연계한 와크프를 통해 공공적 성격이 짙은 프로젝트를 지원하는 새로운 와크프 구조는 계속 개발될 것으로 보인다.

이슬람 사회적 금융(Social Finance), 커지는 관심

몇 년 전 인도네시아를 중심으로 아시아를 주로 연구하는 연구자 분을 만날 기회가 있었다. 마침 이분은 이슬람 금융을 주제로 연구를 진행 중이었으며, 인도네시아 사회적 금융에 관심이 많았다. 앞서 소개한 대로 자캇을 중심으로 하여 인팍, 사다카, 와크프, 때로는 거기에 묶어 마이크로 파이낸스까지 이슬람 금융의 사회적 금융 부문으로 분류하기도 한다.

사실 그다지 잘 알거나 관심이 있는 분야는 아니었다. 학교에서 이슬람 금융을 공부할 때도 자캇이니 사다카니 와크프니 하는 것들이 있다는 것은 알고 있었지만 그냥 그 정도였다. 깊이 공부할 기회도 그럴 생각도 없었다. 그다지 중요하다고 생각하지 않았기 때문이다.

전체 이슬람 금융에서 사회적 금융이 차지하는 비중은 극히 미미하다. 자캇만 해도 모든 무슬림이 재산이나 소득의 2.5% 정도를 꼬박꼬박 낸다고 하면 꽤 규모도 크고 파급력이 있겠지만, 실제로 자캇이 걷히는 액수도 그다지 크지 않고 관리가 잘되는 것도 아니다. 그러다 보니 자연히 이슬람 은행업이나 수쿠크같이 시장에서 관심을 많이 갖는 상업성이 충분한 분야 위주로 공부하게 되었다.

무슬림이라면 경제적으로 크게 중요하지 않더라도 종교적으로 중요하기 때문에라도 관심을 가질 만했지만, 은행원 출신에 무슬림도 아니었던 나는 사회적 금융에까지 관심이 가지 않았다.

나만 그랬던 것은 아니다. 수업 시간에도 이런 주제는 간단히 언급만 하고 지나갈 때가 많았다. 그래도 이런 사회적 금융 분야에 대한 얘기를 들을 기회가 있기는 했다. 석사나 박사 과정 수료를 앞둔 학생들에게 논문 주제를 뭐로 할 거냐고 물어보면 자캇이나 와크프, 마이크로 파이낸스, 바이뚤 말[38] 같은 주제를 마음에 두고 있는 학생이 꽤 있었다. 사회적 금융이 이슬람 금융에서 차지하는 비중이 크지 않은 것에 비해서는 많은 학생이 이 분야에 관심을 가지고 계속 공부해 나갈 뜻이 있었다.

말레이시아까지 이슬람 금융을 공부하러 왔을 때는 요즘 뜨는 이슬람 금융을 공부해서 몸값을 높이고 좋은 직장을 얻고 돈도 많이 벌겠다는 동기가 분명 있었을 것이다. 하지만 한편으로는 이슬람 금융을 공부하여 이슬람적 가치를 금융을 통해 실천하고자 하는 생각

---

38) 바이뚤 말(Bayt ul-maal)은 아랍어로 '재산의 집' 또는 '부의 집'이라는 뜻으로, 이슬람 공동체 움마(ummah)를 위해 수입과 지출을 관리하는 기관이다. 역사적으로 이슬람 정부가 지배하던 시대와 지역에서는 국가 기관으로서 자캇 등을 관리하기도 하였고, 지금은 지역별로 차이가 있지만 민간 기관으로서 자활이나 자선, 지역 금융의 역할을 수행하는 경우가 많다.

을 가진 학생도 상당히 많았다. 그런데 이슬람 금융을 공부하다 보면 '이것이 일반 금융과 무엇이 다를까? 편법으로 이름만 달리 붙일 뿐, 이렇게 하면 정말 이슬람적 가치가 실현되고 이슬람 공동체 움마에 도움이 될까?' 하는 회의가 들게 되는 것도 사실이다.

사회적 금융은 규모도 작고 경제적 중요성도 떨어지지만 이 분야야말로 뭔가 이슬람 금융의 본래 가치에 좀 가깝다는 생각이 들 수도 있다. 어쩌면 이런 이유로 이 주제를 더 공부해 보기로 결심한 학생이 많아진 것이 아닐까 하는 생각이 들기도 했다.

아무튼 연구자분과 이야기를 마치고 나중에 살펴보니 과연 최근에 인도네시아 정부가 자캇, 와크프를 비롯해서 사회적 금융에 상당한 비중을 두고 있다는 것을 알 수 있었다. 돈 되는 은행업이나 자본시장뿐 아니라 이슬람 경제와 이슬람적 가치라는 큰 틀에서의 논의도 비교적 활발히 이루어지고 있었다. 돈이 되고 경제적으로 더 중요한 주제를 택하지 않고 사회적 금융을 연구 주제로 삼았던 학생들이 생각났다. 인도네시아가 이슬람 사회적 금융에 비중을 많이 두는 것이 어쩌면 학교에서 학생들이 연구 주제로 사회적 금융을 많이 선택하던 것과 비슷한 이유 때문은 아닐까 하는 생각도 들었다.

40년 전부터 일찌감치 이슬람 금융과 이슬람 은행업을 육성하기 위한 노력을 시작한 말레이시아만 해도 초기에는 금융 소비자들이 거래 내용을 잘 모르더라도 '이슬람'이라는 꼬리표만 붙어 있으면 충분히 통했던 것 같다.

말레이시아에서 이슬람 금융이 기지개를 켜던 때에는 '이나(Bay al-Inah)'나 BBA와 같이 논란의 대상이 되는 상품이 시장을 이끌었다. 이런 상품이 거래되던 초기에는 논란이 거의 없었다. 반대 의견이 활발히 나올 만큼 이슬람 금융에 대한 이해도도 크지 않았고, 설혹 문제가 조금 있다고 하더라도 아예 이슬람 금융상품이 없는 것보다는 나았을 테니 기준도 지금보다는 관대했을 것이다.

첫술에 배부를 수는 없으니 소비자도 시장도 어느 정도 용인해 준 측면도 있을 수 있다. 말레이시아시장은 이런 토대 위에서 제도도 안정되고 이제는 다양한 상품과 구조를 가진 시장이 되었다.

반면, 인도네시아 이슬람 금융은 이제야 시장점유율 '5% 함정 (5% trap)'[39]을 벗어나 기지개를 켜려 하고 있다. 그런데 이미 지금 이슬람 은행에서 거래되는 상품의 구조가 이슬람적이지 않다거나 샤리아 원칙에 부합하지 않는다고 말하는 목소리가 나오고 있다. 종교지도자 중에도 유튜브나 SNS를 통해 이런 메시지를 유통하는 이들이 있다.

샤리아 은행에서 취급하는 금융상품들이 샤리아에 부합하지 않다는 것이다. 그러니 일반 무슬림 금융 소비자 중에도 이슬람 은행이 무늬만 이슬람이지 일반 은행과 똑같지 않냐면서, 그렇다면 굳이 샤리아 은행을 찾아야 할 이유가 무엇이냐고 생각하는 이들이 많아졌다.

이런 상황 속에서 정부와 업계가 이슬람 경제와 이슬람 금융을 육성하려면 뭔가 일반 경제나 일반 금융과는 다른 이슬람의 고유한 가치를 전달해야 할 필요가 생겼다. 다들 이슬람 금융이 무엇인지 잘 모르기도 했고 또 부족한 것이 조금 있어도 용인되던 폭이 컸던 말레이시아 이슬람 금융시장 태동 초창기와는 상황이 다르다.

자캇을 포함한 이슬람 사회적 금융은 이런 이슬람의 가치를 전달

---

39) 정부와 업계에서 이슬람 금융과 이슬람 은행업을 발전시키려는 노력을 기울였음에도 불구하고 이슬람 금융과 은행업 시장점유율이 5% 언저리를 벗어나지 못하던 현상을 일컫는 말이다.

하기에 제격이다. 웨비나 등에서도 코로나-19로 영세 자영업자나 빈곤층이 크게 타격을 입은 지금, 이들을 돕는 데 자캇이나 와크프 같은 수단이 사용되는 사례들을 흔히 들을 수 있다. 규모가 크지는 않지만 이런 사례들은 이슬람 사회적 금융이 이슬람적 가치를 실현한다는 메시지를 사회에 전달할 수 있다.

이슬람 세계 바깥에 사는 우리 같은 참여자야 수쿠크나 인프라 관련 금융같이 거래 건수는 적지만 규모가 크고 시장에 미치는 영향력이 큰 그런 상품에 주로 눈이 간다. 하지만 세계 최다의 무슬림 인구를 가진 인도네시아 같은 나라에 있으면 입장이 다를 수밖에 없다.

이슬람 금융시장이 탄탄한 토대를 가지고 성장하려면 시장점유율이 올라가야 하고 그러려면 무슬림 소비자가 샤리아에 기반한 금융이 무엇이 다른지를 납득할 수 있어야 한다. 지금은 일반 금융 소비자도 아랍어로 된 이슬람 느낌이 나는 용어만 듣고 설득되지 않는다. 이슬람 금융이 일반 금융과 뭔가 다르다는 것을 보여주지 못한다면 '왜 이슬람 금융이어야 하는가?'라는 질문에 제대로 답할 수 없다.

인도네시아는 그 대답으로 '가치'를 택한 것 같다. 금융뿐 아니라 이슬람 경제 전반으로 관심의 영역을 확장하면서 이슬람에서 허용하는 '할랄(halal)'이라는 것이 단순히 종교적 계율이 허용하는 것에 지나지 않는 것이 아니라 더 '좋은 것(따이브, thayyib)'임을 강조한다. 또, 자캇, 와크프, 마이크로 파이낸스 같은 사회적 금융을 육성하며 이슬람 금융을 제대로 실행하면 이슬람적 가치가 회복되고 무슬림 공동체와 사회도 덕을 볼 수 있다는 메시지를 전달하려 애쓰는 모양새이다.

김연경 선수, 소피아 대성당, 그리고 와크프

배구선수인 김연경 선수는 튀르키예 리그에서 두 차례 뛰었다.

2011년부터 17년까지 여섯 시즌은 페네르바체에서, 2018~19년, 2019~20년 두 시즌은 엑자시바시에서 활약했다.

최근에 뛰었던 팀인 엑자시바시는 튀르키예뿐 아니라 유럽 챔피언스리그에서도 통하는 훌륭한 팀이었지만, 튀르키예 국내 리그에서는 항상 고비마다 바키프방크(Vakif Bank)라는 팀과 마주쳐야 했다.

이 팀에는 중국 국가대표 에이스인 주팅(Zhu Ting) 선수도 뛰고 있었는데, 김연경 선수가 튀르키예에서 뛰던 두 시즌 동안 이스탄불을 연고로 하는 바키프방크는 엑자시바시의 가장 강력한 라이벌이었다.

바키프방크의 이 바키프(Vakif)라는 말은 튀르키예어로 와크프라는 뜻이다. 그러니까 바키프방크는 '와크프 은행'이라는 뜻이다. 튀르키예에게 역사를 넘겨준 오스만튀르크가 지배한 여러 지역에서는 와크프가 번성했는데, 바키프방크는 그 흔적일 것이다.

2019년에 지배적 지분을 재무부에 넘겨주기까지는 와크프를 관리하고 감사하는 정부 기관인 와크프 관리국(Directorate General of Foundations)이 바키프방크의 최대주주였다. 또, 지금은 많이 희석되기는 했지만 1954년 은행이 처음 만들어질 때도 와크프자산을 잘 활용하도록 하는 것이 이 은행의 설립 목적이기도 했다. 지금도 적은 지분이지만 몇몇 와크프들이 이 은행 지분을 들고 있는 것으로 보인다.

바키프방크는 지금도 자산 기준으로 튀르키예에서 제2의 상업은행이다. '식빵 언니'를 통해 튀르키예에서 만나게 된 뜻밖의 와크프의 흔적이다.

튀르키예에서는 와크프와 관련한 또 하나의 사건이 있었다. 이스탄불에 있는 소피아 대성당(하기아 소피아, 아야 소피아)의 용도와 관련한 일련의 논란이다. 소피아 대성당은 이름 그대로 원래 기독교 교회 건축물이다. 그러던 이 건축물은 15세기 오스만튀르크가 비잔틴제국과 콘스탄티노플을 점령한 이후에는 이슬람 사원으로 용도가 변경되어 사용되어 왔다가 세속적인 케말 아타튀르크 치하의 튀르키예 정부에서 다시 용도가 변경되어 1935년 박물관이 되었다. 그러던 것이 2020년에 재차 이 건물을 이슬람 사원으로 사용하겠다는 결정이 내려진 것이다.

튀르키예 정부의 이 결정은 소피아 대성당과 직접 관련이 있다고 할 수 있는 인접국 그리스나 그리스 정교 측에서뿐 아니라 세계적으로도 많은 비난을 받았다. 사우디아라비아나 이집트 같은 이슬람권에서도 종교지도자들이 이 조치를 비난하는 목소리를 내기도 했다. 아무리 오스만튀르크가 비잔틴 제국을 멸망시킨 이후 몇백 년을 이슬람 사원으로 사용한 적이 있다고는 해도 이미 85년을 박물관으로 사용한 건축물을 이슬람 사원으로 용도변경 하는 것이 누구에게도 그렇게 바람직하게만 보이지는 않았던 것이다. 이 건축물은 그냥 박물관으로 두는 것이 문화와 종교 간 화합의 상징으로 더 나았을 것이라는 아쉬움이 분명히 있다.

하지만 튀르키예라고 해서 '우리는 이슬람 국가니까 이슬람이 우선이고 그러니 누가 뭐래도 이 건물은 이슬람 사원으로 쓸 거야' 하는 논리로 소피아 대성당 건물을 용도변경 한 것은 아니다. 90년 전 신생국이며 세속주의적이던 튀르키예 정부에서 내린 결정을 90년 만에 정부와 법원에서 다시 뒤집은 셈인데, 여기에서 바로 와크프와 관련한 논리가 등장했다. 소피아 대성당은 콘스탄티노플을 점령한 오스만튀르크의 술탄 메흐메트 2세가 기증한 와크프 재산이고 와크프는 성격상 영속되어야 한다. 따라서 아무리 많은 시간이 흘러도 재산이 존재하는 한 처음 기증자가 와크프에 재산을 기증할 때 지정한 목적과 용도가 존중되어야 한다는 것이다. 메흐메트 2세는 소피아 대성당을 이슬람 사원으로 쓰라고 지정하여 와크프를 조성했으므로 법적으로 나중에 들어선 케말 아타튀르크의 세속적 튀르키예 정부가 이를 뒤집을 권한이나 근거는 없다는 논리이다. 그러니 튀르키예 정부와 법원의 논리라면 소피아 대성당을 이슬람 사원으로 용도를 변경하기로 한 2020년 결정은 90년 전 와크프 재산을 와크프 조성 목적이 아닌 다른 용도로 사용하기로 한 불법한 결정을 무효화하고 바로잡는 것이 된다.

소피아 대성당 건물이 와크프 재산을 구성한다고 하더라도 교회로 잘 사용하던 이 건축물을 메흐메트 2세가 콘스탄티노플을 점령하면서 강제로 취득하여 이슬람 사원으로 개조하여 와크프 재산으로 낸 것이 아니냐는 주장에 대해서는 이런 답변도 있다. 오스만튀르크가 비잔틴 제국을 멸망시키고 콘스탄티노플을 점령할 때 이미 소피아 대성당은 예배 장소로서의 기능을 상실했다는 것이다. 이런 주장을 하는 측은 소피아 대성당 파괴의 책임을 같은 기독교 세력인 십자군에게로 돌린다.

십자군이 중동으로 가다가 방향을 바꿔 콘스탄티노플을 공격하여 약탈한 적이 있는데 그때 이미 소피아 대성당이 크게 털리고 파괴되었다는 것이다. 이후 성당은 복구되었지만 이전과 같은 수준을 회복하지는 못했고, 비잔틴 제국은 내우외환에 시달려 국력이 약해져서 거듭 발생하는 크고 작은 지진에 다시 허물어져 간 성당을 제대로 보수할 능력이 없었다는 이야기이다.

결국 그렇다면 성당을 이슬람 사원으로 개조할 당시 성당이 예배의 장소로 제대로 기능하고 있었는지 아닌지가 관건이 될 텐데, 오스만튀르크가 콘스탄티노플을 점령했을 때 소피아 대성당 상태가 어떠했는지에 대한 자료가 충분하지 않아 확인이 쉽지는 않은 모양이지만 전성기의 영화에 비하면 쇠락했을망정 성직자와 신도들이 도시 점령 후에도 한동안 예배를 드리기는 했던 것 같다. 이런저런 것 따지지 않고 성당을 인류의 문화유산으로서 종교와 문명의 화합의 상징으로 남겨 두었다면 더 좋기는 했을 것이다.

와크프가 어떻게 운영되어야 하는지에 대한 논리를 표면에 내세워 이 건물을 다시 이슬람 사원으로 쓰겠다고 한 튀르키예 정부의 결정은 튀르키예 바깥에서는 이렇다 할 공감을 얻지 못했다. 관용과 공존, 다양성 존중이라는 인류 보편 가치가 560년 전 조성된 와크프의 규칙을 지키는 것보다 중요하다는 생각에서였을 것이다.

이슬람금융 원칙은 어디에서 오는가(1)

| 샤리아(Shariah), 꾸란(Quran), 순나(Sunnah) |

이슬람 금융은 샤리아 금융이라고도 한다. 이슬람 은행도 샤리아 은행이라고 부른다. 이슬람 금융을 다른 말로 하면 샤리아에 부합하는(Shariah compliant) 금융이다. 그러니 이슬람 금융을 이해하려면 이슬람의 삶과 신앙의 방식인 샤리아를 알아야 한다. 이 책에서도 지금까지 샤리아를 언급하고 샤리아 원칙에 대해 이야기하면서도 정작 샤리아가 무엇인지, 샤리아 원칙은 어디에서 가지고 오는 것인지에 대해서는 본격적으로 말하지 않았다.

방대한 샤리아 체계를 여기서 몇 페이지로 만족스럽게 설명할 수는 없겠지만 이슬람 금융을 이해하는 데 꼭 필요한 샤리아와 관련한 내용을 여기서 간략하게 설명해 보도록 하겠다.

샤리아(Shariah)

샤리아(Shariah)는 넓은 의미로는 이슬람에서 신이 계시한 신앙과 가치 체계 전부를 일컫는다. 샤리아는 종교 그 자체이다. 무슬림으로부터 "이슬람은 종교가 아니라 삶의 방식(way of life)이다."라는 말을 들을 때가 있는데 샤리아가 바로 이 삶과 신앙의 방식, 신이 보여주고 무슬림에게 따르라고 지시한 그 길(path)이라고 할 수 있다.

실제로 샤리아라는 말 자체가 아랍어로는 '길'이라는 뜻이며, 문자적으로는 '샘에 이르는 길'이라는 의미가 있다. 흔히 샤리아를 '법'이나 '율법'

으로 번역하기도 하지만 넓은 의미의 샤리아는 법뿐 아니라 '신앙·신학(아키다, Aqidah)'과 '윤리(아클락, Ahklak)', 그리고 '법(피크, Fiqh)'적 측면을 모두 포괄한다.

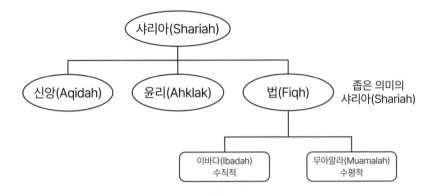

때로는 이 중에 법적 측면인 피크(Fiqh)를 샤리아와 거의 동의어인 것처럼 사용하기도 한다. 완전히 동일한 개념은 아니지만 엄밀한 정의가 필요한 상황이 아니라면 바꿔가며 써도 크게 무리는 없다.

피크(Fiqh)는 크게 신과 인간의 수직적 관계를 다루는 '이바다(Ibadah)'와 사람 간의 수평적 관계를 다루는 '무아말라(Muamalah)'로 나뉜다. 기도, 금식, 성지순례 등이 '이바다'에 속하고 사람 간에 행하는 결혼, 계약, 상속, 상거래, 금융 거래 등이 '무아말라'에 속한다. 이슬람 금융과 관련한 원칙은 주로 이 '무아말라'에서 찾는다. 이슬람 금융에서 샤리아라는 말이 나오면 다소 추상적인 넓은 의미의 샤리아보다는 더 구체적으로 법적 측면을 가리킨다고 보아도 무방하다.

가끔 뉴스를 보면 무슬림이 인구의 다수를 이루는 어느 나라나 어느 지방에서 샤리아가 시행된다거나 아니면 어디에서 샤리아를 도입했다는 표현을 들을 수 있다. 샤리아를 구성하는 법적 요소 중, 특히 형법이나 결혼, 계약, 상속 같은 것이나 종교생활 중 밖에서 보이는 옷차림, 금식 같은 것은 실정법처럼 강제력을 가지고 시행할 수 있다.

이 경우에는 일반 법원과 별도로 샤리아 법원이 설치되고 종교생활과 관련한 영역은 샤리아 재판관이나 종교 경찰이 관할하기도 한다. 이런 곳에서는 여성이 히잡을 쓰지 않거나 남성이 반바지를 입었다는 이유로 처벌을 받기도 하고, 라마단 월(月) 금식 기간 중 낮에는 식당 문을 열지 못하기도 한다. 샤리아가 시행되거나 도입되지 않은 곳은 무슬림 개개인이 종교지도자의 지도를 받으며 자율적으로 샤리아와 관련한 요소를 준수한다.

이슬람 금융에서 예를 들어보자. 인도네시아는 세계 최대의 무슬림 인구를 가진 나라이지만 무슬림 개개인은 자율적으로 일반 금융기관과 이슬람 금융기관 중 선택하여 상품을 거래할 수 있다. 하지만 인도네시아에서도 특별구역으로 지정되어 폭넓은 자치가 인정되는 아체(Aceh)주는 샤리아를 도입하여 시행 중인데, 최근에는 모든 금융기관이 샤리아에 부합하는 상품만을 취급해야 한다는 주법이 통과되기도 했다. 이에 따라 일반 금융기관과 금융상품에서 샤리아 금융기관과 금융상품으로의 전환이 활발하게 이루어지고 있다.

그럼 샤리아의 원칙은 어디서 오는 것일까? 일단 당연히 이슬람의 경전인 '꾸란(Quran)'이 생각난다. 하지만 이것이 그렇게 간단하지는 않다. 꾸란 하나만 가지고는 방대한 샤리아 체계를 구성할 수가 없고, 꾸란 외에 선지자 무함마드의 말과 언행인 '순나(Sunnah)'가 또 샤리아 체계를 이루는 중요한 요소가 된다. 꾸란과 순나를 샤리아를 이루는 일차적 원천(primary sources)이라고 보기도 한다.

이차적 원천(secondary sources)으로는 어떤 사안에 대해 이슬람 공동체가 합의한 '이즈마(Ijma)'와 원래 있던 원칙에서 원리를 추출하여 새로운 상황에 가져와 적용하는 '키야스(Qiyas)'가 있다. 이즈마와 키야스도 일차적 원천에 포함시키는 경우도 있으며 이 경우에도 대체로 권위와 중요성의 측면에서는 꾸란과 순나가 우선되고 이즈마와 키야스가 뒤를 따른다. 여기까지는 조금씩 차이가 있기는 해도 대부분의 샤리아학파와 학자가 인정하는 샤리아 원천이다. 이 외에도 다른 원천이 있으며 학파와 학자마다 받아들이는 정도가 다르다.

일차 원천(Primaray Sources)	이차 원천(Secondary Sources)
• 꾸란(Quran)	• 공적인 이익(이스티슬라, 마슬라하, Maslahah)
• 순나(Sunnah)	• 법률적 선호(이스티흐산, Istihsan)
• 이즈마(Ijma, 합의)	• 특정한 지역의 관습(우르프, Urf)
• 키야스(Qiyas, 유비와 확장)	• 연속성의 가정(이스티스합, Istishab)

꾸란(Quran)

꾸란(Quran)은 이슬람에서 최고의 권위를 가지는 경전이다. 신에게서 직접 내려온 계시이기 때문이다. 꾸란은 선지자 무함마드가 40세 때 동굴에서 명상을 하던 중 천사 지브릴(가브리엘)을 통해 처음 받기 시작한 신의 계시이다. 이후 약 22년간 계시가 이어졌다고 한다. 총 114장으로 이루어진 꾸란은 계시된 시기와 장소에 따라 선지자 무함마드가 고향인 메카에서 메카 귀족들의 핍박을 받던 시기에 내려왔다는 계시로 이루어진 메카 장(章), 히즈라(Hijrah)라고 하는 사건으로 선지자와 초기 무슬림이 메디나로 이주해 새로운 신앙, 정치 공동체를 이루면서 받았다는 계시인 메디나 장(章)으로 이루어진다.

꾸란은 선지자 무함마드의 생전에는 문자로 기록되지 않고 구술로 암송되다가 이슬람 세계 3대 칼리프인 우스만 때 현재와 같은 형태로 완성되었다고 여겨진다.

흔히 이슬람 금융도 그렇고 이슬람의 모든 원칙이 다 꾸란에서 왔을 거라고 생각하기 쉽다. 실제로 이슬람이나 무슬림의 생활에 대해서 무슨 얘기를 하면 "그런 게 다 꾸란에 써 있나요?" 하는 질문을 받을 때도 많다. 하지만 복잡다단한 삶의 여러 부문에 대한 해답을 다 꾸란에서 찾기에는 꾸란은 분량도 그다지 많지 않고 꾸란에 있는 구절도 해석이 모호한 경우가 많다.

물론 이슬람이라는 종교와 무슬림의 삶에 있어서 기둥을 이루는 큰 원칙이 꾸란에 있다는 것은 분명하다. 그래서 이슬람을 이해해 보아야지 하면서 꾸란의 의미를 영어나 한국어로 번역한 것을 한번 처음부터 끝까지 읽어보려 마음먹고 읽기 시작하면 벽에 부딪힌다. 일단 잘 이해가 안 되기 때문이다.

꾸란은 수라(Surah)라고 하는 114개의 장으로 이루어져 있는데 그 순서가 왜 지금과 같이 정렬되어 있는지 아무도 모른다. 시간 순서도 아니고 주제별 순서도 아니다. 심지어 같은 장에서도 계시된 시기가 다르고 계시 배경도 다른 부분들이 같이 실려 있다.[40]

또, 상황에 대한 설명이 친절하게 되어 있지도 않다. 그러니 쭉 읽어도 이게 어떤 상황에서 무슨 이유로 내려온 계시인지를 잘 모른다. 배경지식이나 설명 없이 혼자 힘으로 꾸란을 읽고 이해하기란 매우 어렵다. 그래서 보통 주석이 필요하다.

꾸란의 전체적인 흐름과 주제는 다른 자료의 도움도 받고 전문가의 해석도 보면서 이해하면 된다 쳐도, 무엇인가에 대해 말하고 있는 꾸란 구절도 구체적인 삶의 원칙과 원리를 이끌어내기에는 충분하지 못할 때가 많다.

일단 꾸란은 보통 특정한 사안에 대해 세세한 가르침을 주지 않는다. 기

---

40) 2장 이후에는 각 장의 배열이 길이가 긴 것부터 짧은 순서로 되어 있긴 하다.

도를 예로 들면, 우리는 무슬림이 하루에 다섯 번씩 기도한다고 알고 있고 그것이 꾸란의 가르침이라고 생각한다. 하지만 꾸란에는 기도해야 한다는 원칙만 나와 있을 뿐 하루에 다섯 번 기도해야 한다는 규정이 명확하게 들어 있지는 않다.

이슬람 경제 및 금융과 관련해서도 마찬가지이다. 이슬람 금융 원칙이나 상품과 관련한 근거를 찾아 더 상위의 규정으로 거슬러 올라가다 보면 꾸란까지 가게 되는 경우가 많은데 꾸란은 해당되는 사안에 대해 한두 구절 정도 원론적인 원칙만 제공할 때가 많고, 세부 규정은 꾸란에서 제시하는 원칙에서 출발하여 순나 등 다른 원천에서 찾아야 하는 것이 보통이다. 꾸란에 나와 있는 한두 구절도 항상 명확하고 분명하게 해석할 수 있는 것도 아니다. 구절이나 단어의 의미를 찾는 것도 쉽지 않을 때가 많다.

꾸란을 기록한 언어인 아랍어는 다른 셈계 언어(Semitic)[41] 언어와 같이 의미가 함축적이고 하나의 단어가 여러 뜻을 가지기도 하여 어떤 단어를 문장 속에서 어떻게 해석하느냐에 따라 그 구절의 의미가 달라지는 경우가 흔하다. 이슬람 금융에서도 그런 예가 있다. 이슬람은 리바(riba)나 마이시르(maysir)를 금하며 이는 분명히 꾸란에 나와 있다. 꾸란이 과도한 수준의 고리대금이나 불건전한 도박을 금지하는 것은 분명하지만, 어디까지가 리바이고 마이시르인지 그 분명한 정의는 나와 있지 않다. 또, 꾸란이 기록된 때와 지금은 시대가 다르고 경제 환경이 다르다. 그러다 보니 현대 상거래나 금융 거래에서 발생하는 현상이 꾸란에서 말하는 리바나 마이시르의 정의에 부합하는지도 학자나 전문가 사이에 의견이 일치하지 않을 때가 많다.

꾸란의 특정 구절을 어떻게 해석해야 하는지가 일반 법원이나 종교 법

---

41) 서아시아와 북아프리카 지역에서 사용하는 언어군 중 하나로, 아랍어, 히브리어가 대표적이다.

원에서 이슈가 될 때가 있는데, 때로는 단어 하나의 의미를 어떻게 보아야 하는지를 두고도 양쪽에서 치열한 공방이 벌어지기도 한다.

순나(Sunnah)

순나(Sunnah)는 선지자 무함마드의 말과 행동, 그리고 명령으로 확립된 전통을 의미한다. 이 순나는 모든 무슬림이 따르는 모범이 된다. 원래 이슬람 이전에 순나는 부족이나 공동체, 사람과 관련한 관습과 모범을 일컬었지만, 이슬람 확립 이후에 순나라고 하면 선지자 무함마드의 순나를 의미한다고 보아도 무방하다. 선지자의 언행을 기록한 모음집을 하디스(Hadith)라고 하여 순나와 거의 비슷한 의미로 사용하기도 한다. 물론 엄밀히 순나와 하디스는 서로 다른 개념이다. 하지만 선지자와 동시대를 살고 있지 않은 이상 기록되지 않은 순나는 알 수가 없기 때문에 순나는 대부분 이를 수집하여 기록한 하디스 등 자료에 들어 있다고 보아도 크게 무리가 아니다.

무슬림은 선지자 무함마드가 이 땅에서 살며 보인 언행을 단순히 개인의 기호나 생각이 반영된 것으로 보지 않는다.[42] 오히려 그의 모든 삶과 말과 행동을 통해 신이 세상에 영감을 주고 모범으로 삼았다고 본다. 꾸란도 믿는 자들에게 신과 선지자에게 복종하라고 말한다.[43] 선지자가 삶에서 보인 모든 언행과 습관은 다 모범이고 규범이 된다. 따라서 신실한 무슬림 중에는 선지자가 직접 명령한 것뿐 아니라 선지자가 어떤 옷을 입었는지, 위생이나 건강과 관련해서는 어떤 습관을 지녔는지, 어떤 음식을 즐겨 먹었고 어떤 음식은 싫어했는지 같은 것도 의무가 아님에도 불구하고 따라서 실천하려는 이도 있다.

또, 선지자가 직접 하라고 명령했거나 하지 말라고 금지한 것뿐 아니라

---

42) 꾸란 53장(An-Nasm) 3-4절
43) 꾸란 4장(An-Nisa) 59절

침묵으로 묵인한 것도 다 의미가 있다고 본다. 누군가 어떤 행위를 하거나 무슨 말을 하는 것을 선지자가 보거나 듣고도 그런 행위나 말이 옳지 않다고 금지하지 않은 것이 기록되어 있다면 그것을 침묵의 긍정이라고 보는 것이다.

순나를 수집하여 기록한 하디스는 여러 개의 모음집이 있다. 하디스를 수집한 이들은 선지자 무함마드 사후 약 이백 년이 지난 이후에 선지자의 언행을 담은 이야기를 수집하여 완성했다. 이미 선지자 사후 몇 세대가 지났기 때문에 선지자의 말을 직접 듣거나 선지자와 관련한 사건을 직접 목격한 사람은 없었다. 그래서 하디스는 선지자의 옆에서 말을 직접 듣고 사건을 직접 목격한 후 그 이야기를 들려준 사람으로부터 시작하여 그 이야기를 듣고 전해준 사람, 또 그 이야기를 들어 전해준 사람, 이런 식으로 긴 사슬을 담고 있다.

하디스 모음집 한 판본에는 보통 몇천 개의 하디스가 들어있는데 그 하디스 하나하나가 다 누가 누구에게 얘기해서 전해주고, 누구는 누구에게 들어서 누구에게 전해주었는지를 밝힌 사슬을 담고 있다. 하디스는 주로 선지자의 아내나 가족, 선지자를 옆에서 따르던 이들(사하바, sahabah)이 처음 듣고 목격한 일들이 전해 내려온 것이다.

선지자 사후 그와 관련해서 전해지는 많고 많은 이야기 중에 믿을 만한 것들을 추리기 위해 하디스 수집자들과 이후 하디스학자들은 정교한 방법론을 발달시킨다. 하디스가 전해지는 사슬을 보고 그 사슬이 하나인지 여러 개인지, 사슬 안에서 이야기를 전해준 사람이 믿을 만한 사람인지 같은 것이 하디스의 신빙성을 결정한다.

사슬이 하나인데 거기에 약한 고리가 있거나 하면 그 하디스의 신빙성은 약해진다. 어떤 하디스는 모음집에 수록되어 있기는 하지만 믿기 어려운 것으로 여겨지기도 한다.

하디스 모음집은 수가 많다. 순니[44]와 시아[45]가 인정하는 하디스는 서로 다르며 순니에서는 일반적으로 여섯 개의 하디스 모음집[46]이 '여섯 권의 책'이라 하여 주요한 것으로 인정된다. 하디스를 인용할 때에는 해당 하디스가 어느 모음집에서 나온 것인지를 먼저 쓴다. 그리고 그다음에는 번호를 쓴다. 모음집마다 수집한 하디스 내용이 다른데, 어떤 경우에는 같은 사건이나 인용구를 복수의 모음집에서 조금씩 다른 버전으로 수록하기도 한다.

하디스에 분명히 나와 있는 사항을 어떤 학파나 학자가 받아들이지 않는다면 그것은 해당 하디스가 믿을 만하지 못하거나 신빙성이 약하기 때문일 수 있다. 따라서 하디스를 볼 때는 그 내용과 함께 신빙성에 대한 평가가 어떠한지를 함께 보아야 한다.

꾸란에 비해 하디스는 판본도 많고 분량도 훨씬 방대하다. 따라서 꾸란이 원칙만 밝혀 놓은 사항에 대해 순나는 세세한 지침을 제공한다. 꾸란이 '기도하라'고 말하고 기도 시간에 대해서는 간략하게 이야기한다면, 순나는 언제 어떻게 기도해야 하는지에 대한 세부적인 지침을 제공한다. 하루에 다섯 번 기도하라는 지침도 꾸란이 아니라 하디스에서 명확하게 나타난다. 자캇 같은 것도 그렇다. 하디스도 매우 자세한 지침을 제공하지는 않지만 꾸란보다는 자세하다. 꾸란에서는 '자캇을 내야 한다'는 원칙 정도만 발견할 수 있을 뿐 어떤 자산에 대해 어떤 율(率)을 적용해 어떻게 내고 어떻게 걷으라는 내용은 없다. 이슬람 경제나 금융과 관련한 원칙도 다 그렇다.

---

44) 순니(Sunni): 선지자 무함마드의 모범(순나)을 따르는 사람들이라는 뜻으로, 이슬람 신도 중 85~90%를 차지하는 다수파이다.

45) 시아(shia): 선지자 무함마드의 사위인 '알리'와 그를 잇는 선지자 가족의 혈통에 이슬람 세계를 지도할 수 있는 적법한 계승권이 있다고 믿으며, 이슬람 신도 중 10~15% 정도인 소수파이다.

46) Sahih al-Bukhari, Sahih Muslim, Sunan Abu Dawood, Sunan al-Tirmidhi, Sunan al-Nasa'i, Sunan ibn Majah의 여섯 편이 주요한 모음집이다.

꾸란에는 한두 구절 정도의 선 굵은 원칙만 나오고 더 자세한 사항은 순나를 살펴보아야 한다.

신으로부터 직접 내려왔다고 하는 꾸란이 이슬람에서 가장 중요한 경전인 것은 분명하다. 여기에 대해서는 이견이 있을 수 없다. 하지만 어떤 학자들은 순나 없이는 꾸란의 의미를 제대로 파악할 수 없다고 하며 오히려 꾸란보다 순나를 더 중요하게 여기기도 한다.

이슬람금융 원칙은 어디에서 오는가(2)

| 이즈마(Ijma), 키야스(Qiyas), 이즈티하드(Ijtihad), 파트와(Fatwa) |

이즈마(Ijma)

이즈마(Ijma)는 어떤 사안에 대해서 이슬람 공동체 움마(ummah)가 합의한 것이다. 꾸란이나 순나에 명확한 규정이 없는 사안에 대해서 이슬람 공동체, 실제로는 샤리아 체계와 관련해 훈련을 받고 자격이 있는 이들이 합의한 사항이다.

이슬람에서 이슬람 공동체 움마(ummah)는 특별하다. 꾸란은 이 움마가 인간 세상에서 가장 좋으며 옳은 것은 받아들이고 악한 것은 금지하며 신을 믿는 공동체라고 말한다.[47] 따라서 '신께서 이 움마가 오류에 빠져 잘못된 것을 합의하게 내버려 두지는 않을 것'이라는 생각이 이즈마를 통해 샤리아 원칙을 확립하는 논리가 된다.

이즈마가 이슬람 공동체의 합의라고 하면 무엇이든지 그냥 회의를 열어 의견을 모으면 될 거라고 생각하기 쉽지만, 사실은 이즈마가 성립하기 위한 요건은 아주 엄격하다. 그냥 '오늘부터 이렇게 정했어'라는 식으로 정해지는 것이 아니다. 일단 이즈마는 다수결로 정하는 합의가 아니라 '이견이 없는 합의'를 의미한다. 꾸란과 순나에 명시되어 있지는 않지만 모든 무슬

---

47) 꾸란 3장(Al-Imran) 110절

림이 당연하게 받아들이는 사항이 이즈마의 대상이 된다.

기원후 7세기 선지자 무함마드 사후[48]에야 모든 무슬림이 아라비아반도와 그 인근에 살았으니 의견을 모으기가 쉬웠겠지만, 이후 이슬람이 전 세계로 확산되고 여러 학파와 분파로 가지치기를 하면서 이견이 없는 합의는 쉽지 않은 일이 되었다. 같은 학파나 지역 내에서도 학자들은 각자 판단에 따라 결론을 내리므로 모두가 같은 의견을 내는 것은 거의 있을 수 없는 일이다. 샤리아의 원천으로 이즈마의 유효성을 어떻게 받아들이냐 하는 것과 이즈마의 요건이 어떠해야 하냐는 문제에 대해선 샤리아학파와 학자마다 의견이 갈리긴 한다. 어떤 학파와 학자들은 이즈마는 선지자 사망 직후 선지자와 함께하며 그를 따랐던 사람들(사하바, Sahabah)이 한 합의 정도에 국한되며 이후에는, 특히 현대에는 이즈마가 형성되기는 불가능하다고 생각한다.

키야스(Qiyas)

키야스(Qiyas)는 기존 사례에서 이미 확립된 원칙에서 추출한 원리를 새로운 사례에 확장하여 새로운 원칙을 확립하는 과정이다.

예를 들어보자. 이슬람은 술을 마시는 것을 금한다. 술은 몇 가지 장점이 있지만 대체로 사람을 취하게 하여 신앙에서 멀어지게 하고 이슬람에서 중요하게 생각하는 인간의 지성(아끌, aql)을 해치기 때문에 금지하는 것으로 해석하기도 한다. 여기에서 술을 마시는 것을 금하는 것이 이미 확립된 원칙이며, 그 이유를 일라(illah)라고 한다.

술에 대해선 명확한 금지 규정이 있지만 꾸란이나 하디스가 기록될 때에 존재하지 않았던 향정신성물질에 대해선 꾸란이나 순나에 금지 규정이 있는지 명확지 않다. 이런 경우에 술을 금지하는 데 사용되었던 이유와 원

---

48) 이즈마는 선지자 무함마드 사후에야 의미가 있다. 선지자가 살아 있었을 때는 지침이 필요한 사항이 있으면 선지자에게 직접 물어보면 되기 때문이다.

리(일라, illah)가 이 향정신성물질 사용에도 똑같이 적용된다고 판단하면, 술을 금지하였던 것처럼 향정신성물질도 금지한다는 결정을 내릴 수 있다. 향정신성물질 제조에 사용하는 화학식이 7, 8세기 아라비아 지방에 전혀 알려지지 않아 금지된 적이 없더라도 말이다.

꾸란과 순나에 시대와 장소를 뛰어넘어 모든 상황에 적용할 수 있는 지침이 구체적으로 다 담길 수는 없다. 이런 상황에서 키야스 방법론은 논리를 사용하여 기존 사례의 원칙을 새로운 사례에 적용하여 확장할 수 있게 해 준다. 다만 논리를 사용하므로 기존 원칙이 수립된 이유(일라, illah)가 무엇인지, 그것이 새로운 상황과 사례에 적용 가능한 것인지에 대해서는 학자마다 의견과 해석이 다를 수 있다.

샤리아학파와 학자마다 조금씩 이견이 있는 부분이 있기는 하지만 대체로 꾸란과 순나, 이즈마, 키야스, 이 네 가지 원천은 샤리아 원칙을 이끌어내는 주요 원천으로 받아들여지고 있다. 이 외에도 이차적 원천이 있는데 여기에 대해선 의견이 더 많이 갈린다. 어떤 학파에서 받아들이는 방법론을 다른 학파는 인정하지 않기도 한다. 이 중 두 가지만 여기서 간단히 소개해 보려 한다.

먼저 우르프(Urf)는 특정한 시기에 특정한 지역이나 공동체에서 행하는 관습을 의미한다. 이차적 원천이지만 샤리아 원천 중 꽤 중요하게 취급된다. 꾸란이나 순나에서 명백히 규정하지 않는 사항에 대해서 지역 특성이나 상황에 맞게 확립된 원칙을 적용할 수 있다고 보는 것이 우르프이며, 관습이나 관습법 등을 뜻하는 아다(Adah)와 거의 동의어로 쓰인다.

우르프는 보통 문화적인 의미에서 지역 단위로 적용되지만 금융과 관련한 흥미로운 우르프 사례도 있다. 이슬람에서는 화폐 또는 화폐가 될 수 있는 상품(밀, 대추, 소금 등)을 서로 교환하는 거래를 사르프(Sarf) 또는 사르프

거래(Bay al-Sarf)라 하여 엄격한 규정을 적용한다. 이러한 거래가 쉽게 리바로 이어질 수 있다고 보기 때문이다.

그런 규정 중 하나가 '대금 지불은 즉시 이루어져야 한다'는 것이다. 그런데 현대 금융 환경에서는 외환 거래를 할 때 계약을 체결하고 나면 보통 계약일 후 n영업일(t+n) 후에 결제하는 관행이 있다. 이슬람 금융기관도 외환 거래 관련 결제를 할 때는 대부분 이런 관행에 따른다. 샤리아 규정을 엄격하게 적용하면 결제가 즉시 이루어지지 않는다는 면에서 사르프(Sarf)와 관련한 원칙을 위배했다고 볼 수 있는 소지가 있다. 이때 계약 체결 후 n영업일 후 결제를 하는 관행을 우르프로 보아 허용할 수 있다고 보는 시각이 있다. 금융시장에서 뭔가 이유가 있어서 n영업일 후 결제가 관행이 되었을 테니, 그 관행을 인정해 준다는 것이다. 우르프나 아다(Adah)라고 하면 어떤 지역에서 통용되는 관습 같은 것을 의미할 때가 많은데 그뿐 아니라 지역을 넘어 금융시장과 같은 특정한 집단에서 통하는 관습도 우르프가 될 수 있다는 뜻이어서 흥미롭다.

마슬라하(Maslahah) 또는 이스티슬라(Istislah)는 공공의 이익을 고려하여 원칙을 정하는 방법론이다. 꾸란이나 순나 등 일차 원천에 명확한 규정이 없으며 예배에 관한 사항이 아닐 경우에는 어떤 결정이 공익을 가져오고 좋지 않은 영향을 최소화할지를 생각해서 좋은 쪽으로 원칙을 정할 수 있다.

이슬람은 샤리아가 제정되고 실행되는 목적(마카싯 알 샤리아, Maqasid al-Shariah)이 신앙과 생명, 지성, 자손, 재산을 보호하는 것이라고 말한다. 복잡하고 세세하게 보이는 규정 뒤에는 이슬람 공동체와 공공의 이익을 보호하는 목적이 숨어 있다는 것이다. 또, 꾸란과 하디스에서는 여러 차례 신이 사람을 힘들게 하려는 것이 아니라 유익하게 하려 한다는 구절이 나온다. 선지자 무함마드도 어떤 선택의 결과에 따라 죄를 짓게 되는 것이 아니라면 항상 더 편한 대안을 택했다는 점을 강조한다.

그러니까 율법은 세세한 규정으로 사람을 힘들게 하려고 있는 것이 아니라 유익을 주려고 있는 것이고, 따라서 규정을 지키기 어려운 합당한 사유가 있으면 우회할 수 있는 예외 조치가 있다는 것이다. 많은 무슬림은 이슬람이 유연한 신앙 체계라고 믿는다.

그러니 더 중요한 상위 원천에 명확한 근거가 있으면 그것을 따르면 되지만, 그렇지 않은 경우에는 어떤 결정이 무슬림이나 이슬람 공동체, 또는 사회에 유익한지 여부가 판단 근거가 될 수도 있다. 때로 소수이기는 하지만 세부적인 허용과 금지 사항에 매이지 말고 샤리아의 목적인 마카싯 샤리아나 마슬라하를 근거로 하여 선 굵은 해석을 해야 한다고 주장하는 학자가 나오기도 한다.

이슬람 금융을 예로 들면, 개별 상품 거래 구조를 보면 파생금융상품에 가라르나 마이시르의 요소가 있다고 볼 수도 있지만 이슬람 버전의 파생금융상품이 충분하지 않은 상황에서 위험 관리와 헷지 목적으로 일반 파생금융상품 사용을 허용해도 좋지 않냐는 주장도 있다.

그래서 이렇게 선 굵은 주장을 하는 학자들은 샤리아의 궁극적 목적인 마카싯을 개별 행위나 개별 거래 단위가 아니라 좀 더 큰 수준에서 보아야 한다며 거시적 마카싯(macro Maqasid)을 주장하기도 한다. 매력적이고 고개가 끄덕여지기도 하는 주장이지만 다수의견이 되지는 못했다.

특정한 상황과 사례에 적용할 수 있는 원칙은 위에서 설명한 대로 샤리아를 구성하는 원천으로부터 나온다. 이론대로라면 꾸란, 순나, 이즈마, 키야스 이렇게 내려오면서 분명한 지침이 있으면 그걸 적용하고 지침이 분명하지 않으면 더 아래의 원천에서 찾아보면 된다. 하지만 현실은 그렇게 간단하지 않기에 꾸란이나 순나에 있는 내용도 그 구절을 어떻게 해석하느냐에 따라 때로는 정반대의 결론이 나기도 한다.

샤리아학파와 학자마다 샤리아를 구성하는 원천에 부여하는 중요도도 다르다. 어떤 사안에 대해 어떤 학자는 마슬라하라는 원칙을 적용해 A라는 결론을 내리는데, 다른 학자는 우르프를 적용해 B라는 결론을 내릴 수도 있다. 또, 때로는 상황이 다르면 결론도 다르다. 대체로 이슬람은 상황에 따라 원칙을 유연하게 적용하는 것을 잘못이라고 보지 않는다.

이즈티하드(Ijtihad)

이즈티하드(Ijtihad)는 샤리아와 관련한 지식을 활용하여 결정을 내리기 위한 노력을 의미한다. 샤리아와 관련하여 공부를 하고 자격을 갖춘 무즈타히드(Mujtahid)만이 샤리아의 원천과 개인적인 연구와 판단을 통해 이즈티하드를 행할 수 있다.

'이즈티하드'라는 말 자체는 최대한의 노력, 분투, 고통이라는 뜻을 내포하고 있다. 이즈티하드는 이미 알려진 샤리아의 원천, 그리고 샤리아 원리를 이끌어내는 방법론을 활용하여 주어진 상황과 환경에서 가장 합당한 결론을 이끌어내고자 하는 과정이다. 그 과정이 어찌나 수고롭고 그 결과가 엄중한지 '이즈티하드'라는 용어 자체가 역시 분투와 노력을 뜻하는 '지하드'(Jihad)라는 말과 같은 어원을 공유한다.

이즈티하드(Ijtahid)를 행사하는 무즈타히드는 독립적으로 판단을 내려야 한다. 물론, 이슬람 금융으로 국한해서도 그렇고 실제로 어느 정도 영향력도 있고 구속력도 있는 결정을 내릴 때는 개개인의 무즈타히드가 아니라 여러 명의 학자가 협의하여 결정을 내리는 경우가 대부분이다. 예전에는 지역별로 가장 영향력이 있는 샤리아학파(하나피, 말리키, 샤피, 한발리 등)의 입장을 따르는 경우가 많았지만, 최소한 이슬람 금융 영역에서는 최근 들어 특정 학파의 입장을 무조건 따르는 일은 별로 없다. 대부분 역사적으로 주요 학파 학자들이 어떤 입장을 가졌는지를 두루 살핀 후 현재 상황과 환경을 고려하여 이즈티하드를 행사하여 결정을 내린다.

물론 학자 개개인 또는 학자들이 모인 위원회나 기구가 독립적으로 이즈티하드를 행사한다고 해도 특정 지역이 역사적으로 어떤 학파를 따라왔는지가 영향을 미치기는 한다. 전통적으로 샤피(Shafie)학파를 따르던 말레이시아에서 샤피파(派)의 해석을 따라 '이나(Inah)' 거래를 허용했던 것이 대표적인 예이다.

반면에 역시 샤피파(派)의 전통이 강한 인도네시아에서는 '이나' 거래도 '따와룩' 거래도 행하지 않아 왔다. 현대 이슬람 금융계에서 율법을 해석할 때 특정 샤리아학파의 견해를 무조건 따르기보다는 이즈티하드를 사용하여 여러 여건과 상황을 종합적으로 고려하여 결정을 내리는 사례라고 볼 수 있다.

특정 사안에 대해 샤리아 원칙이 어떠해야 하는지를 다룬 논문을 보면 이런 구조로 되어 있을 때가 많다. 예를 들어 '가상화폐가 샤리아에서 인정하는 적법한 자산이 될 수 있는가?'라는 주제라면 일단 꾸란과 순나에서 자산을 어떻게 정의하는지를 일단 살핀다. 이 단계에서 꾸란과 하디스 구절이 나오지만 모호하고 일반적인 내용이 많아 주제와 직접적으로 관련이 없어 보일 때도 있다. 그리고는 샤리아 4대 학파의 창시자들[49]이나 주요 학자들이 유형자산과 무형자산에 대해 어떤 입장인지를 훑어 살핀다.

중세에는 가상자산이나 블록체인에 대해 학자들이 논의한 내용이 없을 것이기 때문에 성격상 이 주제와 가장 유사하다고 생각되는 논의를 찾는다. 이때 주로 살펴보는 것은 샤리아학자들이 꾸란과 순나 관련 구절을 어떻게 해석하고 이즈마와 키야스, 그리고 다른 2차 원천을 어떻게 사용하여

---

49)　하나피: 아부 하니파, 말리키: 말릭 이븐 아나스, 샤피: 알 샤피, 한발리: 아흐마드 이븐 한발

서로 다른 결론을 이끌어내는지다.

그리고는 근대와 현대 학자들의 논의를 살펴보고 때로는 '이슬람 금융 회계 및 감사기구(AAOIFI)' 같은 기준 수립 기관에 해당 주제에 대한 입장이나 기준이 있는지를 살펴본다. 그리고는 가상화폐라는 대상의 성격이 지금까지 서술했던 과거로부터 현재까지의 논의에서 어느 부분과 가장 잘 부합하는지를 고찰하여 결론을 내린다.

이런 과정을 거쳐 소논문을 쓰면 3~40페이지를 금방 쓸 수 있다. 학교에서 이슬람 금융을 공부할 때 금융 쪽 배경에서 온 학생들은 보통 통계나 수리 모델을 써서 논문을 쓰는데, 샤리아 배경 학생들은 어떤 주제로 숙제를 하거나 논문을 쓸 때 이렇게 쉽게 페이지 수를 채우는 것 같아 좀 부러웠던 기억도 있다. 물론 주제와 관련한 논의를 찾아 논지를 전개해 가며 그로부터 결론을 이끌어내는 과정이 쉽지는 않았겠지만 말이다.

파트와(Fatwa)

파트와(Fatwa)는 무슬림 개인이나 법관, 정부가 샤리아와 관련하여 질의한 것에 대해 자격 있는 이슬람 법학자가 대답으로 내놓은 의견을 말한다. 파트와 자체는 대체로 구속력이 없지만 이 파트와를 근거로 하여 정책을 수립하거나 판결을 내리면 구속력이 있는 것과 마찬가지가 된다.

파트와를 내릴 자격이 있는 이를 뭅티(Mufti)라고 한다. 샤리아와 관련하여 무슬림이 다수인 나라에서 중앙이나 지방정부가 파트와 기관을 운영하는 경우에는 뭅티의 자격을 정부가 인증하는 셈이 되지만, 무슬림이 다수가 아니거나 샤리아가 본격적으로 시행되지 않는 곳에서 따로 뭅티의 자격을 인증하는 절차는 없다.

이런 경우에는 개별 무슬림이 어떤 샤리아 해석을 따를 것인지, 어떤 뭅티의 의견을 따르고 따르지 않을 것인지도 스스로 결정할 수 있다. 개인이나 기관이 자기 입맛에 맞는 파트와를 선택하여 고르는 파트와 쇼핑(Fatwa shopping)을 하기도 한다.

이슬람 경제와 금융에서도 파트와는 중요하다. 일단 무슬림 개개인은 자신이 따르는 종교지도자가 제시하는 의견을 따를 수 있다. 꾸란에 리바를 금지하는 규정이 있지만 저명한 종교지도자가 은행 이자는 리바가 아니라는 파트와 또는 의견을 내면 무슬림 금융 소비자는 편한 마음으로 일반 은행 거래를 할 수도 있을 것이다. 권위주의적 지도자가 이슬람권 국가를 통치할 때, 이런 파트와를 냈던 종교지도자들은 때로 어용 종교인이라는 의혹을 받기도 한다.

통치자의 입맛에 맞는 파트와를 내진 않더라도 아예 이 문제에 대해 침묵하고 리바 문제에 대해 아무 의견을 내지 않아 문제 삼지 않는 방식으로 정권에 어느 정도 협력할 수도 있다. 무슬림이 소수인 나라에서는 은행 이자가 리바인 것은 맞지만, 이슬람 금융기관이 없는 상황에서는 무슬림이 이자를 취급하는 일반 은행을 이용하는 것이 허용될 수 있다는 의견이 나오기도 한다.

이슬람 금융기관에는 보통 '샤리아 위원회'라는 기구가 있다. 샤리아 감독 위원회(Shariah Supervisory Board · Commitee)라는 이름인 경우도 있고 샤리아 자문 위원회(Shariah Advisory Committee)라는 이름인 경우도 있다.

경영 일반에 관한 사항은 주주총회 바로 아래 이사회가 관할하는 한편, 샤리아와 관련한 사항은 샤리아 위원회가 독립적으로 관할한다. 이 샤리아 위원회는 금융회사가 새로운 상품을 도입한다든지 어떤 거래에 참여한다든지 하는 의사결정을 할 때 그 결정이 샤리아에 부합하는지를 확인해 준다.

또, 보통은 위원회 아래 샤리아 감독 또는 감사 부서를 두어 회사의 경영 전반이 샤리아 원칙에 따라 이루어지고 있는지 감독한다. 이 샤리아 위원회 위원은 규정상으로는 독립적으로 샤리아와 관련한 의견을 주어야 하지만, 위원으로 자신을 선임해 준 회사와 다른 입장을 내는 것이 부담스러울 때도 있다. 회사 입장에서는 위원을 물색할 때 자사 샤리아 위원회의 권위를 높일 수 있을 만큼 저명하면서도 샤리아 규정을 너무 빡빡하게 적용하지 않고 서명을 잘해 줄 그런 사람을 찾고 싶을 것이다.

이슬람 경제 및 금융과 관련하여 샤리아 지배구조를 중앙으로 집중시킨 나라는 국가기관이나 중앙은행에서 별도로 파트와를 내는 기구를 두기도 한다.

말레이시아는 중앙은행(BNM, Bank Negara Malaysia)에 샤리아 자문 위원회(SAC, Shariah Advisory Council)를 두어 이슬람 금융에서 샤리아와 관련한 사항을 결정하고 있다. 또, 인도네시아는 주로 '인도네시아 울라마 회의(MUI)'에 설치된 '샤리아 위원회(DSN, Dewan Syariah Nasional)'에서 이슬람 경제 · 금융과 관련한 샤리아 사항에 대해 결정한다.

한편, 국제적으로 모든 이슬람 경제와 금융상품에 적용되는 파트와는 없다. 이슬람 협력 기구(OIC) 내에 설치된 '국제 이슬람 피크 아카데미' 같은 곳에서 파트와를 내긴 하지만 구속력이 있지는 않다. AAOIFI 같은 기준 제정 기구들도 기준의 형태로 샤리아 관련 해석을 내리고 있다. 이렇게 국제적으로 파트와를 내는 기관들에서 내는 의견이 모든 시장에서 받아들여지지는 않지만, 해당 의견을 받아들이는 시장이나 기관, 투자자가 많아지면 영향력이 커진다.

권위 있는 기관에서 내는 의견에 부합하지 않는 형태의 금융상품이나 구조는 수요를 확보하기 어렵다. 따라서 금융기관들은 국제적으로 파트와를 발표하거나 기준을 제정하는 기관의 견해를 꼭 따를 필요는 없지만 무시하기는 어렵다.

03
CHAPTER

이슬람경제와 금융을 말하다

이슬람금융을 넘어 이슬람경제로

| 인도네시아 사례를 중심으로 |

인도네시아에서 이슬람 경제와 금융 관련 전략을 주도하는 기관은 '국립 샤리아 경제 금융 위원회(National Syariah Economy and Finance Committee)'이다. 대통령이 의장이며 중앙은행과 금융 감독 기관을 비롯하여 재무부, 산업부 등 관련 부처와 기관이 모두 회원으로 있다. 줄여서 'KNEKS(Komite National Ekonomi dan Keuangan Syariah)'로 부른다.

그런데 이 기관이 2016년 처음 세워졌을 때는 이름이 KNEKS가 아니라 KNKS였다. 'E'가 있고 없고의 차이인데 'E'는 경제를 나타낸다(Economy).

처음 이슬람 금융 위원회였던 이 기관 이름에 'E'가 붙은 것은 2020년 2월의 일이다. 이슬람 금융을 관장하던 KNKS가 샤리아 경제 전체를 통할하게 된 것은 조코위(Joko Widodo) 대통령의 지시 때문이었다고 한다. 샤리아 경제는 인도네시아에서 대통령, 부통령, 중앙은행 총재, 재무부 장관이 모두 관심을 가지고 육성하고자 하는 분야이다. 이제 이름만 보아도 누구나 KNEKS가 샤리아 금융뿐 아니라 샤리아 경제와 관련한 전략을 관장하는 곳임을 알 수 있게 되었다.

사실 우리에게 익숙하기야 이슬람 경제보다는 이슬람 금융이 익숙하다. 유가 상승으로 인해 풍부해진 이슬람권 지역 유동성에 대한 관심 때문에 일찍이 이슬람 금융이 먼저 관심을 받았다. 하지만 이슬람 경전인 꾸란이나 선지자의 모범과 권고인 순나에도, 이슬람의 생활과 사회 규범인 샤리아에도 **금융이라는 항목이 따로 독립적으로 있는 것은 아니다. 물론 경제라는 항목이 있는 것도 아니지만** 상인이던 선지자 무함마드를 통해 선포된 신앙이 어서인지 이슬람은 상거래와 계약, 산업, 화폐 등에 대해 그 나름의 체계를 발전시켜 왔다.

현대 이슬람 금융도 어디서 갑자기 튀어나온 것이 아니라 원래부터 있던 원칙을 현대 금융상품과 체제에 맞게 다시 끄집어내고 구성한 것이라고 할 수 있다. 이슬람 금융이 먼저 관심을 받은 것은 사실이지만, 개념적으로는 이슬람 경제의 가치 체계와 흐름 속에서 이슬람 금융이 나온 것이다. 이슬람권에서도 이제는 이슬람 금융뿐 아니라 이슬람 경제 또는 샤리아 경제 전체로 관심이 확대되는 분위기이다.

그중에서도 특별히 인도네시아에서 이슬람 경제에 대한 관심이 큰 이유가 있다. 인도네시아는 인구가 2억 7천만이 넘는 인구 대국인데, 그중 약 85% 정도가 무슬림인 것으로 추산되어 단일국가로는 세계에서 무슬림이 가장 많이 사는 나라이다.

무슬림이 이슬람법에 충실하게 살려고 하면 금융만이 아니라 식음료나 의복, 화장품, 의약품, 오락물 등에서도 샤리아에 부합하는 제품과 서비스, 즉 할랄(허용된) 제품과 서비스가 필요하다. 인도네시아는 무슬림 인구가 많으니 할랄 제품과 서비스에 대한 수요도 막대하다. 많은 무슬림 인구 때문에 인도네시아는 할랄 제품을 많이 소비하는 소비국이지만[50] 할랄 제품의

---

50) Dinar Standard, 'State of the Global Islamic Report 2022'에 따르면 할랄 식품 부문에서 2020년 기준으로 인도네시아는 이슬람협력기구(OIC) 소속 국가 앞으로 78.3억 달러어치를 수출하여 수출국 중 7위를 차지한 반면, 할랄 식품 수입액은 175.4억 달러에 달해 사우디아라비아(200억 달러)에 이어 두 번째로 많다. OIC 소속 국가 앞 할랄 식품 수출액이 인도네시아보다 많은 여섯 개의 나라는 브라질, 인도, 미국, 러시아, 중국, 아르헨티나로 모두 非이슬람권 나라다.

최대 생산국은 아니다.

인도네시아 정부나 업계 관계자들은 인도네시아가 할랄 식품 소비국으로만 남아 있을 이유가 없다고 생각하는 것 같다. 할랄 산업 부문을 잘 육성하면 내수만 해도 충분한 수요를 확보할 수 있을 뿐 아니라 내수를 기반으로 경쟁력을 키워 다른 이슬람권에 수출도 할 수 있다. 이것이 2024년까지 세계 최대의 할랄 제품 생산자가 되겠다는 인도네시아의 야심 찬 계획이다.

무슬림 인식 지형이 변화하는 것도 인도네시아가 샤리아 혹은 할랄 경제를 육성시키겠다는 전략을 세우는 계기가 되었다. 인도네시아는 무슬림이 전 인구의 85% 이상을 차지하는 나라이면서도 지금까지는 이슬람과 경제, 이슬람과 소비는 그다지 큰 관련이 없었다.

그러나 최근 사회가 전반적으로 이슬람화되는 추세와 더불어 소득과 교육 수준도 향상되며 소비와 경제생활에서도 이슬람적 가치를 더욱 엄격히 반영하려는 사람들이 늘기 시작하였다. 이슬람 가치와 계율을 더 엄격히 따라 살겠노라 다짐하는 '히즈라(hijrah) 현상'[51]이 시장과 소비생활에도 영향을 미치기 시작한 것이다.

'할랄' 하면 보통 음식을 생각하기 쉽지만 이런 현상은 식음료 부문에 국한되지 않는다. 금융 쪽도 마찬가지이다. 2019년 7월 영자지 《자카르타 포스트》는 '히즈라' 운동의 영향 속에 종교적 이유로 은행원들이 직장을 떠나

---

51) 원래 '히즈라'는 선지자 무함마드가 서기 622년 메카를 떠나 메디나로 이주한 사건을 일컫는 말이다. 당시 메카 귀족들에게 탄압받던 초기 이슬람 세력은 새로운 근거지가 필요했다. 이런 의미에서 메디나로의 이전은 이슬람의 실질적인 출발점이다. 인도네시아에서는 요즘 무슬림이면서도 종교적인 계율과 원칙을 엄격하게 준수하며 살지 않던 사람이 종교적인 원칙에 더 충실한 삶을 살게 되는 것을 '히즈라한다'(berhijrah)는 용어로 표현한다. 개인의 종교적 삶에 있어 중요한 결심과 전환을 히즈라라는 역사적 사건을 빌려 표현하는 것이다. 많은 사람이 '히즈라'를 하고 있어 '히즈라 현상'이라는 표현이 나올 정도이다.

는 현상을 보도하기도 하였다.[52]

인도네시아에 소재한 한국계 은행에서도 간부급 직원이 급여 삭감과 낮은 직위로의 보임을 감수하고 이슬람 은행으로 전직했다는 사례를 들은 적이 있다. 무슬림 고객은 일반 은행에 있는 계좌를 닫고 이슬람 은행으로 계좌를 옮기기도 한다. 이렇게 일반 금융기관에서 이슬람 금융기관으로 계좌를 옮기는 것 또한 '히즈라'의 한 방편으로 여겨진다.

인식변화와 함께 새로 수립된 정부 전략에 따라 제도도 바뀌었다. 2019년 10월 17일부터 인도네시아에서 유통되는 모든 제품은 원칙상 할랄 인증을 득해야 한다. 이 법률은 2014년 10월 제정되었는데[53], 처음 계획대로 5년간의 유예기간을 마치고 본격 시행되었다.

유예 조치가 있어 당장 2019년부터 모든 품목이 다 할랄 인증을 의무적으로 갖추어야 하는 것은 아니지만, 할랄 인증 관련 기관과 시스템이 준비되는 대로 인증 의무화가 항목별로 단계적으로 이루어지고 있다.

샤리아 또는 할랄 경제를 육성할 체계적인 전략도 나와 있는 상태이다. 인도네시아 국가계획부가 2018년 펴낸 '이슬람 경제 마스터플랜 2019~2024'[54]는 식음료, 관광, 패션, 문화 · 미디어, 화장품 · 의약품, 재생에너지 그리고 이슬람 금융 등 일곱 부문에 대해 현황을 분석하고 어떻게 가치 사슬을 강화시켜 나갈 것인지 그 전략을 담고 있다.

이어서 2023년에는 KNEKS 주도로 '인도네시아 할랄 산업 마스터플랜 2023~2029'가 발표되기도 했다. 야심 찬 계획을 수립하여 실행하고는 있

---

52) The Jakarta Post, 'Bankers quit jobs amid rising 'hijrah' movement', 2019. 7. 11.

53) '할랄제품보증에 대한 2014년 법률 제34호'(Undang-Undang No 33 Tahun 2014 tentang Jaminan Produk Halal)

54) Ministry of National Development Planning, 'Indonesia Islamic Economic Master Plan 2019-2024'

지만 이슬람 금융을 제외하고 다른 부문은 아직 발전 초기 단계인 것이 현실이다. 전반적인 인도네시아의 이슬람 경제 전략을 이끌어나가면서 다른 분야의 발전에 필요한 재원과 동력을 제공하는 것이 이슬람 금융의 임무라고 할 수 있다.

▲ 2018년 인도네시아 정부에서 펴낸
이슬람 경제 마스터 플랜 2019~2024

인도네시아 정부는 KNEKS와 관련 기관을 통해 '할랄'을 브랜드화하려 한다. 단순히 종교적 의무 때문에 어쩔 수 없이 지키는 계율이 아니라 '할랄'은 믿을 수 있고 깨끗하고 안전하다는 메시지를 주는 것이다. 그렇게 해서 나오는 표현이 '할랄 라이프 스타일(halal life style)'이다. '할랄란 따이반(halalan toyyiban)'이라는 말도 많이 쓰인다. 따이브(toyyib)는 좋고 건강하다는 뜻의 아랍어이다. 그러니까 '할랄'이 단순히 금지와 허용을 가르는 기준이 아니라 더 좋고 건강한 가치를 나타낸다는 의미이다.

언젠가 신문을 보다 보니 영국에서 햄버거 패티를 파헤쳐 유전자 검사를 해 보았더니 쇠고기뿐 아니라 돼지고기와 말고기 유전자가 검출되었다는 기사를 본 기억이 있다. 영국에도 무슬림 인구가 많이 살고 있는데 돼지고기는 안 될 말일뿐더러, 사실 고기를 갈아서 만드는 패티에 어떤 고기가 섞여 있는지는 소비자가 알 방법이 없는 일이다. 옛날에는 어떤 패티는 만들 때 닭 머리와 닭 볏까지 갈아서 만든다는 괴담까지 있었다.

하지만 할랄 여부를 인증하기 위해 제품을 자세히 들여다보면 이런 일은 생기지 않는다. 어떤 제품이 할랄이라는 것은 단지 사용하는 원재료가 할랄이라는 의미만 있는 것이 아니다. 제품이 할랄이 되려면 원재료부터 시작해서 생산, 유통과 보관을 아우르는 과정이 다 샤리아 규정에 부합해야 한다. 또, 그 과정에서 할랄이 아닌 다른 제품이나 성분이 섞이거나 해서는 안 된다. 자연히 가치 사슬(value chain)이 투명해야 한다. 이를 '할랄 추적 가능성(halal traceability)'이라고 한다.

이를 위해 할랄 산업 단지 같은 아이디어가 나와 현실화되고 있다. 할랄 제품을 생산하는 회사들을 모아 놓고 관리하면 할랄 원재료 조달도 더 용이할 것이고, 창고에서 비(非)할랄 제품이나 다른 오염원과 섞일 위험도 줄어들 것이기 때문이다. 원재료부터 판매까지 가치 사슬 전 과정에서 할랄 추적 가능성을 유지하기 위해 블록체인 기술을 사용하는 방안까지 나왔다.

할랄 성분으로 제품을 만들고 또 할랄 여부를 조사하고 추적하기 위해 사용하는 방법에는 생각보다 첨단 기술이 동원된다. 모든 고기류를 다 그렇게 조사하는 것은 아니지만 햄버거 패티 사례에서처럼 잡고기가 섞였는지를 보기 위해 표본에서 유전자를 추출해 PCR 검사도 시행하곤 한다. 할랄 여부를 판정하기 위해 PCR까지 사용하나 하는 생각이 들긴 하지만, 할랄 산업은 첨단 기술을 동원한 연구가 필요한 영역이다.

식품이나 의약품에는 돼지에서 유래하는 성분이 많이 쓰인다. 주재료가 아니어서 눈에 띄지는 않더라도 부재료나 촉매나 유화제 등으로 쓰이는 경우가 많은데 이를 대체하기 위해서는 신물질을 발굴하여 개발해야 한다. 돼지 말고 생선 뼈나 해조류 유래 젤라틴을 대량으로 만들어 내어 상업화해 해외로부터 할랄 젤라틴 수입을 줄이고자 하는 시도도 활발하다.

기술과 제품 개발은 꼭 할랄 규칙을 지키기 위해서뿐 아니라 이슬람에서 중요하게 생각하는 가치를 지키기 위해 이루어지기도 한다. 인도네시아에 기반을 두고 말레이시아를 비롯한 이슬람권으로 영업을 확장하고 있는 이슬람 화장품 브랜드인 와르다(Wardah)는 '우두(Wudhu) 프렌들리' 화장품을 개발했다. 우두는 이슬람에서 물로 얼굴과 손발 등을 씻는 부분 세정 의식을 말한다. 우두를 제대로 하지 않고 기도를 하면 기도가 무효가 되는데, 문제는 얼굴에 방수가 되는 화장품을 바르면 물이 피부에 닿지 않는다는 것이다.[55] 그러면 세정이 제대로 되지 않는 셈이기 때문에 기도가 무효가 될 수 있다. 따라서 방수되는 화장품을 썼을 때는 기도할 때마다 화장을 지우고 세정 의식을 하라고 권고하는 샤리아 전문가도 있다. 불편하기 짝이 없는 일이 아닐 수 없다.

그러나 와르다가 개발한 화장품은 제품을 바른 상태에서 세정 의식을 해도 물이 투과하기에 화장을 지우지 않고도 세정 의식을 치르고 기도를 할 수 있다. 필요가 제품을 낳은 사례이다.

샤리아 경제, 할랄 경제라는 것은 이처럼 꼭 할랄이라는 계율을 지키는 것에 머물지 않는다. 이슬람적인 가치와 관계된 것이라면 다 샤리아 경제를 구성하는 일부분이 될 수 있다.

한편, 패션에서는 '이슬람 패션'이라는 말보다는 '모디스트 패션(modest fashion)'이라는 용어를 사용한다. 이슬람 패션이라고 하면 무슬림만 입는 옷이라는 인상을 주지만 모디스트 패션이라고 하면 종교와 관계없이 점잖게 옷을 입기 원하는 소비자 집단에 어필할 수 있다. 인도네시아는 지금도 저렴한 노동력을 활용하여 전 세계에서 입는 옷을 OEM(주문자 상표 부착 생산)이나 ODM(제조업자 개발 생산) 방식으로 만들어 내는 나라이다. 이슬람 패션, 또는 모디스트 패션 육성 전략이 먹히면 남의 옷만 만들지 않고 자기 옷을 만들어 세계에 내다 팔 기회를 얻을 수 있다.

---

55) 손톱에 바르는 매니큐어에도 비슷한 문제가 발생한다. 엄밀하게 샤리아 규정을 적용하면 매니큐어가 물을 투과시켜 세정 의식(우두)을 치를 때 물이 손톱에 접촉할 수 있어야 세정 의식이 효력이 있다는 주장도 있다.

할랄 또는 이슬람 관광도 주목을 받는다. '무슬림 프렌들리' 관광이라고
도 한다. 말레이시아에서 공부할 때 보니 무슬림 친구들이 발리에 여행을
가면 무슬림이 운영하는 식당을 주로 찾았다. 발리는 이슬람이 우세한 지
역이 아니고 돼지고기를 많이 먹는 곳이기 때문에 생선을 주문하더라도 돼
지고기를 요리한 조리기구를 같이 쓸지도 모르기 때문이었다. 그리고 아내
및 자녀와 함께 여행하는 무슬림 여행객이라면 클럽과 유흥가가 늘어선 곳
보다는 가족 단위 여행객이 많이 찾는 조용한 지역에 투숙하기를 원할 가
능성이 크다. 할랄 관광은 이처럼 기본적으로 무슬림 관광객에게 율법과
이슬람, 그리고 가족의 가치에 부합하는 관광 경험을 제공하는 것을 주 내
용으로 한다.

할랄 관광의 하위 카테고리로 움라(umrah) 관광도 인기이다. '움라'는 성
지순례인데 1년에 한 번 정해진 기간에 행하는 '대(大)순례'인 '하지'(hajji)와
는 달리 언제든지 행할 수 있는 '소(小)순례'를 말한다.

하지는 정해진 기간에만 갈 수 있고 대기 명단도 길다. 그래서 보통은 몇
십 년을 기다려 온 중년이나 고령의 순례객이 하지를 떠난다. 젊고 경제적
여유가 되는 무슬림은 하지는 나중에 가더라도 언제든 거듭해서 갈 수 있
고 한가하게 성지의 분위기를 느낄 수 있는 움라를 떠나기도 한다. 몇 년에
한 번씩 거듭해서 가는 이들도 꽤 있다.

경제성장과 소득 증가로 이슬람권에도 해외여행을 할 수 있는 여유를
가진 중산층 이상 계층이 늘고 있어 움라 여행 수요도 증가 추세이다. 순례
객들은 기왕 메카까지 가서 성지순례를 하는 김에 움라 전후로 UAE, 터키,
유럽 등 인근 지역을 관광하는 경우가 많아서 아예 성지순례와 관광을 결
합한 여행 상품이 많이 나와 있다.

사우디아라비아는 최근 '비전 2030'을 통해 관광 부문도 육성하겠다는
계획을 밝혔다. 무슬림이 성지순례를 하려면 어차피 메카가 위치한 사우디
아라비아로 갈 수밖에 없는데, 온 김에 사우디아라비아의 다른 곳들도 둘

러보고 가라는 것이다.

▲ 동명의 베스트셀러 소설을 원작으로 하여 큰 흥행을 거두었던 종교적 주제의 영화들

이슬람 미디어도 주목을 받는다. TV 드라마와 영화, 소설, 음악 등 부문에서 무슬림을 겨냥한 콘텐츠 제작이 활발하다. 인도네시아 상황만 보아도 그렇다. 이슬람 주제를 다룬 대중소설은 이미 인도네시아 문학에서 하나의 중요한 장르가 되었으며, 수많은 베스트셀러가 나오고 있다. 인기를 끌었던 소설은 영화로 제작되는 경우가 많다. TV 드라마에서도 이슬람 주제를 다루는 '종교 드라마'라는 장르가 아예 따로 있을 정도이다.

이와 같은 샤리아 경제 부상은 무슬림 소비자의 인식 변화와 무관하지 않다. 한 1970~80년대에 인도네시아나 말레이시아를 방문했다가 최근 이들 나라를 다시 찾는 이들은 길거리에 히잡을 쓴 여성이 많아진 것에 놀라곤 한다.

물론, 이슬람 지역 중에는 세속화나 탈종교화가 진행 중인 곳도 있겠지만 어떤 곳에서는 많은 무슬림이 삶 가운데 더 종교적인 선택을 하려 하며, 경제와 소비의 영역에서도 경제적 가치뿐 아니라 종교적 가치를 고려하는 풍조가 뚜렷해진다. 보통 서구를 중심으로 한 비이슬람권 사회에서는 소득이 높고 연령이 어리고 교육 수준이 높을수록 탈종교화 추세가 두드러지지만, 이슬람

권에서는 오히려 그럴수록 더 종교적이 된다는 흥미로운 시각도 있다.[56]

실제로 무슬림 소비자들이 제품의 할랄 여부나 이슬람적 가치에 대해 더 많은 신경을 쓰는 현상은 여기저기에서 관찰된다. 인도네시아에서 파는 한국 브랜드 라면이나 빵 같은 제품이 할랄인지를 두고도 크고 작은 논란이 일었던 적이 있다. 최근에는 코로나-19 백신이 할랄인지 여부도 논란이 되었다. 세계적으로 백신 공급이 한창이던 2021년 초반 이슬람권 국가들에서는 백신의 할랄 여부를 둘러싼 신뢰 부족으로 국민들이 백신 접종을 꺼리는 현상이 관찰되기도 하였다. 백신 성분을 얻기 위해 사용하기도 하는 돼지나 사람 태아 유래 물질이 할랄이 아니라는 의심 때문이다. 이슬람권 국가에서는 백신 음모론과 더불어 할랄 이슈 때문에 코로나 백신뿐 아니라 소아마비 백신과 같이 반드시 접종해야 할 백신들의 접종률이 기대치에 미치지 못하는 경우도 있다.

이슬람의 관점에서 시장과 경제를 바라보는 시각이 주목받게 되면서 앞에서 소개한 영역 외에도 이슬람 주택, 이슬람 교육(이슬람 사립학교 등), 샤리아 병원 등 다양한 영역이 할랄 마케팅을 펼칠 수 있는 장으로 관심을 받고 있다. 할랄 관련 이슈를 제대로 챙기지 못하면 이슬람권에서 펼치는 사업이 생각지도 못한 장애물을 만날지도 모르고, 반대로 샤리아 경제를 주목하면 여기에서 생각지 못한 새로운 사업 기회를 발견하게 될지도 모른다.

샤리아 경제 분야 중 가장 먼저 주목을 받았던 이슬람 금융은 샤리아 경제 발전을 전체적으로 이끄는 역할을 하게 될 것이다. **샤리아 경제가 발전하면 이슬람 금융도 그 열매를** 누릴 수 있게 될 것임은 물론이다.

---

56)   Yuswohadyd 외 3인, 'Marketing to the Middle Class Muslim', 2014

할랄 감수성, 지역마다 사람마다 다를 수 있다!

인도네시아 밖에서 인도네시아 사람을 만나 밥을 먹으면 돼지고기가 아닌 한 따로 할랄 표시가 없는 음식이라도 함께 먹는 데 문제가 없었다. 한국에서 스테이크 하우스나 불고기 전문점에 가도 된다는 얘기이다. 내가 만난 사람들만 그런가 싶어 업무상 인도네시아 사람을 만날 일이 많은 다른 지인과도 얘기를 해 보았는데 역시 비슷했다.

그러다 한번은 당황스러운 일을 겪었다. 대학교에 재학 중일 때, 한국으로 유학 온 말레이시아 학생들을 만나 학교 식당에서 점심을 함께 먹기로 했다. 말레이시아는 인도네시아와 언어와 문화를 상당 부분 공유하니 여러모로 인도네시아 사람들하고 비슷하게 생각하면 될 줄 알았다.

마침 그날 학생 식당 메뉴는 무슬림이 무난하게 먹을 수 있는 닭고기 요리였다. 말레이시아 친구들을 만나서는 식당에 가서 줄을 섰는데 이 친구들이 나와 이런저런 얘기를 하면서도 뭔가 안절부절못하는 기색을 보였다. 그러더니 결국은 조심스럽게 그냥 매점에서 빵을 먹었으면 좋겠다는 제안을 했다. 영문을 몰라 좀 어리둥절했지만 뭔가 사연이 있을 것 같아 식당에서 밥을 먹지 않고 옆 건물에 있는 매점으로 가서 빵을 사서 먹었다.

그래도 내가 같은 학교에서 공부하는 형인데 밥도 못 사주고 매점에서 빵을 사서 먹다니 뭔가 잘못 돌아가고 있다는 생각이 들었는데, 이유는 시간이 조금 지나서야 깨달았다. 이 친구들은 닭고기가 할랄 방식으로 도축된 것이 아니었기 때문에 먹지 않았던 것이다.

내가 알고 있는 대부분의 인도네시아 친구들이라면 그 상황에서 별 문제 없이 닭고기를 먹었을 것이다. 하지만 이 말레이시아 친구들은 달랐다. 이슬람이 금하지 않는 닭고기이지만 할랄이라는 확신이 없으면 먹지 않았다.

좀 시간이 지나서 이 친구 중 하나와 패스트푸드점에서 만나 얘기를 나눈 적이 있다. 고기가 든 햄버거나 치킨은 당연히 안 먹을 테지만 감자튀김은 괜찮겠지 하고 주문을 하려는데 이번에도 비슷한 일이 일어났다. 감자튀김은 먹지 않아도 된다며 콜라만 먹겠다는 것이다. 아마 감자를 튀기는 기름도 그렇고, 감자 외에 어떤 성분이 들었을지 모르니 감자튀김이 할랄이라는 확신이 없었던 것 같다. 어쨌건 말레이-인도네시아 세계에 대해 조금은 안다고 생각했는데 뭘 사 주려다가 두 번이나 빵과 콜라만 사 주고 말아서 머쓱했던 경험이었다.

말레이시아와 인도네시아는 가깝기도 하고 둘 다 무슬림이 다수인 나라이며 언어와 문화를 어느 정도 공유하니 여러모로 비슷할 거라는 생각이 든다. 실제로도 두 나라는 비슷한 점이 많지만, 할랄 음식을 대하는 감수성은 좀 달랐다.

말레이시아에서는 주류나 돼지고기, 햄, 소시지 같은 非할랄 제품은 마트에서도 별도의 구역에서 팔았다. 내가 가던 마트에서는 그 구역에 정육점처럼 붉게 조명을 비추고 할랄이 아닌 음식을 파는 곳이라는 안내문을 붙여 놓았다. 카트나 바구니도 따로 썼다. 품목을 고르고 나면 계산도 그 안에서 따로 했다.

계산을 마치면 분홍색 봉지 안에 구입한 내용물을 넣어주었는데, 나중에 일반 매장으로 나와서 다른 물건을 고르고 계산을 할 때면 무슬림인 계산원 중에는 그 분홍색 봉지를 만지는 것조차 싫어하는 사람도 있었다.

인도네시아에서는 지방정부 조례로 마트에서 주류를 아예 안 파는 곳이 있기는 했지만 말레이시아처럼 할랄 아닌 제품을 따로 모아 놓은 구역 같은 것은 없는 경우가 많다. 非할랄 제품에는 할랄이 아니라든지, 돼지고기를 함유하고 있다든지 하는 안내만 붙어 있을 뿐이었다.

식당도 그랬다. 인도네시아에서 근무할 때 사무실 옆 쇼핑몰 푸드코트에서 파는 돼지고기 덮밥을 몇 차례 먹으러 간 적이 있다. 많은 사람이 다니는 쇼핑몰 푸드코트 안에 돼지고기를 파는 식당이 있다는 것이 신기했다. 앉아서 밥을 먹고 있는데 과연 어떤 아저씨가 지나가면서 식당을 가리키며 가족에게 "돼지잖아." 하고 혀를 끌끌 찼다.

말레이시아에서는 이런 공중시설에서 버젓이 돼지고기 파는 것을 본 적이 없다. 대신 아예 할랄 음식이 아닌 메뉴를 파는 식당을 모아 놓은 푸드코트가 있다. 주로 중국계들이 많이 이용하는 곳이다. 말레이시아는 중국계 주민이 많다. 지금은 좀 줄었지만 전 국민의 30%가 넘었던 적도 있다. 그러니 푸드코트 규모도 꽤 크다. 돼지고기가 걸려 있고, 돼지고기를 넣은 나시고렝(볶음밥)도 판다. 무슬림이라면 얼씬도 하고 싶지 않은 곳이다.

아침이나 저녁때 여는 시장도 무슬림이 주로 가는 시장과 중국계 주민이 가는 시장이 따로 열리기도 한다. 말레이시아와 인도네시아에 다 살아 보니, 인도네시아 사람들은 한국에서 밥 먹는 데 아무 문제가 없었는데, 왜 그때 그 말레이시아 학생들은 쭈뼛거리며 학생

식당에서 밥을 먹지 않고 빵으로 점심을 때우려 했는지가 더 잘 이해가 갔다. 문화는 흡사하지만 할랄 요소에 대한 감수성까지 같지는 않았던 것이다.

인접해 있으면서 언어와 문화가 아주 비슷한 인도네시아와 말레이시아가 이럴진대 다른 지역 간 차이는 말할 것도 없다.

말레이시아 어학원에서 한 주부가 같이 영어를 공부하던 중동 여성을 집에 초대했을 때의 일이다. 이 중동 여성은 어학원에서 영어를 공부하기 위해 트는 노래도 계율에 어긋난다고 듣지 않고 나가 있는 사람이라, 집에 초대할 때 특히 신경을 썼다고 한다. 음식도 고기는 아예 빼고 채소로만 된 샐러드를 대접했다. 채소는 먹겠지 하는 마음이었을 텐데 이 무슬림 여성은 샐러드도 먹지 않았다고 한다. 아마도 식기나 드레싱 때문이었을지 모른다. 아니면 무슬림이 아닌 집에서 무슬림이 아닌 사람이 만든 음식은 다 안 먹기로 했을지도.

음식만 그런 것이 아니다. 알제리에서 와서 말레이시아에서 가르치던 한 교수님은 처음 말레이시아에 왔을 때 현지 무슬림 여성들이 머릿수건(히잡)을 쓴 채로 청바지를 입는 모습을 보고 적잖이 혼란스러웠다는 얘기를 수업 시간에 들려주었다.

저렇게 몸에 붙는 청바지를 입어 몸 윤곽을 드러낼 거면 히잡은 왜 쓰는 걸까? 하는 생각이 들었다고 한다. 그리고 공항에서 시내로 들어오는 길에 그 차림으로 다리도 모으지 않고 척하고 앉아 오토바이를 운전해 가는 여성의 모습을 보고는 까무러칠 뻔했다고 한다.

할랄 패션이건, 모디스트 패션이건 무엇이 할랄이고 어디까지가 정숙한 옷차림인지 기준은 지역마다 다를 수 있다. 음식도 옷차림도 모든 이슬람권에서 모든 무슬림에게 적용되는 통일된 할랄 기준이라는 것은 존재하지 않을지 모른다. 여기서 괜찮던 것이 다른 데서는 괜찮지 않을 수 있다. 오히려 여기서 괜찮았다는 이유로 그 기준을 가지고 아무 생각 없이 다른 데로 갔다가는 당황스러운 일을 겪을 수도 있다.

이슬람 공동체의 깊은 고민에서 시작된 이슬람금융

| 이슬람금융 ≠ 오일머니 |

이슬람 금융이 세계적으로 주목을 받게 된 것은 2000년대 중반, 유가 상승으로 인해 이슬람권 산유국 유동성이 풍부해지면서부터라고 할 수 있다. 이들 자금을 끌어오기 위해 자본시장에서는 수쿠크와 같은 새로운 금융 수단 발행이 활발해졌다.

수쿠크는 그전부터 있던 구조이기는 하지만 세계적으로 관심을 끌게 된 것은 이때부터였다. 또, 산유국들은 석유 화학 설비 또는 탈석유 시대를 대비한 설비를 짓기 위해 대형 프로젝트를 발주하기도 했다.

우리나라에서 이슬람 금융이 알려지고 주목을 받게 된 것도 이런 배경에서이다. 이슬람 금융을 구성하는 하위 항목 중 자본시장보다는 이슬람 은행업이 더 비중이 크지만, 전문가가 아닌 한 이슬람 금융이라고 하면 수쿠크나 자본시장이 떠오른다. 하지만 그 이전에도 이슬람 금융에 대한 논의는 있었다. 세계 금융시장에서 주목은 받지 못했지만 말이다.

지금은 이슬람권 나라들이 경쟁적으로 자국 이슬람 금융산업을 발전시키려 하고 자신들이 이슬람 금융 허브가 되겠다고 나서고 있지만 처음부터 이랬던 것은 아니다.

말레이시아에서 이슬람 금융을 공부할 때 일흔이 넘으신 인도 출신 老교수님이 가르치는 '이슬람 경제학' 수업을 들었다. 현대적 의미의 이슬람 경제학이 어떻게 태동했는지를 엿볼 기회가 되었다.

한번은 교수님이 소싯적 일화라면서 1980년대 이라크 바그다드에서 열린 세미나에서의 일을 얘기해 주셨다. 교수님이 세미나에서 쓸 자료를 출력하기 위해 호텔 비즈니스 센터를 찾았는데, 호텔 직원이 내용 중에 '이슬람'이라는 단어가 있는 것을 보자 출력을 거부했다고 한다. 의아한 마음이 들수 있다. 다른 곳도 아니고 이슬람권 나라로 알려진 이라크의 한 호텔에서 직원이 이슬람 경제와 관련한 자료 준비를 돕는 것을 거부하다니 말이다.

당시 이라크는 아랍 사회주의 계열의 사담 후세인과 그가 이끄는 바트당이 통치하고 있었다. 주민 대부분이 무슬림인 이곳에서 개인적인 차원에서 이슬람을 실천하는 것은 아무 문제가 없었다. 통치자 스스로도 무슬림인 것을 자처하면서 이슬람 사원을 짓는다든지, 이슬람 예배와 절기에 참여한다든지 하는 방식으로 본보기를 보이며 무슬림인 주민들의 마음을 얻으려 하는 일이 잦았다.

하지만 대부분 권위주의 체제를 유지하고 있던 당시 이슬람권 나라 정부와 지도자들은 이슬람이 개인적 차원을 넘어 정치나 경제, 교육 같은 공적 영역으로 넘어오는 것은 싫어했다. 종교가 정치적 이데올로기가 되어 정권을 위협하는 것을 원치 않았기 때문이다.

위 교수님의 예에서 보듯 사담 후세인 정권도 무슬림이 사적 영역에서 신앙을 실천하는 것은 문제 삼지 않았지만, 이슬람과 경제가 만나 '이슬람 경제'에 대한 논의가 이루어지는 것은 원치 않았던 것 같다.

하지만 정치와 경제, 교육, 문화가 빠진 이슬람은 반쪽짜리 이슬람이다. 이슬람 신앙은 개인적 신앙의 실천을 넘어서서 어떻게 이슬람적 가치로 이슬람 공동체를 이룰 것인가에 대한 것이기도 하다. 무슬림 개인과 이슬람 공동체는 신의 뜻이면서 이슬람의 원리인 샤리아에 따라 살아야 한다. '이슬람'이라는 말 자체에는 평화(살람)라는 뜻이 들어있는데 이 평화는 개인적인 평화만을 의미하는 것이 아니라 신의 뜻이 이루어지고 있는 공동체에서의 평화라는 의미를 담고 있다.

이슬람권 지역 대부분은 서구의 식민지가 된 상태에서 자신의 힘이 아닌 외부의 힘으로 근대화가 이루어졌다. 우리나라와 비슷한 시기에 대부분 이슬람권 국가가 독립은 했지만 정치, 경제, 교육, 문화 모든 체제는 서구의 것이었다. 물론 무슬림 지식인들이 서구의 사상과 문물을 받아들이는 것을 반대하기만 한 것은 아니다. 무슬림이 중심을 잡고 기준과 철학을 가지고 근대화, 현대화 과정을 주도했어야 하는데 그렇게 하지 못한 것이 문제라는 인식이다.

무슬림에게 이 기준은 이슬람이다. 이슬람이라는 기준을 필터 삼아서 받을 것은 받고 버릴 것은 버리고 바꿔 받을 것은 바꿔 받아야 했는데 그렇게 하지 못한 것이 신앙심 깊은 무슬림 지식인은 아쉬운 것이다.

몇 년 전 말레이시아 독립기념일에 말레이인 친구가 소셜미디어에 올린 글이 생각난다.

"말레이시아가 독립한 지 벌써 몇십 년이 지났지만 그것은 정치적인 외형의 독립일 뿐, 정신적인 면에서 과연 말레이시아가 독립했다고 볼 수 있는가?"라는 내용이었다.

말레이시아를 보면 식민지배를 했던 영국의 제도를 많이 따르고 있기는 하다. 하지만 이 친구의 말은 단순히 말레이시아가 영국의 제도와 문물을 받아들였다는 것이 문제라는 뜻은 아니다. 교육과 사상, 지식의 측면에서 말레이시아가 여전히 과거 지배자의 사상에 종속되어 있는 것이 문제라는 인식이다.

많은 무슬림 지식인이 이런 문제의식을 가지고 있다. 여기서 주목해서 보아야 할 개념 중 하나가 '지식의 이슬람화(Islamization of Knowledge)'이다.

우리는 흔히 이슬람화라고 하면 어느 나라나 지역에서 무슬림 인구 비율이 느는 것을 생각한다. 하지만 이 지식의 이슬람화 개념에서는 아무리 무슬림 인구가 늘어난다고 해도 이슬람 신앙이 개인적이고 사적인 영역에만 머문다면 그것은 진정한 이슬람화가 아니다. 이슬람의 가치와 원리가 사상과 지식에 영향을 미쳐 정치와 경제, 교육, 문화와 같은 공적 영역이 이슬람의 가치대로 돌아가야 그것이 진정한 이슬람화라 할 수 있다.

이슬람 경제에 대한 논의는 이런 배경에서 나왔다. 세계가 자본주의와 사회주의를 따르는 세력 간 체제 경쟁으로 뜨거울 때 비록 주목을 끌지는 못했지만 무슬림 지식인을 중심으로 이슬람에 기반한 경제 체제는 어떠해야 하는지에 대한 논의가 있었다. 이들에 따르면 이슬람에 기반한 경제는 자본주의도 아니고 사회주의도 아니다. 굳이 얘기하지만 이슬람 경제는 자본주의와 사회주의적 경제의 요소를 다 가지고 있지만 여기에 매이지 않고 제3의 길을 추구한다.

이슬람의 가치에 뿌리를 둔 경제는 사유재산과 개인이 경제활동을 할 수 있는 유인 및 동기부여를 인정한다는 점에서는 자본주의적 요소가 있다. 또, 분배와 약자에 대한 배려 같은 것을 강조한다는 점에서는 사회주의와도 비슷한 점이 있다. 하지만 자본주의나 사회주의 모두 물질적 토대 위에서 이론 체계를 전개하는 데 반해 이슬람 경제는 신에 대한 믿음에서 출발한다는 점에서 큰 차이가 있다.

이슬람 지식인들이 이런 논의를 할 때 여기에 진지하게 주목한 이들은 별로 없었다. 이슬람권이라고 이슬람 경제에 대한 관심이 크고 그랬던 것은 아니다. 앞에서 소개했던 사례에서처럼 이슬람에 관련한 공적 논의를 탄압하지나 않으면 다행이었다.

나는 무슬림도 아니고 이슬람 경제학자들의 주장에 동의하지 못하는 부분도 많다. 하지만 이슬람 경제학 분야에서 나온 논문을 쭉 읽으니 이슬람적 가치에 바탕을 둔 경제, 이슬람 공동체를 세우는 경제라는 것에 대해 무슬림 지식인들이 오랜 시간 얼마나 많이 고민해 왔는지는 알 것 같았다. 이슬람 경제와 금융이라는 것이 오일 쇼크나 유가 상승으로 인해 오일머니가 떠오르면서 갑자기 툭 튀어나온 것이 아니라는 것도 알 수 있었다. 물론 이슬람권 바깥에 있는 사람들이 이슬람 금융에 관심을 갖게 된 것은 오일머니 때문이다. 하지만 이슬람권에서는 그 이전부터 이슬람적 가치에 기반한 경제와 금융에 대한 깊은 고민이 있어 왔다.

현대적 의미의 이슬람 금융은 이런 배경에서 이슬람 경제의 하위 항목으로 태동하였다. 사실 이슬람적 가치를 지닌 경제라는 것이 말은 좋지만, 구체적으로 뭘 어떻게 해야 하는지로 내려가면 막연한 구석이 있다. 학자들 간에 의견이 다 모아진 것도 아니다. 게다가 이미 경제학이라는 학문은 서구에서 출발한 주류 경제학이 주도하고 있다. 이슬람권이라고 예외는 아니다. 이런 상황에서 가장 쉽게 시작할 수 있는 것이 금융이다. 일단 꾸란에 리바와 마이시르, 가라르를 금하는 내용이 있는 것은 분명하다. 금융은 경제활동을 돕는 필수적인 요소이지만 한편으로 어떻게 실행되느냐에 따라 착취적인 요소를 띨 수도 있다. 제도권 일반 금융에는 착취적이고 정당하지 못한 성격을 가진다는 리바와 마이시르, 가라르 같은 요소가 있으니 이것을 제거하고 이슬람과 샤리아의 가치에 부합하며 이슬람 공동체 움마의 공익에 봉사하는 형태로 금융을 하자는 것, 그것이 이슬람 금융이다.

그런데 이슬람 금융이 제도권으로 들어오면서, 더 나아가서는 유가 상승으로 이슬람권 자금과 프로젝트에 관심이 쏠리고 수쿠크 등 새로운 상품이 각광을 받으면서 오히려 이런 이슬람 금융의 가치는 위기를 겪는다. 이슬람 금융이 그냥 일반 금융에서 출발해서 허용이 안 되는 요소를 빼고 일반 금융상품과 본질상 똑같은 상품을 만들어 돈을 벌려는 수단으로 전락했다는 것이다. 오죽하면 '이슬람 금융은 일반 금융에서 리바를 빼고 자캇을 더한 것'이라는 자조 섞인 말까지 나오기도 했다.

이제 이슬람 금융상품에서 표면적으로 눈에 띄는 리바나 가라르, 마이시르와 같은 문제는 없을지 모른다. 하지만 이렇게 새로 만들어지는 이슬람 금융상품은 일반 금융상품과 다를 것이 없다. 이렇게는 이슬람의 가치와 샤리아에 바탕을 둔 경제와 금융으로 이루고자 했던 목표를 이루기가 어렵다. 이슬람 경제와 금융이 이슬람 공동체 움마를 세워가는 데 거의 기여하지 못하고 일반 금융의 아류 정도로 전락해 버리는 것이다.

유가 상승으로 세계가 이슬람 금융을 주목하게 되면서 이슬람권이 이슬람 금융이라는 무기로 영향력을 확대할 것이라고 생각하는 이들이 있었다. 하지만 반대로 이슬람 금융학자 중에는 자본주의와 물질주의에 기반한 일반 금융의 논리가 이슬람 금융에 침투하는 것을 우려하는 목소리를 내는 이도 있다. 더디고 관심을 못 받더라도 이슬람 경제와 금융의 가치가 충분한 고민과 논의를 거쳐 무르익어야 할 텐데, 유가 상승 때문에 너무 빨리 전 세계적으로 주목을 끌게 되었다는 생각이다.

이슬람금융, 일반 금융하고 똑같은 거 아니야?
- 컨버전스(convergence)

말레이시아에서 이슬람 금융을 공부할 때의 일이다. 첫 학기 중간고사 때 '이슬람 은행업' 과목 시험을 보고 나왔는데 같이 공부하던 중앙아시아 출신 친구의 표정이 좋지 않았다. 이 친구는 이슬람 금융에 대해 큰 기대를 걸고 열정적으로 공부를 하는 학생이었다.

시험에는 여섯 개의 문항이 출제되었는데, 네 개를 골라 세 시간 이내에 서술해야 했다.

이 중 "이슬람은 왜 리바를 금하는가?"라는 문항이 있었다. 이 문제는 이슬람 금융의 근본적인 질문을 다루고 있다. 이 친구는 이 주제에 관심이 많아서 이미 책과 논문을 찾아보며 공부를 무척 많이 했는데, 마침 이 문제가 나오자 자신이 알고 생각하고 있는 것을 모두 답안에 쏟아냈다. 그런데 답안 작성에 얼마나 집중했던지 시계를 보니 세 시간의 시험 시간 중 이미 두 시간 십오 분이 지나 있었다고 한다.

시간 관리에 실패한 이 친구는 남은 사십오 분 동안 서둘러 남은 세 문제에 대한 답안을 작성해야 했고, 마지막 문항은 답을 거의 쓰지 못한 채 '오직 신만이 아신다(Only Allah knows)'라고 쓰고 시험을 마쳤다.

'리바' 문항에서는 만점을 받았지만 다른 문항에서 거의 점수를 받지 못한 이 친구는 좋지 못한 학점을 받았고, 다음 학기에 이 과목을 다시 수강해야 했으며, 수학 계획에도 차질이 빚어졌다. 이슬람 금융에 대한 열정이 너무 커서 일어났던 해프닝이다.

그런데 시간이 흘러 학위 과정을 거의 다 마칠 때쯤 이 친구가 나에게 이렇게 물어왔다.

"이슬람 금융에 대해서 어떻게 생각해?"

다소 당황스럽고 어려운 질문이었지만 무슬림이 아닌 나는 그냥 적당하고 무난한 답을 하며 얼버무렸다. 그러자 그 친구는 나에게 "나는 이게 다 하나의 거대한 기만인 것 같아."라고 말하였다.

리바(이자 등)를 주고받는 것이 왜 정의롭지 못한지에 대해 그렇게 열정을 가지고 파고들며 이슬람 금융에서 대안을 찾으려고 하던 처음의 모습은 어디로 간 것일까? 이유를 물어보지는 않았지만 왜인지는 알 것 같았다. 앞에서도 수많은 사례가 나왔지만 이슬람 금융 거래는 표면상 드러나는 리바라는 요소를 제거하기 위해 다양한 계약을 활용하지만, 결국에는 이름만 다르지 이자를 주고받는 일반 금융 거래와 실질은 유사한 경우가 많다.

이런 이슬람 금융에 대한 비판 중 하나가 이슬람 금융이 리바의 성격을 띠는 이자를 금한다고 하면서 실제로 수익률을 고시할 때 일반 금융 기준금리를 가져다 사용한다는 것이다. 예를 들어 리보(Libor, London Interbank Offered Rate) 같은 것 말이다.

얼마 전 Libor 고시가 중단된다고 하고 이를 대체할 금리 체계에 대한 논의가 진행되자, 수쿠크시장에서도 바로 Libor가 아니라 새로 등장한 소파(SOFR, Secured Overnight Financing Rate) 연계 수쿠크가 발행되기 시작하였다. 이슬람 금융은 이자를 받지 않는다고 하면서도 이자를 받는 금융에서 사용하는 기준금리를 가져다 사용한다. 그러면 이것이 이자가 아니고 무엇이냐 하는 반응이 당연히 나올 수 있다. 이에 대한 답변으로 가장 많이 사용되는 논리는 이런 것이다.

예를 들어 무슬림은 돼지고기를 소비하거나 팔거나 할 수 없다. 그런데 소비와 거래가 허용된 소고기를 파는 무슬림 상인이 소고기 가격을 책정할 때 옆에 있는 돼지고기 가격을 참조하는 것은 문제가 되지 않는다는 것이다. 그러니 이슬람은 이자를 주고받지 않지만 이슬람 금융상품의 수익률을 결정할 때 이자를 주고받는 일반 금융상품의 금리를 참조하는 것은 문제가 되지 않는다. 논리상으로는 맞는 얘기일 수 있지만 찜찜함은 금할 수 없다.

물론, 이슬람 금융계에서도 이자를 금한다고 하면서 일반 금융

금리를 가져다 쓰는 현실에 대해 비판적인 목소리가 있다. 이슬람 금융의 이상이 실제 실물경제를 반영하는 것에 있으므로 실물시장 상황 등을 반영하여 일반 금융에서 가져온 기준금리를 대체할 수익률 등을 고안해 내야 한다는 것이다. 새로운 수익률을 만들어 정착시키려는 노력이 이루어지고는 있는 것 같지만 아직 일반 금융에서 온 기준금리를 밀어낼 수준까지는 이르지 못했다.

이슬람 금융 밖에 있는 사람들은 이슬람 금융의 이런 현실을 들으면 냉소적 반응을 보이기도 한다. 이슬람 금융이 뭔가 했더니 일반 금융과 똑같은 거래를 하면서 이자를 다른 이름으로 부르는 것과 다름없어 보이기 때문이다. 이슬람 금융의 테두리 안에 있는 사람 중에도 실망하는 이들이 꽤 있다. 이슬람의 원칙과 가치를 충실하게 반영해야 할 이슬람 금융이 평범한 무슬림 개인이나 이슬람 공동체 움마(ummah)의 번영에 기여하지 못하고 자본주의의 시녀가 되어 서구 금융기관의 배만 불린다는 것이다.

이처럼 이슬람 금융이 독자적인 영역을 구축하지 못하고 일반 금융과 똑같아지는 것을 '수렴(컨버전스, convergence)' 현상이라고 부르기도 한다.

현실을 비판하면서도 이슬람의 이상을 더 잘 반영할 수 있는 금융 구조를 고안해 보겠다며 노력하는 사람들도 있다. 학문적으로는 혁신적이고 실험적인 구조에 대한 연구가 활발하고 대안도 나오고 있지만, 아직 상업적으로 의미 있는 형태로 가시화되지는 않은 것 같다. 이익과 손실을 공유하는 형태로 사업 위험을 함께 진다는 이슬람 금융의 이상을 현실에서 실현하는 것이 쉬운 일은 아니다. 이슬람의 가치를 담은 고유한 금융상품 개발이 쉽지 않은 가운데서도 이슬람 금융에 가치를 담아내려는 노력은 계속된다.

이슬람 금융과 윤리적 투자(ethical investment) 또는 사회적 책임 투자(socially responsible investment)를 연계시키려는 노력도 꾸준하다. 이슬람 금융은 기존 일반 금융상품을 이름만 바꾸어 내놓는 것이 아니라 이슬람의 가치를 담은 금융이라는 것이다.

말레이시아에서는 이슬람 금융계에서 '가치에 기반한 금융 거래(Value-Based Intermediation)'라는 브랜드로 리바가 없는 이슬람 금융뿐 아니라 중소기업 및 창업 지원, 사회적 금융, 디지털 금융, 녹색 금융, 지불 가능한 주택(affordable housing) 금융, 교육비 지원, 공공 인프라 확충 등을 모두 포괄한 금융이라는 개념을 밀기도 한다.[57]

이슬람 금융이라는 것이 단순히 이자를 받지 않는 금융에 지나지 않는 것이 아니라 자본주의 금융에서 상업성이 높지 않아 소외되기 쉽지만 사회적으로는 가치가 있는 그런 부문을 적극 지원하는 가치 기반 금융이 될 수 있다는 뜻일 것이다.

실질과 형식의 측면에서 모두 기존에 시장을 지배하던 일반 금융과는 차별화된 새로운 가치를 담은 금융 구조와 상품을 만들어 내겠다는 노력인데, 쉽지 않은 과제이다. 제삼자의 입장에서 이슬람 금융을 바라보는 입장에서는 이것이 쉽지만은 않은 목표라는 생각이 들기도 하지만, 이슬람 금융계에서 일하고 공부하고 있는 친구들이 이 어려운 숙제를 잘 풀어내기를 응원해 본다.

---

57)   AIBIM(Association of Islamic Banking and Financial Institutions Malaysia), Value-Based Intermediation Full Report 2021

이슬람권 나라는 얼마나 잘살까?

이슬람 금융이 세계적으로 주목을 받게 된 것은 2000년대 중반 유가 상승으로 인해 이슬람권 산유국 유동성이 풍부해지면서부터라고 할 수 있다. 에너지 가격이 올라가고 산유국들이 대형 프로젝트를 발주하면 이슬람 금융에 대한 관심은 더 올라간다. 이슬람 금융이라고 하면 왠지 오일머니가 떠오르고 돈이 많은 산유국이 생각나기도 한다.

2022년 월드컵을 유치하여 성공적으로 치러낸 카타르는 2014년 기준으로 1인당 국민소득이 8만 달러가 넘었다(세계은행 자료). 이후 유가가 하락해 2021년 기준으로는 6만 2천 달러 수준까지 떨어졌지만 2022년에는 7만 달러 수준까지 회복되었다.

카타르는 이런 경제력을 바탕으로 월드컵 유치에 성공해 꽤 성공적으로 행사를 치러냈고, 높은 연봉으로 세계적으로 유명한 선수들을 자국 축구 리그에 불러들여 뛰게 하기도 한다. 우리나라 선수 중에도 카타르 리그에서 뛴 선수가 많다.

카타르는 자국민에 대한 놀라운 복지 혜택으로 뉴스에 오르내리기도 한다. 모든 국민에게 의료비, 교육비, 수도, 전기세 등을 지원하고 아이가 태어나면 성인이 될 때까지 육아연금을 지급한다는 기사들이다.

▼ GCC 국가 1인당 국민소득(2022, 달러) – 한, 미, 일과 비교

국명	1인당 GNI	국명	1인당 GNI	국명	1인당 GNI
사우디아라비아	27,590	UAE	48,950	카타르	70,500
오만	20,150	바레인	27,180	쿠웨이트	39,570
대한민국	35,990	미국	76,370	일본	42,440

* 세계은행(World Bank) 통계(Atlas method)

이런 기사를 보면 이슬람권에 돈이 많긴 많나 보다 하는 생각이 들기도 한다. 2021년 상반기 기준으로 걸프 협력 기구(GCC) 국가들[58]이 석유 판매 등으로 벌어들인 달러로 외국자산을 사들여 쌓은 순해외자산은 약 6천 6백억 달러 규모에 이른다고 한다.

한때는 미국 주요 기업 지분 상당수가 이들의 것이었다고 하는 말도 있었다. 석유 재벌 만수르가 성적이 신통치 않던 영국 축구팀 맨체스터 시티를 사서 막대한 투자를 통해 명문 구단으로 만든 것이 바로 오일머니의 위력을 나타내주는 좋은 사례인 것 같다. 최근에는 사우디 국부펀드가 뉴캐슬 유나이티드를 인수하여 오일머니로 축구를 하는 또 다른 예가 되었다.

많은 사람에게 이슬람 금융의 이미지는 이런 것일지 모른다. 이슬람 금융 하면 오일머니가 떠오른다. 석유를 팔아 생기는 유동성으로 세계의 자산을 사고, 또 대형 프로젝트를 발주하는 수단으로 이슬람 금융이 활용되는 그런 이미지이다. 하지만 정말 그렇기만 할까? 이슬람권 국가들은 다 그렇게 돈이 많고, 이슬람 금융은 오일머니의 선봉장인 것일까?

이슬람권에서도 석유를 팔아 부를 축적했다고 알려진 나라는 걸프만 연안에 몰려있다. 하지만 이들 GCC 국가들이 이슬람권 전부를 대변하는 것은 아니다. GCC 6개국은 그 인구를 다 합해도 6천만 명 정도에 지나지 않는다. 그것도 사우디아라비아가 3천 6백만 명으로 절반 정도를 차지하고

---

58)   사우디아라비아, 쿠웨이트, UAE, 카타르, 오만, 바레인

있다. 전 세계 무슬림 인구는 거의 20억 명에 육박하니 걸프만 연안 국가 인구는 그중 일부에 지나지 않는다.

그런데 여기에서도 감안할 것이 있다. 이 인구수는 이들 나라에 와서 일하고 있는 이주 노동자들이 포함된 숫자이다. 위에서 얘기한 카타르만 해도 인구가 3백만 명인데 이 중 카타르 시민권자는 11~12% 정도에 지나지 않는 것으로 추산된다. 농담처럼 "카타르에 귀화할 수 없나?"라고 얘기를 하지만, 카타르가 그렇게 쉽게 외국 사람들을 시민으로 받아줄 리 없다. 축구를 굉장히 잘하거나 아니면 다른 방법으로 이 나라에 기여할 것이 있지 않다면 가서 일을 할 수는 있지만 시민권을 받기는 어렵다.

▼ GCC 국가 인구 규모(2021, 백만)

국명	인구	국명	인구	국명	인구
사우디아라비아	36.0	UAE	9.3	카타르	2.7
오만	4.5	바레인	1.5	쿠웨이트	4.3

* UN 인구통계

이슬람권 다른 나라는 사정이 다르다. 이슬람권 나라라고 다 석유가 나고 팔 수 있는 자원이 풍부한 것이 아니다. 자원이 부족한 나라는 말할 것도 없고 자원이 있더라도 부양할 인구가 많은 나라라면 다 사정이 카타르 같지는 않다.

이집트는 인구가 1억이 넘는데 1인당 국민소득은 4천백 달러에 머문다. 이란은 천연가스와 석유가 나지만 인구가 8천만이 넘고 국민소득은 역시 3천9백 달러 정도다. 세계에서 무슬림 인구가 가장 많은 나라인 인도네시아는 인구가 2억 7천만이 조금 넘으면서 국민소득은 4천6백 달러 정도이다.

인구가 많은 이슬람권 나라들은 대부분 다 이렇다. GCC 국가인 사우디아라비아만 해도 인구가 3천만 명을 넘어가니까 1인당 국민소득은 2만 8천 달러 조금 안 되는 정도이다. 이 정도면 적다고는 할 수 없지만 우리나라보다는 소득수준이 낮고 선진국에는 한참 못 미친다. 왕실과 왕족, 국영 기업과 은행은 돈이 많다고 해도 국민이 돈이 많은 것은 아니다.

명절이면 왕(술탄)이 국민에게 용돈을 나눠준다는 브루나이 같은 나라도 그렇다. 인구가 40만 정도이다. 석유나 가스 등 자원을 팔아서 벌어들이는 돈으로 먹여 살려야 할 인구가 많지 않아야 이렇게 여유 있게 나라를 운영할 수 있다. 오일머니로 번영을 구가한다고 알려진 GCC 국가 중 사우디아라비아를 제외하고는 대부분 소국(小國)이다. 그러니 자원을 팔아 올린 수입을 왕과 왕실, 그리고 소수의 엘리트가 독점하면서 윤택하게 살고 국민에게 복지도 풍족하게 제공하고 용돈도 줄 수 있고 그런 것이다. 요컨대 자원으로 벌어들이는 돈으로 얼마나 많은 사람을 부양하면서 통제 가능한 정치경제 체제를 갖출 수 있느냐가 이 지역에서 부국과 빈국을 가르는 기준이 된다고도 할 수 있다.

그런데 GCC 국가들이라고 해서 마냥 상황이 좋기만 한 것은 아니다. 이들 나라의 소득은 유가에 크게 영향을 받는다. 카타르만 해도 1인당 국민소득이 2014년에는 8만 달러를 넘었던 것이 2021년 기준으로는 6만 2천 달러 수준까지 떨어졌다가 반등 중이다. 사우디아라비아는 1인당 국민소득이 2012년 2만 4천 달러 정도로 같은 해 우리나라(25,660달러)와 비슷한 수준이었던 것이 2020년 기준으로는 21,540달러로 떨어져서 우리나라(35,110달러)와 큰 차이가 나기도 했다. 우리나라도 환율 변동 등 이유로 1인당 국민소득이 오르락내리락하기는 하지만 GCC 국가들만큼은 아니다.

유가 하락 때문에 떨어진 국민소득은 유가가 오르면 또다시 오르지만, 이들 나라의 문제는 자국 경제 발전을 위해 딱히 할 수 있는 일이 많지 않다는 데 있다. 국내총생산이나 국민소득같이 숫자로 보이는 지표는 에너지 가격이 오르면 좋아지겠지만 이들 나라가 잘해서 지표가 개선되는 것은 아니다. 반대로 아무리 열심히 해도 유가나 천연가스 가격이 하락하면 숫자로 보이는 경제 성적은 떨어질 수밖에 없다.

사우디아라비아나 UAE 같은 나라도 언제까지나 석유에만 의존할 수 없다는 것을 잘 안다. 그래서 탈(脫)석유, 탈(脫)탄소 시대에 대비한 전략을 수립해서 시행하겠다는 계획도 수립하여 갖추고는 있다.

이런 현상은 이들 국가가 에너지 수출 말고는 자국에 이렇다 할 산업 기반이 없어 벌어지는 일이다. 유가가 높던 2011년쯤 학교에서 수업을 듣는데 교수님이 이런 질문을 던졌다.

"중동 GCC 지역 국가들은 왜 높은 화폐가치를 유지할까?"

교수님의 설명은 이랬다. 물론 당시에는 유가가 높아서 이들 나라 화폐가치가 높기도 했지만 이 나라들은 자국 화폐가치를 굳이 낮게 가져갈 유인도 없다는 것이다. 우리나라나 일본같이 수출이 중요한 나라라면 자국 통화 화폐가치를 지나치게 높게 유지하려 하지 않을 것이다. 항상 그렇지는 않지만 대체로 자국 화폐가치가 낮아야 수출품의 가격경쟁력을 유지할 수 있다는 생각 때문이다.

그런데 GCC 국가는 그럴 필요가 없다. 석유와 천연가스 같은 천연자원을 수출하고 그 외 품목은 대부분 다 수입하기 때문이다. 천연자원은 가격이 올라도 수요가 크게 떨어지지 않는다. 그리고 천연자원은 대부분 달러나 유로 같은 국제 통화로 가격이 매겨진다.

자국 화폐가치가 높다 한들 제조업 기반도 약하고 천연자원 외에는 수출품목도 별로 없으니 딱히 불리한 것도 없고 수입품은 오히려 더 싸지는 효과가 있다. 이렇게 자국 화폐가치가 높은 상황에서는 제조업이나 다른 산업을 육성하려고 해도 가격경쟁력을 확보하기가 쉽지 않다. 그리고 어차피 이렇다 할 산업 기반도 없다. 자원의 저주나 네덜란드병[59] 같은 말이 떠오른다.

---

59) 자원 부국이 자원 수출로 호황을 누리지만, 이 때문에 자국 통화가치가 올라 장기적으로 국내 제조업이 쇠퇴하여 경기침체를 겪는 현상.

한번은 이란에서 온 친구가 우리나라는 어떤 품목을 수출하고 수입하는지를 물어왔다. 이 친구는 소규모 무역업을 하던 친구라 이런 쪽에 관심이 많았다. 정확하게는 아니지만 아는 대로 대답을 해 주었더니, 이 친구가 이란 상황은 어떤지도 얘기를 해 주었다.

석유와 천연가스, 석유화학 제품 외에 이 친구가 얘기하는 이란 수출 품목 중에는 뜻밖에도 카펫이나 새우 같은 것도 있었다. 수입품목은 기계류가 많은데 중국에서 중고 기계도 많이 수입한다고 하였다. 나중에 이란 수출입 품목 통계를 보니 이 친구가 얘기해 준 정보가 아주 틀린 얘기는 아니었다.

이란 수출 품목 중에 석유와 천연가스가 차지하는 비중은 무려 80% 정도에 달한다. 카펫이나 새우를 많이 수출할 수 있으면 좋은 일이겠지만 다른 수출 품목을 자신 있게 얘기하지 못하고 이런 아이템을 주요 수출 품목이라고 소개할 수밖에 없는 이란의 현실이 약간 답답하게 느껴졌다. 에너지 수출이 한계에 달하면 다른 돌파구가 없어 보였기 때문이다.

다음 표는 GCC 국가들과 한국, 미국, 일본의 주식시장 시가총액 규모이다. 보면 사우디아라비아 정도를 제외하고는 우리나라 기업들 상장 가치(2조 2천억 달러) 근처에도 오는 주식시장을 가진 나라가 없다. 이슬람권 전체로 눈을 돌려 보아도 이란(1조 2천억 달러), 말레이시아(4천억 달러), 튀르키예(2천억 달러) 정도가 뒤를 이을 뿐이다.

사우디아라비아도 주식시장 시가총액이 우리나라보다 큰 것 같지만, 상당액이 국영석유회사 아람코(ARAMCO)의 지분이다. 아람코는 애플과 함께 세계에서 기업 가치가 가장 큰 기업 자리를 다툰다. 하지만 주식시장 상황만 보아도 에너지 기업들이 상위를 차지하고 다른 기업들은 잘 보이지 않아 에너지 분야 외에는 산업 기반이 약한 GCC 포함 이슬람권 나라들의 경제 현실을 엿볼 수 있다.

▼ GCC 국가 주식시장 시가총액 비교(2020년, 십억 달러) – 한, 미, 일과 비교

국명	시가총액	국명	시가총액	국명	시가총액
사우디아라비아	2,429	UAE	295	카타르	165
오만	16	바레인	25	쿠웨이트	106
대한민국	2,176	미국	40,720	일본	6,718

* 세계은행(World Bank) 자료

주식시장과 함께 자본시장을 구성하는 중요한 요소인 채권·수쿠크시장을 봐도 그렇다. 2021년 전 세계 수쿠크 발행 규모는 약 1천 9백억 달러에 이르고 2021년 전 세계 채권 발행액 규모는 9조 달러 정도에 이르는 것으로 추산된다. 수쿠크가 세계적으로 주목을 끌기 시작한 지 15년이 지났고 그사이에 발행액도 많이 증가했는데도 아직 수쿠크 발행액은 채권 발행액에 비하면 2% 정도 수준에 불과하다.

오일머니(petro dollars)가 풍부한 나라를 보면 부럽기도 하다. 세계 여기저기에서 자산을 사 모을 유동성을 보유하고 있으니 말이다. 하지만 달리 생각해 보면 석유를 팔아서 달러는 들어오는데 자국에는 투자처가 없어서 오일머니가 해외로 눈을 돌릴 수밖에 없는 것일 수 있다. 자본주의 경제에서는 돈이 남아도는 게 꼭 좋은 것만은 아니다. 과다한 부채를 짊어지는 것은 문제이겠지만 투자할 곳이 있다면 부채를 활용해서라도 투자를 해야 경제가 성장할 수 있다.

자본주의 경제에서는 말 그대로 자본이 경제성장의 필수 요소이다. 1달러가 생기면 이걸 그냥 묻어두면 안 되고 이것으로 투자를 하던지 소비를 해서 돈이 돌아야 산업이 성장하고 경제가 성장한다. 그래서 어떤 경제 내에 자본이 부족하면 외국자본을 끌어서라도 투자를 하려 한다.

투자를 유치하려는 나라는 투자 계획을 가진 기업을 극진히 대우하며 어떻게 해서든 투자 결정을 이끌어내려 한다. 돈은 투자를 한 기업이 벌더라도 그 과정에서 투자 대상이 된 나라도 고용이 늘어나고, 세수가 증가하

며, 연관 산업이 육성되는 등 수많은 긍정적 효과를 기대할 수 있다.

그러니 석유를 팔아 돈을 벌면 다는 아니더라도 어느 정도는 자국 산업에 재투자되어 경제의 기초 체력을 다지는 데 사용되어야 하는데, 자국에 이렇다 할 산업이 없으면 외국으로 나가는 것밖에 방법이 없다. 벌어들인 돈은 그렇게 나라 밖으로 나가 다른 나라 산업을 발전시키고 자산 가격을 떠받치는 데 활용된다.

물론 해외 투자가 나쁘다는 것은 아니다. 하지만 국내에는 이렇다 할 투자처 없이 돈이 해외로만 향할 수밖에 없는 현실이 문제라는 것이다. 자국에 제조업 기반이 없다 보니 소비를 해도 그 돈이 자국 경제 내에서 도는 것이 아니라 다 해외로 유출되고 만다. 이렇게 석유를 수출하는 나라들이 자국에서 투자하고 소비할 수 있는 분량 이상의 달러를 벌면 이 돈은 다시 세계를 돌고 돌게 된다.

석유로 부를 쌓은 이슬람권 나라들이 기름을 팔아 많은 외화가 들어온다 하여도 그 부는 소수의 몇몇 특권층에게 집중된다. 자국에 이렇다 할 산업이 없으니 투자도 잘 이루어지지 않고 국부가 나라 안에서 잘 돌지 않고 소비나 자산 매입의 형태로 외국으로 나가기 때문에 일반 국민에게 필요한 양질의 일자리는 부족하다. 저임금 일자리는 또 남아시아나 동남아시아에서 온 외국인이 차지하고 있는 경우가 많다.

그래서 사우디아라비아 아람코와 같은 석유회사나 금융회사 같은 곳에서는 외국 유수의 학교에서 공부하고 온 자국인 엘리트들을 볼 수 있지만, 그 외 많은 사람은 나라 안에서 생산적인 일을 찾기 어렵다. 이런 상황에서는 체제가 불안할 수 있기 때문에 지도층은 돈을 풀어 세금을 면제해 주거나 보조금을 지급한다거나 복지 혜택을 제공한다든지 하는 방법으로 국민

의 지지를 잃지 않고 체제를 안정시켜 나가야 한다.[60]

그나마 카타르같이 규모가 작은 나라는 어느 정도 통제가 되지만 사우디아라비아 정도만 되어도 체제 유지에 많은 노력이 들어가야 하는 것이 현실이다.

돈이 많아서 해외에서 회사를 사고 자산을 사는 중동 부자들이 있는 나라를 부러워할 필요는 없다. 오히려 그 많은 돈을 가지고도 에너지 분야 말고는 자국에 투자할 데가 마땅치 않은 현실을 안타까워해야 할지 모른다. 인도네시아에서 근무할 때 그곳에 투자해 생산기지를 가지고 있는 한국이나 일본, 대만 기업들을 많이 보았다.

섬유회사 같은 경우에는 작은 곳도 천 명 정도 되는 인력을 고용하고 있었고, 신발회사는 이삼만 명 이상 되는 사람들에게 일자리를 제공하기도 했다. 일자리만이 아니다. 그 회사는 투자 대상이 되는 나라 중앙정부와 지방정부에 세금도 낸다. 그 회사가 있음으로 인해 지역사회에 돈도 더 잘 돈다. 그래서 여러 나라가 기를 쓰고 해외 투자를 유치하려고 한다. 중동 부자들은 해외에 투자를 하고 전 세계에서 자산을 사고 소비를 해서 돈을 돌게 해 주는 역할을 하고 있는 셈이다. 물론 그럴 의도로 그렇게 하는 것은 아니라도 말이다.

잉글랜드 프리미어리그의 축구클럽 맨체스터시티는 UAE의 석유부자 만수르의 투자 덕분에 신흥 빅클럽이 되었다. 그전까지 맨체스터 시티는 지역 라이벌 맨체스터 유나이티드의 명성에 미치지 못하는 팀이었다. 하지만 만수르가 팀을 인수하고 적극적으로 유명한 선수와 지도자를 영입하여

60) Karen Elliot House, 'On Saudi Arabia : Its People, Past, Religion, Fault Lines — and Futures', Knopf, 2012 등 참조.

지금은 신흥 강호가 되었다.

맨체스터 시티 팬들만 덕을 본 것이 아니다. 리그에 새로운 강팀이 하나 더 생기는 셈이어서 축구 팬들이 경기를 보기가 더 재미있어졌다. 맨체스터 시티와 맨체스터 유나이티드 간 경기인 맨체스터 더비도 더 재미있어졌다.

물론 UAE도 아시아권에서는 축구를 잘하는 나라이지만 만수르는 막대한 투자를 자국이 아니라 잉글랜드 리그 축구단에 했다. 자국 리그로는 성에 차지 않았을 것이다. 물론 만수르도 이 투자로 만족감을 얻고 구단 가치를 높여 경제적으로도 이익을 보았겠지만 그 덕은 맨체스터 시티를 응원하는 팬과 전 세계 축구 팬이 누리는 셈이다.

석유를 팔아 부를 축적하는 중동 이슬람권 경제는 지금의 불균형도 문제이지만 앞으로 경쟁력을 키우고 국민에게 양질의 일자리를 제공하여 생산적 활동에 종사할 수 있는 기반을 구축하지 못하는 것이 더 큰 문제이다. 숫자로 보이는 국민소득이 높다 하여 부러워할 필요가 없다. 깊이 들어보면 고민이 많은 경제 구조를 가지고 있지만, 이들 나라에서는 지금도 왕족이나 일부 엘리트층, 에너지 기업이 풍부한 자금력으로 해외에 투자하고, 해외에서 자산도 사고 소비도 한다. 그 덕은 돈이 흘러 들어가 지나는 길목에 있는 사람들이 보고 있다.

비무슬림을 위한 이슬람금융

2012년에 말레이시아에서 이슬람 금융 학위 과정을 마치고 졸업을 했을 때이다. 학교 홍보팀에서 무슬림이 아닌데 이슬람 금융을 공부한 경험에 대해 짧게 글을 써 달라는 부탁을 받았다. 당시 학교에서 이슬람 금융을 공부하던 학생 구성을 보면, 무슬림이 많기는 했지만 5~10% 정도 무슬림이 아닌 학생들이 있기도 했다.

이슬람 금융을 육성하고 홍보하는 입장에서는 이슬람 금융이라는 것이 꼭 무슬림만을 위한 것이 아니며, 이런 형태의 금융 시스템이 포용적이고 보편적인 가치를 가지고 있기 때문에 비무슬림을 포함하여 모두를 위한 것이라는 점을 강조하고 싶었을 것이다. 내가 쓴 글에는 〈모두를 위한 이슬람 금융(Islamic finance for all)〉이라는 제목이 달렸다.

우리나라에서야 이슬람 금융이라는 개념이 여전히 생소하지만 말레이시아나 인도네시아처럼 이슬람 금융이 은행업이나 소매 금융에까지 확대된 곳에서는 비무슬림 고객도 이슬람 금융을 활용하는 데 그다지 거리낌이 없다.

사실 어쩌면 일반 금융과 이슬람 금융이라는 두 가지 선택지가 존재하는 상황에서 비무슬림 금융 소비자는 무슬림 금융 소비자보다 더 유리한 위치에 있을지 모른다. 종교심이 깊어 샤리아를 따르려고 하는 무슬림 금융 소비자는 일반 금융기관이 아무리 좋은 조건으로 상품을 개발하여 고객을 유치하려 하여도 이슬람 금융기관에서 제공하는 선택지만 살펴보려 할 것이다. 반면 비무슬림 소비자는 어느 곳을 이용해도 상관이 없으니 양쪽에서 제시하는 조건을 다 살펴본 후 가장 유리한 것을 택하면 되니 그만큼 선택의 폭이 넓어진다.

어떤 나라에서는 이슬람 금융시장을 성장시키기 위해 이슬람 금융상품에 세제 혜택 같은 것을 주는 경우가 있다. 그러면 비무슬림인 소비자도 더 유리한 조건을 제공할 수 있게 된 이슬람 금융상품을 찾을 이유가 생기는 것이고, 이슬람 금융기관이 아닌 금융사도 이슬람 금융상품 판매에 열을 올리게 된다.

말레이시아에서 이웃으로 알게 된 중국계 말레이시아 사람이 있었는데, 이 친구는 본인도 여자친구도 중국계 은행에 다녔다. 언젠가 이야기를 나누던 중, 둘 다 회사 방침으로 이슬람 금융상품 판매를 위한 자격증을 취득했다는 얘기를 듣게 되었다. 말레이시아에서는 중국계 은행에서 중국계 은행원이 중국계 고객에게 이슬람 금융상품을 설명하는 장면이 흔하게 일어난다. 이슬람 금융회사도 아닌 금융사가 이슬람 금융상품을 파는 이유는 각종 세제 혜택 때문에 그것이 더 이득이 되기 때문이었다. 일반 금융회사인 중국계 은행도 비무슬림인 중국계 고객도 경제적으로 이익이 된다면 이슬람 금융상품을 사고파는 것을 문제 삼지 않는 듯했다.

말레이시아나 인도네시아같이 무슬림과 비무슬림이 함께 어울려 사는 다종교, 다문화 사회에서 비무슬림 금융 소비자가 이슬람 금융상품을 거래하는 일은 흔하다. 무슬림이 전체 인구의 85% 이상을 차지하는 인도네시아에서도 북(北)술라웨시주(州)의 주도(州都)인 마나도시(市)는 기독교세가 강한 도시이다. 도시 인구의 55% 정도가 개신교인이며, 가톨릭 교인도 5% 정도에 달한다. 무슬림 주민 비율은 40%에 조금 못 미친다. 어떤 연구자들이 이 도시에 있는 국영 이슬람 은행인 '인도네시아 샤리아 은행(BSI)' 두 군데 지점 담당자와 면담한 결과에 따르면 비무슬림 고객 비율이 한 지점(까이라기)에서는 60%, 다른 지점에서도(뗀데안) 43%에 달했다고 한다.[61]

비이슬람권에서는 비무슬림 소비자가 이슬람 금융이라는 개념을 생소해하기도 하고, 이슬람 금융상품을 거래할 경우 샤리아를 잘 몰라서 불이익을 받지 않을까 우려할 수도 있다. 이슬람 금융기관이나 감독 당국이 비무슬림 고객을 대놓고 차별하지는 않겠지만, 문제가 생기면 결국 최종 결정은 샤리아 원칙에 따라 내려질 텐데 무슬림이 아니면 샤리아가 생소하기 때문이다.

그런데 사실 금융이나 경제에 수반되는 샤리아 원칙을 잘 모르는 것은 무슬림 소비자도 마찬가지다. 거래를 하면서도 상품에 내재되어 있는 복잡한 계약이나 원칙에 대해 일반 소비자가 잘 파악하기는 어렵다. 무슬림은 샤리아를 잘 알아서 불리하지 않고 비무슬림이라 하여 샤리아를 잘 몰라 불리하고 그렇지는 않은 것 같다.

그래도 이슬람 금융 관련 거래를 하는 비무슬림이 왠지 생소하고 불안한 마음을 가지는 것은 어찌 보면 당연하다. 샤리아 또는 이슬람 금융학자라면 샤리아에는 무슬림이 아닌 사람을 어떻게 대우하고 이들과 어떻게 거래하고 교류해야 하는지에 대해 상세한 규정이 있으니 걱정할 필요가 없다고 말할 것이다.

'우술 피크(Usul Fiqh)[62]'라는 수업 시간에 있었던 일이다. 한번은 샤리아

---

61)   Nurhayati, L.외 4인, 'The Perception of Non-Moslem Customers Towards Bank Syariah in Manado City', International Journal of Applied Business and International Management(IJABIM), 6(1)(2021), 25-39

62)   정확한 표현은 아니지만 '우술 피크'는 '샤리아 원론' 정도에 해당한다고 보면 된다.

학자인 교수님이 학생들에게 이런 질문을 했다. "술을 팔거나 돼지고기를 파는 사업에 이슬람 금융기관이 금융을 제공할 수 있을까?" 질문이 떨어지자 학생들은 다들 서로 얼굴을 쳐다보며 어리둥절했다. 다들 말은 안 하지만 '이슬람에서 금지하는 품목을 파는데 이슬람 금융상품으로 금융을 받는다고? 이게 가능한 얘기야?'라는 표정이었다. 나에게 돌아온 발언 기회에 나도 "이슬람 금융은 정의상 샤리아 원칙을 따르는 금융인데, 샤리아에서 금하는 술이나 돼지고기를 이슬람 금융으로 지원한다는 것은 말이 안 된다."고 하였다. 다른 학생들도 의견이 비슷했다. 교수님은 이런 상황이 일반적으로는 불가능하지만 가능한 상황도 생각해 볼 수 있다고 말하며 이런 예를 들어 주었다.

예컨대 100% 이슬람 금융이 시행되고 있는 나라에서는 일반 금융기관이 없기 때문에 비무슬림인 양조업자나 돼지고기 생산·유통업자는 일반 금융기관에서는 대출을 받을 수 없다. 자국 영토 내에서 술이나 돼지고기 유통 및 소비를 금지하는 이슬람권 나라도 있지만, 반면에 샤리아에 따르면 이슬람 사회에 사는 비무슬림은 자신의 신앙과 관습에 따라 살 수 있어야 한다고 믿는 학자도 많다. 여기에는 경제활동도 포함된다. 무슬림과는 달리 비무슬림은 술과 돼지고기를 소비할 수 있어야 하고 그러려면 술과 돼지고기의 생산과 유통도 가능해야 한다. 생산과 유통 못지않게 금융도 경제활동에서 필수적인 요소이다. 일반 금융기관에서 대출을 받을 길이 없다면 이슬람 금융기관이 금융을 제공해 비무슬림이 자신의 신앙과 관습에 따라 경제활동을 할 수 있게 하는 것이 샤리아의 원칙일 수 있다는 것이 교수님의 설명이었다.

비무슬림이 술과 돼지고기를 유통하고 소비하는 것은 샤리아에 어긋나지 않으며 오히려 그렇게 할 수 있도록 보장해 주는 것이 샤리아에 부합한다는 생각일 것이다.

'술이나 돼지고기 영업을 하는 회사에 이슬람 금융기관이 금융을 제공할 수 있는가?'는 가상의 사례이다. 일반 금융기관이 하나도 없이 백 퍼센트 이슬람 금융기관만 있는 금융시장도 거의 없고, 그런 시장에서 비할랄 품목 영업을 하는 회사가 금융을 받는다는 것은, 이론상으로는 가능할지 몰라도 막상 현실이 되면 여러 장애가 있을 것이다. 그래도 당연히 안 되는 일이라고 생각했던 일인데 그렇지 않다고 하니 여러 가지 생각이 들었다. 특히, 이슬람 금융시장에 참여하는 비무슬림의 지위와 이들에 대한 대우에 대해서 말이다.

이슬람 금융기관이나 금융 당국이 비무슬림을 공정하게 대우한다고 해도 비무슬림은 이슬람이나 샤리아와 관련한 개념이 생소하니까 이슬람 금융과 관련한 거래에 참여할 때 아무래도 불리한 위치에 놓이게 될 것이라는 생각이 들기도 한다. 하지만 어떤 면에서는 비무슬림이 유리하기도 하다. 무슬림인 시장 참여자나 이슬람 금융기관은 규정이나 개인적인 신념 때문에 더 까다로운 샤리아 규정과 철학을 스스로에게 적용하기도 하지만, 비무슬림 참여자나 일반 금융기관은 그럴 필요가 없기 때문이다. 조금 냉소적으로 얘기하면 이슬람 금융시장에 참여해서 규정을 지키고 거래하면서 경제적 이익을 취하면 되지, 이슬람 금융의 근간을 이루는 정신 같은 것에는 관심을 덜 기울여도 된다.

실제로 역사적으로 비슷한 사례가 있다. 오스만튀르크 같은 이슬람 제국에는 많은 비무슬림이 관리나 전문인, 상인 등으로 일했는데 무슬림은 율법 때문에 택할 수 없는 직업도 비무슬림은 제한 없이 선택할 수 있었다고 한다. 무슬림은 거의 진출하지 않고 비무슬림이 대대로 차지한 자리도 있었다고 한다. 마찬가지라고 얘기할 수 있을지 모르겠지만, 이슬람 금융 시장에서도 비무슬림이 무슬림보다 오히려 유연한 입장을 취할 수 있는 경우도 많다.

하지만 비무슬림이 유리할 수 있는 측면도 있다는 것이지 이슬람의 종교적 원칙에 따라 행하는 이슬람 금융에서 무슬림이 전반적으로 유리하기는 어렵다. 비무슬림에게 가해지는 공식적이고 부당한 차별은 없다고 해도 제한이 없지는 않다. 대표적으로 비무슬림은 샤리아 규정을 해석할 수 없다. 물론 개인적이고 비공식적인 해석에는 제한이 없지만 공식적이고 권위 있는 해석은 할 수 없다. 아무리 꾸란과 순나, 샤리아를 오랫동안 깊이 공부했다 해도 무슬림이 아니면 그의 해석은 권위가 없다. 샤리아 해석은 이즈티하드(Ijtihad)라는 단계를 거치는데 이즈티하드를 행사할 수 있는 무즈타히드(Mujtahid)가 되는 첫 번째 조건이 무슬림이어야 한다는 것이다. 물론 일반 무슬림도 권위 있는 해석을 내릴 수 있을 정도로 샤리아를 공부하여 자격을 갖춘 이는 소수이다. 하지만 무슬림이 아닌 경우에는 지식이나 경험의 정도와 상관없이 원천적으로 해석을 내릴 수 있는 길이 막혀 있다. 샤리아학자나 샤리아 위원회가 내린 결정이 맞는 해석이 아니라고 생각해도 방법이 없다.

은행업이나 소매 금융의 경우에는 이미 수많은 거래 건을 통해 관행이 확립된 상태기 때문에 비무슬림 고객이라 하여 샤리아 규정을 잘 알지 못해 받는 불이익은 없거나 크지 않다고 볼 수 있다. 다만, 기관끼리 하는 거액의 비정형 거래를 하는 경우에는 저명한 샤리아학자나 관련 기관으로부터 자문을 받아 진행하거나 기관 내부에 자체적으로 샤리아 분석 역량을 어느 정도라도 갖추어 놓아야 하긴 할 것이다.

자연히 이슬람 금융 거래가 늘어날수록 유명한 샤리아학자에게 자문 수요도 몰리게 된다. 그러다 보니 이슬람 금융이 세계적으로 관심을 얻게 된 초기에는 몇 명의 저명한 샤리아학자들이 몇십 개 때로는 몇백 개 기관에 자문을 제공하기도 했다. 이렇게 되면 심도 있는 분석이 이루어지기는 어렵겠지만 그래도 저명하고 권위 있는 학자에게 자문을 받으려는 수요 때문에 유명한 샤리아학자들이 돈방석에 오르는 일이 일어나기도 한다. 지금도 샤리아 해석과 자문이 소수의 '샤리아 엘리트'에게 몰리는 현상은 해소되지 않고 있는 모양이다.

간혹 무슬림은 아니지만 이슬람 경제나 금융의 대의에 찬성하거나 찬성한다고 말하는 사람들도 만나볼 수도 있다. 무슬림이 아니더라도 더 공정하고 사회적으로도 책임 있는 형태로 금융을 하자고 하는 이슬람 금융의 대의에 대해서 반대할 이유는 없을지도 모른다.

물론 실제로는 그렇게 생각하지 않으면서도 이슬람 경제나 금융에 대해서 견해를 밝혀달라고 하면 어느 정도는 이슬람 금융을 하는 사람들이 듣기 좋은 소리를 해 주는 사람도 분명 있을 것이다. 하지만 '비무슬림을 위한 이슬람 경제' 같은 제목으로 열린 웨비나 같은 것을 들어보면 이슬람 경제나 금융이 정말로 자본주의 경제의 대안이 될 수 있다고 생각하는 비무슬림도 있는 것 같다. 이슬람 금융이 그냥 이슬람의 종교적 원칙에 기반한 금융 시스템이 아니라, 정의와 공정과 같은 보편적 가치를 추구하는 체제라는 생각이다.

이슬람 금융의 대의에 동의한다면 말할 것도 없고 그렇지 않다고 해도 이슬람 금융이 ESG 같은 사회적 가치에 주목하고 있는 것을 볼 때 비무슬림이라도 이슬람 금융에서 서로 공유하는 가치를 발견하고 협력할 수 있는 여지는 충분히 있을 것 같다.

통일되지 않은 기준과 규칙이 문제

　이슬람 금융은 샤리아의 원칙을 따른다. 무슬림은 물론이고 무슬림이 아닌 사람도 이슬람 금융상품을 거래하면서 이 시장에 참여하려면 기본적으로 게임의 규칙을 따를 준비가 되어 있다. 문제는 샤리아라고 하는 것이 무슨 책이나 법전처럼 '샤리아 1', '샤리아 2' 이런 식으로 정리되어 있지 않다는 점이다.

　앞에서 살펴본 것처럼 샤리아는 정의 내리기도 쉽지 않은 커다란 체계이다. 꾸란이나 순나, 이즈마, 키야스 등의 원천으로부터 샤리아 원칙을 이끌어내는 것을 평생 동안 전문적으로 들이파는 샤리아학자들도 어떤 사안에 대해 일관된 결론을 내리지가 쉽지 않다. 그러니 축구나 야구 규칙처럼 규정집(rule book)이 있거나, 아니면 이 정도 수준에는 이르지 못하더라도 시장에서 일반적으로 통용되는 관습 같은 것이 있으면 좋은데 그렇지가 않다.

　규칙을 따를 준비는 되어 있는데 그 규칙이 무엇인지를 아는 것이 쉽지가 않고, 때로는 그 규칙이 동네마다 다르기도 하다. 그래서 어렵다.

　이슬람 · 샤리아학자들은 이슬람 · 샤리아가 유연한 체계라고 말한다. 신에 대한 신앙고백과 예배같이 시대와 장소에 따라 변하지 않는 핵심적인 기둥이 있는가 하면, 신앙적 실천을 규정하는 세세한 규칙들은 상황에 따라 달라질 수 있다. 물론 최근 들어 신앙의 표준을 7세기 아라비아의 상황에 맞추는 다소 경직된 해석이 힘을 얻어가고 있지만 본래 샤리아 해석은 꽤 유연한 편이다. 많은 학자가 하나의 해석이 모든 시대와 장소에 통용될수 있다는 생각이 불합리하다고 생각한다. 꾸란이나 순나와 같이 샤리아원리를 이끌어내는 상위 원천에 위배되지 않으면 지역의 특수한 상황을 인정해 주는 우르프(Urf)와 같은 원리도 존재한다. 실제로 샤리아가 개별 지역에 적용될 때에는 각 지역에서 원래부터 통용되는 관습인 아다(Adah)와 함께 적용되었다. 아마 특정한 시간과 장소에서 무슬림으로 살아가는 사람들은 어디서부터가 보편적인 샤리아 원칙이고 어디서부터가 자기들 지역에서 내려오던 관습법 아다(Adah)인지 명확히 구별하기 어려웠을 것이다. 그런데 사실 특수한 관습법인 아다를 인정해 주는 것도 보편적인 샤리아 원칙 중에 하나이다.

마찬가지로 앞에서 살펴본 바와 같이 샤리아 원리를 도출하는 데에는'마즈합(Madhhab)', 보통 '학파'로 번역하는 큰 줄기가 있다. 시아(Shia)에는또 그 나름대로 샤리아학파가 있지만 우리에게 익숙한 순니(Sunni) 이슬람에는 하나피, 말리키, 샤피, 한발리 네 개의 주요한 학파가 있다. 예멘이나동남아시아 지역에서 샤피파(派)의 영향력이 큰 것처럼 지역마다 영향력이큰 학파가 있다.

물론 특정한 학파에 속한 학자라고 해서 모두 어떤 사안에 대해 같은 의견을 내는 것은 아니겠지만, 그래도 큰 줄기에서는 어느 정도 유사한 흐름을보인다. 지금은 어떤 학파를 무조건 따르기보다는 여러 학자의 주장을 종합적으로 검토하여 특정 사안에 대해 판단을 내리는 경우가 많다. 특히, 이슬람 경제나 금융에서는 그러한 풍조가 더 두드러지기도 한다. 그럼에도 불구하고 샤리아학자들이 단독으로 또는 그룹으로 어떤 의견을 낼 때는 그가 어떤 지역에서 어떤 학파의 영향력에서 공부했는지가 매우 중요하긴 하다.

요즘 같으면 인도네시아나 말레이시아 샤리아학자들이 특정 사안에 대해 의견을 낼 때 이 지역이 샤피파(派)의 영향력이 큰 곳이라 하여 덮어놓고 샤피파(派) 계열의 해석을 따른다고 말하지는 않을 것이다. 하지만 이 학자들을 가르친 스승도 대부분 샤피 계열일 것이라 샤피 계열의 해석을 배웠을 것이고, 전반적인 학풍도 그렇고 해서 큰 줄기에서 샤피 계열의 영향력은 무시할 수 없을 만큼 크다.

이슬람에서 종교적이거나 법적인 사안에 대해 의견이 모이지 않는 것은 문제가 되지 않는다. 이런 다양성이 이슬람과 무슬림을 향한 신의 호의와 자비라고 선지자가 말했다는 전통마저 존재한다.[63]

이런 하디스도 있다. 한번은 선지자 무함마드가 전투에서 돌아와서 부하들에게 "쿠라이자 부족에게 도착하기 전까지는 아무도 오후(아스르, Asr) 기도를 하지 말라."고 명령했다. 그만큼 서둘러서 가라는 뜻이었을 것이다. 그런데 길에서 시간이 생각보다 지체되어 더 이상 기도를 미루면 다음번 기도인 일몰(마그립, Maghrib) 기도 시간까지도 오후 기도를 못 하는 상황이 되었던 듯싶다. 부하 중 일부는 선지자가 목적지에 이르기 전에는 오후 기도를 하지 말라고 한 명령을 그대로 받아들여 기도하지 않았다. 그런데 또 어떤 부하들은 '오후 기도 시간 내에서는 도착 전까지 기도하지 않아야 하지만, 오후 기도 시간이 다 지날 때까지도 하지 말라는 뜻은 아니셨을 것이다.' 하는 생각에서 그 자리에서 기도했다.

나중에 이 이야기를 전해 들은 선지자는 누가 맞고 누가 틀렸는지 얘기하지 않고, 누구의 손도 들어주지 않고 누구도 비난하지 않았다고 한다.[64] 누가 맞고, 누가 틀렸는지를 얘기해 주면 그다음부터는 신자들이 위축되어

---

63) '이슬람 공동체에서 의견의 불일치는 신의 호의의 표시이다'라거나 '학자들이 의견이 다른 것은 신의 자비이다.'와 같은 하디스가 있는 것으로 되어 있으나, 권위 있고 신빙성 있는 하디스는 아니다. 하지만 이러한 전통을 들어 의견의 불일치나 다양성을 긍정적으로 바라보고자 하는 시각이 있다는 것 자체는 의미가 있다.

64) 하디스 Sahih al-Bukhari 946에 실린 내용인데, Sahih Muslim 1770에도 세부 사항이 다를 뿐 거의 비슷한 내용이 실려 있다.

스스로 판단해서 결정하지 못할 것이기 때문이었을 것이라는 해석을 들은 적이 있다.

황희 정승 얘기가 생각나는 이 에피소드는 샤리아에서 의견 불일치(이끄틸라프, Ikhtilaf)와 (자격을 갖춘 이들이) 주어진 원칙하에서 스스로 해석을 내리는 행위(이즈티하드, Ijtihad)를 긍정하는 근거 중 하나로 사용되기도 한다.

일반적으로는 샤리아 해석에 있어 이처럼 의견이 일치하지 않아 다양한 해석이 존재하는 것은 전혀 문제 되지 않는다. 오히려 좋을 수 있다. 해석자가 문자나 조문에 지나치게 매이지 않고 상황에 따라 원칙을 유연하게 적용할 수 있기 때문이다. 지역 간에 왕래가 활발하지 않았던 과거에는 이런 의견 불일치가 별로 문제 되지 않았을 것이다. 모로코와 인도네시아에 각각 살고 있는 무슬림이 지역의 관습과 상황을 반영해서 어떤 사안에 대해 조금씩 해석을 달리하여 현실에 적용한다고 해서 무슨 문제가 되었겠는가? 모로코 사람과 인도네시아 사람은 만날 일도 거의 없었을 것이다. 지금도 어떤 사안에 대해서는 의견 불일치가 문제가 되지 않는다. 가족법 같은 것은 모로코와 인도네시아가 달라도 큰 문제가 없다. 지역에 따라 다른 관습을 반영해도 될 일이다.

그런데 금융 거래로 오면 얘기가 달라진다. 모로코 사람은 모로코에서만, 인도네시아 사람은 인도네시아에서만 금융 거래를 한다고 하면 괜찮다. 그런데 지금 금융 거래는 국경을 넘어서 일어난다. 모로코 사람도 인도네시아에서 인도네시아 사람도 모로코에서 금융 거래를 할 수 있고, 제3국 개인이나 기업도 모로코와 인도네시아에서 금융 거래를 할 수 있다.

어떤 금융 거래는 국경 자체가 크게 의미가 없기도 하다. 글로벌 수쿠크 같은 것을 발행하면 세계 여러 나라에서 이 증권에 투자한다. 그러면 샤리아와 관련하여 해석과 의견이 일치하지 않는 것이 문제가 된다. 말레이시아와 UAE에서 발행하는 수쿠크가 서로 다른 규칙을 적용받게 된다면 어떨까? 실제로 통일된 기준이 부재하다는 문제는 세계적으로 이슬람 금융이 성장하는 데 장애물 중 하나로 지적되어 왔다.

이슬람 금융에서 샤리아 관련 기준은 각 나라별로 감독 당국이 주도권을 쥐고 있는 곳도 있고, 시장에 자율적으로 맡겨져 있는 경우도 있다. 감독 당국이 주도권을 쥔 곳의 대표적 예는 말레이시아이다. 말레이시아에서는 중앙은행(Bank Negara Malaysia)이 그 안에 샤리아 자문 위원회(SAC, Shariah Advisory Council)를 두어 샤리아와 관련한 사안을 심의하고 결정하며, 시장 내에서 개별 기관이나 참여자가 따라야 할 기준을 발표한다. 개별 금융상품이나 계약에 적용할 기준도 중앙은행에 설치된 샤리아 자문 위원회에서 나온다. 개별 금융기관도 자체적으로 샤리아 위원회를 두고 있지만 금융기관이 갖추어야 할 샤리아 지배구조에 대해서는 중앙은행이 기준을 정하고 있다. 감독 당국이 메타 지배구조를 정하여 둔 셈이다. 위원회에는 위원을 몇 명 이상을 두어야 하고, 위원의 자격 요건은 어떠해야 하며, 위원이 다른 기관 샤리아 위원회와 겸직할 수 있는 요건은 어떠한지 세세한 규정도 이 기준에 명시되어 있다.

인도네시아의 경우는 말레이시아와는 달리 감독 당국 내에 샤리아 위원회가 설치되어 있지 않고, 최고 이슬람학자 기구로서 정부에서 권위를 인정한 '인도네시아 울라마 회의(MUI, Majelis Ulama Indonesia)' 내에 설치된 '샤리아 위원회(DSN, Dewan Syariah Nasional)'에서 주요사항을 결정한다(보통 줄여서 'DSN-MUI'라고 한다). 여기서 특정한 사안에 대해서 내리는 샤리아 해석인 파트와가 중앙은행(BI, Bank Indonesia)이나 우리나라의 금융감독원에 해당하는 OJK(Otoritas Jasa Keuangan)가 이슬람 금융기관과 상품을 감독하는 근거가 된다.

이슬람권 국가라고 해서 다 말레이시아 정도 되는 수준으로 감독 당국이 집중화된 샤리아 기준을 내는 것은 아니다. 하지만 샤리아 관련 기준이나 지배구조가 중요하다는 인식 때문에 점점 많은 나라가 더 많은 사안에 대해 샤리아 기준과 가이드라인을 정비하고 있고, 2022년 기준으로 35개 나라가 샤리아 지배구조에 대한 규정을 가지고 있다.[65]

반면, 샤리아 관련 기준이나 지배구조에 대해 감독 당국이 아예 별다른 통제를 하지 않는 곳들도 있다. 감독 당국은 금융기관을 감독하는 일반적인 원칙에 따라 이슬람 금융기관이나 관련 상품을 감독할 뿐, 샤리아 관련한 이슈나 지배구조에 대해서는 관여하지 않는다. 영국이나 미국, 홍콩, 싱가포르 등 비이슬람권에서 이슬람 금융 거래를 하는 금융기관들은 기관 자체적으로 구성한 샤리아 위원회와 기준에 따라 샤리아 관련 사안을 판단한다. 그렇다고 마음대로 하지는 못한다. 고객층이나 거래 상대방이 인정할 만한 샤리아 기준에 따라야 고객 유치나 거래가 가능하기 때문이다.

감독 당국이 샤리아 기준을 쥐고 통제하면 나라 안에서 일어나는 거래에 대해선 예측 가능성을 높일 수 있다. 은행의 경우라면 나라 안에서라도 통일된 기준이 있으면 영업에 어려움이 없다. 하지만 금융 거래가 국경을 넘어 일어난다면 나라마다 다른 기준은 문제가 된다. 투자자가 투자 포트폴리오에 말레이시아, 인도네시아, UAE, 사우디아라비아에서 발행하는 수쿠크를 담고자 한다면 각 나라에서 발행하는 수쿠크가 서로 어떻게 다른지를 숙지해야 한다.

세계적으로 통일된 샤리아 기준에 대해 합의가 없는 것은 이슬람 금융이 세계적으로 발전하는 데 장애가 될 수 있다. 그래서 각 나라에서만 통

---

65) ICD-REFINITIV, 'Islamic Finance Development Report 2022' 자료에 따른 것이며, 이슬람 은행업 관련 규정은 44개 나라가, 수쿠크 관련 규정은 23개 나라가 보유하고 있다.

용되는 기준이나 파트와가 아니라 국경을 넘어서도 통하는 기준을 만들려는 노력도 계속 있었다. 이슬람 협력 기구(OIC, Organization for Islamic Cooperation) 산하의 국제 피크 아카데미(International Islamic Fiqh Academy) 같은 기관에서도 다른 분야와 함께 이슬람 금융과 관련된 사안에 대해 파트와를 계속 내고 있다.

바레인에 본부를 둔 '이슬람 금융기관 회계 및 감사 기구(AAOIFI, Accounting and Auditing Organization for Islamic Financial Institutions)'나 말레이시아 쿠알라룸푸르에 있는 '이슬람 금융 서비스 위원회(IFSB, Islamic Financial Services Board)'도 샤리아 관련 기준을 포함하여 산업 내 기준 및 표준을 제정하려는 목적을 가지고 운영되고 있다. 하지만 이들이 내는 기준이나 표준이 구속력을 가진 것은 아니기 때문에 모든 이슬람 금융 거래가 이런 기준이나 표준을 따라 이루어지지는 않는다. 그러나 그래도 이 기관들이 이슬람 금융 업계에서는 가장 인정받는 기준과 표준을 내는 곳들이기 때문에 가장 큰 영향력을 가지고 있는 것도 사실이다.

최근 사례를 들어보자. UAE는 샤리아 기준에서 AAOIFI 기준을 따르고 있다. AAOIFI는 2018년 부채의 매매에 관한 사항을 규정하는 샤리아 기준 59호를 발표하였으며 해당 규정은 2021년부터 시행되었다. 다른 이유도 있겠지만 바로 이 기준 때문에 같은 해 UAE 내 수쿠크 발행 규모가 줄었으며 앞으로도 당분간 수쿠크 발행이 위축될 것이라는 분석이 있다.[66] 물론, 이에 대한 대비책이 나오게 되면 수쿠크 발행 등이 정상화되겠지만 말이다.

기준 59호 시행 전에는 수쿠크를 발행할 때 기초자산 중 유형자산이 최소 50% 이상을 유지하면 되었다. 일단 발행을 하고 나면 수쿠크 기초자산

---

66) S&P Global Ratings, 'Islamic Finance Outlook (2022 Edition)', 2022

구성이 바뀌어 비율이 50% 밑으로 내려가는 경우에 대한 별도 규정이 없었다. 그런데 AAOIFI 샤리아 기준 59호는 이 유형자산 비율이 수쿠크 존속 기간에 계속해서 일정 비율 이상을 유지할 것을 규정하고 있다. 유형자산 비율이 50% 아래로 내려가는 경우에는 발행자 샤리아 자문 위원의 권고에 따라 다시 유형자산 비율 50% 이상을 맞추도록 해야 하며, 33% 아래로 내려가면 수쿠크 상장을 폐지하거나 투자자에게 수쿠크 투자금을 돌려주어야 할 수 있다.

기준이 바뀌면 수쿠크 발행자는 기준에 따라 수쿠크 존속 기간에 계속해서 유형자산 비율을 유지해야 하는 부담이 있으며, 이 비율을 유지하지 못할 때 수쿠크 발행으로 유치한 자금을 돌려주어야 할 위험에 노출된다. 이전에 없던 변수와 위험이 생겼기 때문에 채권평가사는 수쿠크 등급을 평가할 때 기준 변경으로 인한 변수를 위험 요인으로 고려한다.

이슬람 금융시장에 참여하기 위해서는 시장을 규율하는 샤리아 원칙과 기준을 숙지해야 한다. 그런데 이 기준 자체가 통일되어 있지 않고 지역마다 나라마다 다를 수 있다는 사실, 그리고 이것도 고정된 것이 아니고 달라질 수 있다는 사실은 참여자에게 부담이 된다.

그래서 지역 간 차이를 줄이고 통일된 기준을 만들어 내고자 하는 움직임이 시장에서 계속 있었고 어느 정도 효과도 있지만, 일반 금융시장 수준으로 통일되고 안정된 기준이 있다고 말하기는 어렵다. 결국 시장에 참여하고자 하는 개인이나 법인이 타깃이 되는 시장의 규칙을 공부하여 익히는 수밖에 없다.

비공식 송금 시스템 하왈라(Hawala)를 알아보자

사실 '하왈라(Hawala)'라는 구조는 이슬람 금융 시스템에서 특별히 중요한 위치를 점하고 있지는 않다. '이슬람 금융'의 범주에 들어가는지도 분명하지 않다. 그런데도 여기에서 하왈라에 대해 알아보려고 하는 이유가 있다.

하왈라는 신용에 기반한 비공식 송금 시스템인데 '비공식'이라는 특성 때문에 이 제도가 테러나 돈세탁 등에 사용될 수 있다는 우려가 나오기도 한다. 하왈라에 대한 의심 어린 시각은 하왈라 때문에 이슬람 금융 전체를 믿을 수 없다는 논리로 발전하기도 한다. 하왈라가 중요한 개념이 아닌데도 여기에서 하왈라에 대해 알아보는 것도 이 때문이다.

우리나라에서 이슬람 금융을 둘러싼 관심과 논란이 한참 일다가 사그라들었을 무렵, 어떤 분이 하왈라에 대해 물어보신 적이 있다. 그분은 금융인이 아니었음에도 그런 의심 어린 시선을 받고 있는 하왈라에 대해 들어 알게 되고 질문까지 했던 것이다.

그때만 해도 이분이 어떻게 하왈라를 알고 있는지부터가 신기했다. 사실 학교에서 이슬람 금융을 공부하면서도 하왈라라는 제도에 대해서는 거의 들어보지 못했다. 교과서에는 나와 있지만 수업에서 중요하게 다뤄지지는 않았다. 학교에서는 왜 하왈라를 중요하게 다루지 않았느냐 하면 하왈라는 비공식 금융 부문에서 사용하는 송금 시스템이기 때문에 상업 금융기관에는 그다지 의미가 없었기 때문이다.

'하왈라'라는 말 자체가 송금이라는 뜻을 지니고 있다. 하왈라는 신용에 기반한 송금 제도이다. 이슬람 전통을 따르고는 있지만 이슬람에서 처음 시작한 것도 아니고 이슬람 세계 밖에도 항상 있었던 비공식적 송금 시스템이다. 하왈라 시스템이 어떻게 작동하는지 보면 그렇게 낯설지 않을 것이다. 지금이야 송금하려면 은행 계좌에서 수취인 계좌로 돈을 보내면 되지만, 예전에는 은행에서 은행으로 전자적 방법으로 송금할 방법이 없었다. 사실 지금도 은행이나 금융기관을 이용하지 않아서 공식적 금융 시스템의 서비스를 받지 못하는 사람이 아직도 많다. 우리나라같이 금융 서비스 접근성이 좋은 곳에서라면 상상하기 어려운 일이다. 이런 사람들이 돈을 보내려면 비공식 송금 시스템을 이용할 수밖에 없다.

하왈라는 이렇게 이루어진다. A라는 사람이 먼 곳에 있는 B라는 사람에게 백만 원을 보내려고 한다. 둘 다 은행 계좌가 있으면 송금하면 그만이다. A와 B가 다른 나라에 있으면 환전 과정을 거쳐 돈이 전달될 것이다. 그럴 수 없는 상황에서 하왈라와 같은 시스템이 필요하다.

먼저 A는 자기 동네에 있는 중개인 Y를 찾는다. 그리고 보내려고 하는 백만 원과 돈을 보내고자 하는 곳, 그리고 인출 암호를 전달한다. 그러면 중개인 Y는 수취인 B가 있는 지역에 있는 중개인 Z를 찾는다. 하왈라 거래가 이루어지려면 잘 짜인 중개인 네트워크가 있어야 한다. 중개인 Y는 중개인 Z에게 송금인 A가 전달한 암호를 보낸다. 수취인 B는 중개인 Z에게 가서 송금인 A로부터 따로 전달받은 암호를 제시하고 돈 백만 원을 받는다.

이 단계에서 중개인 Z와 Y 사이에는 보통 돈이 오가지 않는다. Y는 자기가 가지고 있는 돈에서 백만 원(에서 수수료를 뗀 금액)을 수취인 B에게 내주고 중개인 Z에게서는 나중에 돈을 정산받는다. 이때 정산은 개별 거래 단위로 하는 것이 아니라 중개인 네트워크 안에서 기록해 놓은 여러 거래를 더하고 빼서 이루어질 것이다.

완전히 똑같지는 않지만 요즘 많이 생긴 핀테크 송금업체의 작동 원리와도 비슷하다. 핀테크 송금에서 핀테크 업체는 제휴 은행에 미리 돈을 보내 놓든지 여러 건을 묶어서 돈을 보낸다. 송금자가 핀테크 업체에 돈을 보내면 핀테크 업체는 이 정보를 제휴 은행에 보내고 제휴 은행은 바로 수취인 계좌에 돈을 입금한다. 은행 간 송금이 시간도 더 오래 걸리고 수수료도 더 비싼 걸 생각하면 비용도 시간도 상당히 절약된다. 핀테크 송금도 개별 송금 건을 건별로 보내 처리하는 것이 아니라 묶어서 한꺼번에 처리한다는 점에서 하왈라와 비슷한 점이 있다.

하왈라 거래 자체가 특별할 것은 없다. 금융 접근성은 떨어지는데 돈은 보내야겠고 해서 활용하던 방법일 뿐이다. 수 세기 동안 여러 곳에서 조금씩 형태를 달리하여 하왈라와 유사한 형태의 비공식 송금 거래가 사용되었다. 문제는 하왈라 거래가 공식적 금융 시스템에 흔적을 남기지 않는다는 것이다. 위에 예를 든 핀테크 송금만 해도 원리는 비슷하다고 해도, 금융 당국 허가를 받은 업체가 행하는 거래라면 기록이 남는다. 거래할 때마다 거래 목적을 적지는 않지만 송금인이 핀테크 업체에 돈을 보낼 때, 핀테크 업체가 제휴 은행에 돈을 보낼 때, 제휴 은행이 수취인 계좌에 돈을 입금할 때 기록이 다 남는다.

그런데 하왈라 거래는 비공식적 거래이기 때문에 기록이 남지 않는다. 송금 목적도 따로 기재할 필요가 없다. 여기에서 하왈라가 테러나 돈세탁 등 비합법적 목적에 사용될 가능성이 크다는 얘기가 나온다. 특히 2001년 911 테러 이후에는 테러범들이 하왈라 시스템을 이용해 테러 자금을 전달받았다는 의혹이 제기되어서 하왈라에 대한 논의가 테러나 범죄와 연계되어 이루어지기도 하였다. 인도 같은 나라에서는 아예 하왈라가 불법이다. 하왈라가 테러와 같은 비합법적 목적에 악용된다 하여도 사실 전체 하왈라 거래 건 중에 그런 의심스러운 거래는 극히 일부에 불과할 것이다. 하지만 공식적 금융 시스템 밖에 있어서 감시와 감독이 어려운 하왈라의 특성 때문에 때로는 하왈라 시스템 전체가 의심스러운 눈초리를 받는다.

하왈라가 이런 부정적 대우만 받는 것은 아니다. 은행이나 금융기관에 접근하지 못하는 저개발국 빈곤층에게는 아직 비공식적 송금 시스템이 필요하기 때문이다. 근로자들이 타지에서 돈을 벌어 집에 있는 가족에게 돈을 보내는 송금(remittances)은 이미 한 나라의 개발에 필요한 가장 중요한 재원 중 하나로 주목을 받고 있다.

중국을 제외한 중저소득국에서는 해외로부터의 송금액이 해외직접투자(FDI) 규모와 비슷하고 공적개발원조(ODA) 규모보다는 두세 배 이상 더 크다. 그러니 원조 프로젝트를 진행하는 것도 중요하지만 돈을 빠르고 안전하고 싸게 보낼 수 있는 망을 갖추는 것은 경제 발전에 매우 중요한 요소이다. 우리나라처럼 사람들이 대부분 은행 계좌를 다 가지고 있고, 돈을 보내면 거의 실시간으로 돈을 받아 확인할 수 있는 곳에서는 잘 이해가 안 될 수 있지만 말이다. 돈을 보내긴 해야 하는데 금융기관 이용이 어렵다면 하왈라와 같은 비공식적 송금 시스템을 활용해야 한다.

이런 이유로 세계은행(World Bank)이나 UN 세계식량계획(World Food Programme) 같은 개발·원조 기관들은 공식 금융 시스템에 접근이 어려운 곳에서 하왈라를 활용하여 인도주의적 도움을 제공하는 데 관심을 두고 있다.

실제로 2003년과 2015년 각각 아프가니스탄과 시리아에서 내전 등으로 금융 시스템이 붕괴되었을 때 편리하고 신속한 저비용 송금 수단으로써 하왈라 시스템이 어떻게 활용되었는지를 다룬 보고서들이 나와 있기도 하다.[67] 물론 다른 모든 공식, 비공식 금융 제도와 마찬가지로 하왈라 시스템도 감독이 필요하다. 하지만 하왈라가 무조건 테러나 돈세탁, 범죄와 연결 지어져 논의되는 것만은 아님을 알아둘 필요가 있다. 적절한 감독하에서 하왈라는 금융 시스템이 붕괴된 곳이나 금융 서비스에 대한 접근성이 약한 곳에서 빠르고 편리하고 비용이 적게 드는 송금 수단으로서 광범위하게 활용될 수 있다.

비공식적 송금 시스템으로서 하왈라의 쓰임새는 앞으로 점점 줄어들게 될 것이다. 스마트폰의 보급과 핀테크의 발달로 지금까지 은행 계좌를 열거나 공식적 금융 서비스 부문을 이용하지 못했던 사람들이 전자적 방법으로 돈을 보내거나 금융 거래를 할 수 있는 수단도 많아지고 있다.

지금까지 공식적 금융 시스템 접근성이 떨어졌던 곳에서 핀테크 성장 가능성은 오히려 더 클 때도 있다. 저가 스마트폰만 있으면 은행 계좌 없이도 전자적 방식으로 금융 거래가 가능하기 때문이다. 중국은 물론이고 아프리카에서도 핀테크 서비스가 빠르게 성장하고 있다는 소식도 쉽게 접할수 있다. 핀테크 등으로 쉽게 송금을 할 수 있는 수단이 생기면 하왈라와 같은 제도에 대한 수요는 줄어들 것이다.

그래도 하왈라가 꺼림칙할 수도 있다. 그런데 사실 하왈라만 테러나 범죄 등에 악용될 수 있는 수단인 것은 아니다. 암호화폐도 테러나 마약 거래 등에 사용될 수 있다. 한참 전이면 모를까 지금 같으면 사실 테러나 범죄 단체들은 거액의 자금을 신속하고 안전하게 동원하기 위해 암호화폐와 같은 수단을 사용하려 할 것이다. 대테러 활동 등을 하는 각국 정보 당국은

---

67) Samuel Munzele Maimbo, 'The Money Exchange Dealers of Kabul : A Study of the Hawala System in Afghanistan', World Bank Working Paper No.13, 2003, The World Bank 와 Beechwood International, 'Technical Assessment : Humanitarian Use of Hawala in Syria', 2015를 참고하라.

하왈라를 의심스럽게 바라보는 것보다 몇 배는 더 주의를 기울여 암호화폐 시장에서 자금의 흐름을 지켜보고 있을 것이다. 그래도 이런 이유로 암호화폐 거래를 금지시키거나 해야 한다는 움직임은 없다.

그럼에도 하왈라가 문제라고 생각되고 하왈라 때문에 이슬람 금융 전체가 의심스럽다면 하왈라 시스템은 사용하지 하지 않으면 된다. 사실 하왈라는 비공식적 송금 시스템이지 이슬람 금융의 한 부분이라고 말하기도 좀 어려운 측면이 있다. 우리나라같이 은행 거래가 편한 나라에서 하왈라가 무슨 필요가 있겠는가? 이슬람권 나라들도 이슬람 금융을 활용하면서 어떤 거래는 쓰고, 어떤 거래는 쓰지 않고는 다 제각각이다. 우리나라도 이슬람 금융을 활용해야 하는 상황이라면 우리가 필요한 것 위주로만 활용하고, 제도나 법도 그렇게 맞춰서 정비하면 된다. 하왈라가 문제라면 쓰지 않으면 그만이다.

2010년, 수쿠크법 논란을 알아보자

우리나라에서 이슬람 금융에 대한 관심은 2010년에 멈춰 서 있다.

국회에서 무라바하와 이자라 수쿠크에 대해 일반 외화 채권과 동일한 세제 혜택을 주는 방향으로 '조세특례제한법' 개정을 논의했지만 무산된 이후로는 이렇다 할 움직임이 없다. 보통 조세특례제한법(이하 '조특법') 개정 추진이 무산된 것에 대해 이를 이슬람 금융을 도입하려는 시도가 실패했다고 알고 있는 경우가 많다. 아예 국회 상임위원회와 소위원회에서 개정을 논의했던 내용을 '수쿠크법'이라고 부르기도 했다.

그런데 사실 국회에서 이슬람 금융을 도입하자, 하지 말자 여부를 논의한 것은 아니었다. 물론 조특법 개정이 무산되어 당시 수쿠크 발행에 가장 많이 쓰이던 무라바하, 이자라 수쿠크 발행이 어려워지면서 이슬람 금융 도입에 대한 동력이 상실되고 규정과 제도 정비가 이어지지 못했으니, 사실상 이슬람 금융 도입을 저지한 것이라고 보아도 아예 틀린 말은 아닐 것이다.

여기에서는 2010년 말 국회 상임위원회(기획재정위원회)와 소위원회(조세소위원회)에서 논의되다가 본회의에 올리지도 못한 수쿠크 관련 조특법 개정안 내용이 무엇이었는지 살펴보고자 한다.

조특법에는 외화 채권 이자에 부과하는 세금에 대한 특례가 있다. 원래 채권에 투자하여 채권에 대한 이자를 받으면 그 이자는 소득이 되므로 소득세나 법인세를 내야 한다. 그런데 특례조항에 따르면 내국법인이 채권을 외화표시로 발행하는 경우에 채권의 이자를 받는 이는(내국법인이나 거주자 제외) 소득세나 법인세를 면제받는다(조세특례제한법 제21조 제1항 제1호[68]). 원래 대로라면 당연히 부과해야겠으나 외화 조달을 원활하게 하기 위해 이러한 특례를 두는 것이다.

수쿠크와 관련한 조특법 개정안 내용은 간단하다. 무라바하와 이자라 수쿠크는 형식적으로는 매매와 리스 거래를 활용하지만 실제로는 채권과 마찬가지이니 이를 외화 채권과 동일하게 간주하여 채권에서 이자에 해당하는 매매차익과 리스료에 대한 수익에 대해 소득세와 법인세를 부과하지 않겠다는 것이다. 여기에 더해 거래를 일으키기 위한 상품 매매 거래에 대해서도 부가가치세를 부과하지 않을 계획이었다.

이슬람 금융 관련 거래를 하면 세금 문제를 어떻게 처리할 것인가는 한 번은 풀어야 할 숙제이다. 말레이시아 같은 몇몇 나라는 이슬람 금융산업을 육성하기 위해 이슬람 금융상품에는 세제 혜택을 얹어 준다. 그러면 이슬람 금융기관뿐 아니라 일반 금융기관도 이슬람 금융상품을 취급할 유인이 생긴다. 하지만 무슬림이 인구의 다수를 차지하는 곳이 아니라면 이슬람 금융상품에 세제 혜택을 주는 방안이 다수 국민의 지지를 받기는 어렵다. 혜택은 주지 않더라도 이슬람 금융상품 거래를 가능하게 하려면 최소한 이슬람 금융상품 거래를 일반 금융상품 거래에 비해 불리하지는 않게 동등하게 만들어 주어야 한다. 과세를 어떻게 할지를 명확하게 하지 않으면 이슬람 금융상품 거래가 세제상 불리한 위치에 놓이게 되기가 쉽기 때문이다.

---

68) 제21조(국제금융거래에 따른 이자소득 등에 따른 법인세 등의 면제) ① 다음 각호의 어느 하나의 소득을 받는 자(거주자, 내국법인 및 외국법인의 국내 사업장은 제외한다)에 대해서는 소득세 또는 법인세를 면제한다.
1. 국가지방자치단체 또는 내국법인이 국외에서 발행하는 외화표시 채권의 이자 및 수수료(이하 생략)

무라바하 금융 거래 구조의 예를 들어보자. 무라바하 거래를 활용한 금융 구조에서는 상품을 매매하고 즉시 거래와 외상거래 간 가격 차액을 활용한다. 각 매매 거래 자체는 그 자체로 독립적인 거래를 구성해야 하지만 무라바하 금융의 진짜 목적은 상품 매매가 아니라 금융이다. 그런데 각 매매 거래에 대해 부가가치세같이 세금을 부과한다든지 하면 세금 부담이 커지게 된다. 이자라 구조도 마찬가지이다. 만약 매각 후 재리스 방식을 사용한다면 리스 대상이 되는 자산은 최초에 한 번 매매가 되었다가 나중 금융 기간이 끝나면 다시 매매가 된다.

리스 대상 자산이 부동산이라면 사고팔 때마다 양도세와 취득세, 등록세 등은 어떻게 해야 할까? 리스료에 대한 세금에 부동산 관련 세금까지 내야 한다면 이자라 구조를 활용한 금융은 성립하기가 어렵다. 그럼 어떻게 해 줘야 하나? 무라바하나 이자라 구조를 활용한 금융을 매매나 리스 거래로 보지 말고 금융 거래로 보고 과세하면 된다. 돈을 빌려주고 이자를 주고받을 때, 그 이자에 대해 소득세나 법인세를 과세하는 것처럼 무라바하와 이자라 금융에서 발생한 수익을 이자로 보고 소득세와 법인세를 과세하면 된다.

물론 '아니, 이슬람 율법에 따르면 이 거래들은 금전대차 거래가 아니라 매매나 리스 거래라고 그렇게 말하더니, 정작 세금은 그냥 금융 거래로 보고 매기자고?'라는 생각이 들 수 있다. 당연히 나올 수 있는 반응이다. 이슬람은 정당하지 않은 이익인 이자를 인정하지 않는다고 말해 놓고는 과세를 할 때는 결국 그 거래들이 형식상으로만 매매나 리스 거래이지 실질적으로는 이자를 주고받는 금전대차 거래라는 것을 인정하는 셈이 된다.

어쨌건 이슬람 금융 거래를 실질적인 내용이 같은 일반 금융 거래와 같이 간주하면 여기서 발생한 이익을 이자라고 여겨 과세를 하면 된다. 그런데 우리나라에는 앞에서 말한 대로 내국법인이 외화로 표시하여 채권을 발행하면 그 이자에 대해서는 소득세와 법인세가 면제되는 세제 혜택이 있다. 원화표시 채권에 대해서는 이런 특례가 없으므로 특혜라는 생각이 들 수도 있지만 외화 확보가 중요한 우리 상황을 반영한 특례이며, 수쿠크뿐 아니라 일반 채권도 받는 특례이다.

조특법 개정안은 외화표시 수쿠크도 외화 채권으로 보고 이자에 상당하는 금액에 대해 세금을 면제해 주자는 내용을 담고 있다. 이자 수수를 하면 절대로 안 된다고 해서, 매매니 리스니 복잡한 거래를 활용해 수쿠크라고 하는 구조를 만들어 놓고는 이제 이 수쿠크는 채권과 마찬가지이니 여기서 나오는 소득은 채권 이자처럼 대우하자는 논리에 고개를 갸웃하는 사람도 있을 수 있다.

결국은 세금 문제에 있어서 수쿠크를 채권과 동등하게 대우하자는 것이다. 조특법 내용 자체가 수쿠크에서 발생하는 소득에 대해 소득세와 법인세를 면제하는 특례를 주는 것이기 때문에 수쿠크에 특혜를 준다는 오해가 일부 있을 수 있으나, 이 특례는 실질이 같은 외화 채권에 주는 특례와 동일한 대우이다.

외화 채권에 주는 특례를 수쿠크에 주지 않으면 오히려 '조세 형평의 원칙'을 해칠 수 있다는 주장도 가능하다. 이슬람 금융상품과 거래에 대해 추가로 특혜를 주지는 않지만 다른 일반 금융상품과 동일하게 취급하기 위해 과세 제도를 정비한 나라들도 이런 논리이다. 특혜는 주지 않더라도 최소한 동등하게는 대우하자는 것이다.

결국 우리나라에서는 여러 논의 끝에 법 개정안이 통과되지 못했다. 상임위원회(기획재정위원회)와 소위원회(조세소위원회) 회의록을 읽어보면 위원회 구성원들이 본 안건에 대해 그렇게 부정적으로 생각했던 것 같지는 않다. 하지만 당시 조특법 개정안 다른 조항들과는 달리 수쿠크 관련 조항은 의결도 부결도 되지 않고 흐지부지되었다. 절차대로라면 기획재정위원회에서 의결되어 법제사법위원회를 거쳐 본회의에 상정되었어야 할 해당 조항은 의결도 본회의 상정도 되지 않고 그렇게 묻혔다.

법 개정이 무산된 영향은 컸다. 당시 시장에서는 법 개정이 될 것이라는 예상이 우세했다. 처음에는 조특법 개정으로 무라바하와 이자라 수쿠크에 대한 과세 특례 방안이 마련되고 이후에는 자본시장에서 이슬람 금융상품과 구조를 어떻게 다룰 것인지에 대한 법과 규정이 차례로 정비될 것으로 예상되고 있었다.

이슬람 금융에 대한 관심도 커져서 관련된 기업과 기관을 중심으로 스터디 모임도 만들어지고 전담 조직을 마련하는 곳도 나오기 시작하는 참이었다. 그런데 조특법 개정이 무산되니 일반 외화 채권에 비해 불리한 조건으로 발행될 수쿠크에 투자할 투자자도, 그런 수쿠크를 발행할 발행자도 없었다. 앞으로 이슬람 금융 관련 제도가 정비되고 이슬람 금융 거래 활성화가 이루어질 것이라는 기대를 하기도 어려워졌다. 해외에서도 우리나라에서 내린 결정은 종교적인 이유로 이슬람 금융 관련 제도 정비가 무산된 사례로 화제가 되었다.

2009년과 2010년 논의되었던 조특법 개정안은 '수쿠크법'으로 불리기도 했지만 이슬람 금융을 도입하느냐 하지 않느냐에 대한 논의를 담고 있지는 않았다. 하지만 법 개정 무산으로 실질적으로 우리나라에서 이슬람 금융과 관련한 모멘텀이 사라졌으니 이슬람 금융을 도입하지 않기로 한 결정이라고 해도 무방하지 않을까 싶다.

이슬람금융, 자본주의금융의 대안이 될 수 있을까?

2010년과 2011년 내가 말레이시아에서 공부할 때는 금융 위기의 여파가 채 가시지 않을 때였다. 이슬람 금융은 이제 막 세계적으로 주목을 받기 시작한 지 얼마 되지 않았다. 아직 산업이 성숙하기 전이어서 이렇다 할 큰 위기도 겪은 적이 없었다.

이슬람 금융 쪽 학자 중에는 금융 위기가 신용 기반의 자본주의 금융 체제하에서 필연적으로 발생할 수밖에 없다고 주장하는 이들이 있다. 위기가 체제 자체의 결함에서 온 것이기 때문에 규제를 강화한다든지 리스크 관리를 더 정교하게 한다든지 하는 방법으로는 해결이 되지 않는다는 것이다. 결국 새로운 체제와 시스템이 필요한데 이들은 이슬람 금융을 그 대안으로 제시한다.

이슬람 경제 또는 이슬람 금융은 자본주의 논리 자체를 거부하지는 않는다. 이슬람 경제는 사유재산을 인정하며 재산을 축적하는 행위도 장려하는 편이다. 하지만 이슬람 경제는 그 정의상 종교적 가치에 기반을 둔다. 그래서 이슬람 경제가 무엇인지에 대해 쓴 책이나 논문을 읽어 보면 자본주의나 사회주의 경제가 물질적 측면에만 집중하는 반면, 이슬람 경제는 영적인 측면을 우선 고려한다는 점을 가장 큰 차이점으로 꼽는 것을 볼 수 있다. 경제학과 관련한 글을 읽는데 신(Allah)이 나오고 내세가 나오고 하는 것이 처음에는 다소 당혹스럽기도 했다.

이슬람 경제에서는 가치가 중요하다. 그래서 이슬람 경제학자의 글에선 '무엇무엇을 해야 한다.', '무엇무엇을 해서는 안 된다.'와 같이 당위를 담은 문장을 자주 볼 수 있게 된다. 이슬람의 관점에서 경제학은 현상을 설명하고 예측하는 과학 이상의 것이다. 개인의 경제적 선택은 그가 좋은 무슬림인지 아닌지, 그가 신의 명령에 순복하는지 아닌지도 말해준다. 또, 사회나 국가의 경제적 선택은 그 사회가 얼마나 신의 뜻에 부합하는 사회인지에 대한 좋은 지표이다.

그렇다고 일반 경제학을 하는 사람들이 가치를 무시한다거나 영적 측면은 전혀 중요시하지 않는다는 뜻은 아니다. 경제학자나 경제인 중에도 영적 가치를 중요시하는 사람이 있을 수 있다. 단지 영적 기준으로 경제를 분석하거나 경제 이론을 전개하지 않을 뿐이다. 일반 경제학에서도 가치가 중요한 분야가 있기에 어떤 때는 논문이나 글을 읽으면서 저자가 어떤 가치를 중요시하는지 알 수 있는 경우도 있기는 하다. 그래도 이슬람 경제에 대한 글을 읽을 때만큼은 아니다. 이슬람 경제학자의 책이나 글을 읽으면 때론 당위와 분석, 이론이 얽혀 헷갈릴 때가 많다.

경제학이 완전히 가치중립적일 수는 없는 것이겠지만, 경제학은 기본적으로 물적인 것에 초점을 맞추며, 인생의 궁극적 목적 같은 것은 다루지 않는다. 그렇다고 일반 경제학을 하는 사람이 모두 물질적 가치에 가장 큰 비중을 둔다는 것은 아니다. 다만, 인생의 궁극적 목적이나 영성(靈性)과 같은 것들은 경제학에서 다루는 범위를 넘어선다고 말하는 것이다.

하지만 이슬람 경제학은 시작부터 '이래야 하고, 저래야 한다.' 하는 당위에 대한 대담한 선언들을 한다. 당위의 근거는 당연히 꾸란과 이슬람의 가르침이다. 서구 주류 경제학이나 사회주의적 경제학도 완전히 가치중립적일 수는 없고 이론을 자세히 공부하다 보면 가치들이 들어있기는 하겠지만 이슬람 경제학만큼 노골적이지는 않다.

예를 들어보자. 모든 이슬람 경제학자가 동의하는 바는 아니지만 상당히 많은 이슬람학자가 '자원은 희소하고, 욕망은 무한하다'고 하는 주류 경제학의 출발점이 되는 명제를 거부한다.

일단 자원의 희소성 문제와 관련해서는 이런 주장이 있다. 신은 자비로워서 인간에게 부족함이 없이 필요한 것을 풍족하게 공급해 주기 때문에 자원은 희소하지 않다는 것이다. 자원이 희소하다는 것은 어떻게 보면 경제학의 근본된 문제이다. 자원이 희소하지 않다면 경제학에서 다루는 여러 문제가 애초에 발생할 이유가 없다.

이슬람 경제학자 중에도 자원이 희소하지 않다는 주장에 반대하는 이들이 있다. 보편적으로 그리고 우주적으로는 자비한 신이 인간에게 자원을 풍부하게 제공했지만 국지적으로는 부족함이 있기 때문에 자원의 희소성이라는 경제학의 기본 명제가 성립한다고 주장하기도 한다.

인간의 욕망이 무한하다는 가정에 대해서는 이런 논리로 반대하는 이들이 있다. '이슬람의 가르침에 따르면 인간은 무한한 욕망을 다 채우려 해서는 안 되고 이를 절제해야 하기 때문에 인간의 욕망이 무한하다는 가정하에 경제 이론을 전개해서는 안 된다'는 것이다.

역시 모든 이슬람 경제학자가 이런 주장을 하는 것은 아니지만, 중앙은행이나 국가에서 수립한 위원회에서 펴낸 이슬람 경제학 책에서도 이런 주장이 있는 것을 본 적이 있다. 이쯤 되면 좀 혼란스럽기도 하다. 주류 경제학에서 인간의 욕망이 무한하다고 하는 뜻은 욕망을 절제하지 말고 무한히 충족하는 것이 바람직하다는 뜻이 아니다. 그냥 인간은 그렇다는 것이다. 사람마다 욕망의 크기도 다르고 이를 충족하는 방법과 기준도 다르다. 하지만 인간이 그렇다는 것을 기본 가정으로 깔고 가야 이론을 세울 수 있고, 그렇게 이론을 세워야 경제 현상을 설명하고 예측할 수 있다. 경제 활동을 하는 개개인은 얼마든지 그 틀 안에서 자신의 가치와 신념에 따라서 어떤 욕망을 충족시키기도 하고 절제할 수도 있다. 그런데 어떤 이슬람 경제학자는 이 기본 가정을 부정하며 경제학이 어떤 욕망을 어디까지 충족시키고 어디까지 절제해야 하는지도 다뤄야 한다고 말한다.

주류 경제학은 경제적 문제와 관련하여 '인간은 어떠하다'라는 가정에서 출발하는데 이슬람 경제학은 '인간은 어떠해야 한다'는 당위에서 출발하는 것 같다. 이슬람 경제학 개론서를 읽어보면 이슬람 경제학이 다루는 인간은 주류 경제학에서 말하는 경제적 인간, 호모 이코노미쿠스(homo economicus)가 아니라 호모 이슬라미쿠스(homo Islamicus)이다.

경제적 인간은 합리성을 최우선 가치에 놓고 경제적 선택을 한다. 하지만 실제로 모든 사람이 항상 합리적인 판단을 하는 것은 아니다. 그래서 인간이 합리적이라는 가정 위에 세워진 경제 이론에 대해 반기를 드는 이들도 있다. 이슬람 경제학자들 중에도 이런 비판을 하는 이들이 많다.

경제학에서 경제적 인간에 대해 가정을 하는 것은 사람이 정말 그렇게 합리적이고 경제적인 의사결정을 하기 때문은 아니다. 사람은 충동에 휘말리고 비이성적인 판단을 할 때도 많지만 사람이 합리적이고 경제적이라고 가정할 때 경제 상황을 설명하고 예측하는 이론을 세울 수 있기 때문이다. 이런 토대 위에 경제 이론을 쌓고는 인간의 비이성적인 측면 같은 것은 따로 다루기도 한다.

물론 인간의 경제적 행동을 다루는 경제학이라는 학문에서 가치와 이론을 정확히 구분하기 어렵다는 점에서 주류 경제학 틀 안에서도 인간이 경제적으로 합리적이라는 가정 자체에 대한 비판이 꾸준하게 있어 오기는 했다.

하지만 이슬람 경제학에서는 아예 이런 비판을 넘어서 인간의 본성에 대해 기본적으로 다른 가정을 한다. 인간은 신에 의해 만들어졌고, 신에게 순종해야 하는 존재이므로 경제학도 여기에서 출발한다. 그래서 경제 이론도 관찰이나 현상보다는 당위에서 출발한 것이 많다.

그래서 이슬람 경제학을 공부하면 체계가 잘 잡혀 있다는 생각이 들지는 않는다. 종교적 신념이 학문의 영역으로 들어오니 현상에 대한 설명과 종교적, 철학적 당위가 섞여 버린 것 같다. 다만, 주류 경제학에 비해 이슬람 경제학이 역사가 짧다는 점은 고려할 필요가 있다. 근현대적 의미에서 이슬람 경제학이라는 학문 분야가 형성된 것은 비교적 최근이다. 이슬람의 이상에서 출발하여 경제 이론을 전개하고 이로써 경제 현상을 설명하고 예측하려는 노력은 지금도 계속되고 있다.

시간이 지나면 지금보다는 이론의 틀이 더 정교하게 만들어지기는 할 것이다. 무슬림이 아니라면 이슬람에 기반한 경제 이론에는 크게 관심을 가질 필요가 없을지도 모르지만, 이슬람 경제와 금융 현상을 이해하기 위해서는 이슬람 경제학의 기본을 공부해 두는 것이 나쁘지는 않을 것이다.

이슬람 쪽 학자들은 이슬람 경제와 금융이 자본주의 경제와 금융보다 위기에 더 잘 견딘다고 주장하기도 한다. 실제로 이슬람 금융이 세계적으로 관심을 끌기 시작하던 2010년이 되기 얼마 전에는 세계 금융시장이 휘청이기도 했다. 이때 이슬람 경제와 금융학자들은 그 기간에 이슬람 금융기관이 일반 금융기관보다 실적이 좋았다는 수치와 그래프를 자주 보여주곤 했다. 코로나-19의 확산으로 세계 경제가 몸살을 앓았던 2020년 이후에도 어떤 시장에서 샤리아 주식을 담은 포트폴리오의 가치 하락 폭이 비교 대상이 되는 주가지수나 일반 상품과 포트폴리오 가격보다 하락 폭이 작았다는 수치나 그래프 등을 간간히 보게 된다.

하지만 이를 가지고 이슬람 금융시장이 또는 이슬람 경제가 더 견고하다는 결론을 내리는 것은 좀 망설여진다. 이유는 이 책에서도 여러 차례 말하고 있지만 이슬람 금융상품이라는 것이 형식으로는 다른 게 있어도 본질적으로는 일반 금융상품과 다를 것이 없기 때문이다. 이슬람 금융상품과 시장이 더 견고한 실적을 보여야 할 이유도 없다. 그럼에도 불구하고 이슬람 포트폴리오가 더 견조한 실적을 보인다는 증거로 쓸 수 있는 자료가 꽤 있는 이유는 무엇일까?

이슬람 금융이 지금도 충분히 성숙하지 않은 상황에서 이슬람 금융시장이 일반 금융시장에 비해 더 견고하고 좋은 실적을 낸다는 것을 보여주기에는 표본이 충분하지 않다.

이슬람 금융시장이나 이슬람 경제가 파생금융상품처럼 변동성이 큰 상품을 덜 다룬다는 것도 특히 금융 위기 시기에 이슬람 금융시장이 더 안정적인 모습을 보이는 이유가 될 수 있다. 이슬람 금융에도 샤리아에 부합한 파생상품이 있기는 하지만 일반 금융만큼 활성화되어 있지는 않다. 그러니 파생상품발 금융 위기가 발생하면 파생상품이 덜 발달한 이슬람 금융시장은 상대적으로 더 안정적인 모습을 보일 수 있다.

이슬람 금융 부문에 경기 변동성이 큰 종목이 상대적으로 덜 담기기 쉽다는 점도 이슬람 금융 부문이 경제 위기 상황에서 더 양호한 성적을 거두는 요인이 될 수 있다. 이슬람 금융상품은 이자를 취급하는 일반 금융회사가 발행하는 주식이나 채권을 담지 못한다. 그러니 금융 위기가 닥쳐 금융주가 죽을 쑤더라도 금융주를 거의 담지 않은 이슬람 금융 포트폴리오는 일반 금융 포트폴리오에 비해 더 나은 실적을 보일 수가 있게 된다.

코로나-19가 경제를 강타한 2020~22년에도 인도네시아 같은 곳에서는 이슬람 펀드가 일반 펀드보다 수익률이 더 좋다는 이야기를 들을 수 있었다. 코로나-19로 인해 항공이나 쇼핑, 호텔 등 관광과 관련한 업종이 많은 타격을 입었는데 상대적으로 이슬람 펀드가 샤리아 이슈 때문에 관광과 관련한 종목을 덜 담기 때문일 수 있다는 분석이 뒤따르기도 했다. 이슬람 금융 관련 포트폴리오가 경기가 좋지 않을 때 부정적 영향을 덜 받는 종목 비중이 더 크기 때문에 경제 위기가 닥쳐도 더 잘 버티는 것이라면 상대적으로 경기가 좋을 때 위쪽으로 수익을 볼 수 있는 가능성은 일반 금융에 비해 제한된다고도 볼 수 있겠다.

한편으로 이슬람 금융·경제는 일반 금융에 비해서 더 공정하고 정의롭다는 주장도 흔히 들을 수 있다. 일반 주류 금융·경제라고 해서 공정과 정의의 문제를 생각하지 않는 것은 아니지만 이슬람 금융·경제에서는 원칙과 가치가 사람에게서 나오는 것이 아니라 신적인 원천에서부터 나온다. 따라서 공정과 정의, 원칙, 윤리 같은 것들이 이슬람 금융·경제의 핵심 가치가 될 수 있다는 주장이다.

예를 들어보자. 이슬람 경제는 자본주의 경제와 같이 사유재산 축적을 인정하고 재산을 형성하려는 개인의 동기를 인정한다. 그러자면 부가 불균등하게 배분되는 문제가 필연적으로 발생하게 되는데 이슬람 경제의 틀에서는 '자캇'이라는 제도가 어느 정도는 이 문제를 해결해 준다고 한다. 이슬람 사회적 금융의 틀로 묶을 수 있는 다른 제도들이 있기는 하지만 '사다카'나 '와크프' 같은 것이 기부하는 이의 자발적 의사에 따라 행해지는 데 반해 '자캇'은 일정 기준 이상의 부 또는 소득을 가진 무슬림이라면 의무적으로 내야 한다는 점에서 부(富)와 소득 분배 효과가 있다고 하겠다.

이슬람의 경제관에 따르면 부유한 사람의 재산에는 다른 사람의 몫도 들어있다. 따라서 부를 가진 사람은 이를 사회와 다른 사람에게 나누어 주어야 할 의무도 있다.

수업 시간에 인도에서 온 교수님에게 들은 이야기이다. 한 번은 교수님이 인도에 있는 한 이슬람 사원을 방문하였는데, 그 앞에서 구걸하는 사람이 당당하게 '당신의 재산에는 내 몫도 있다'라고 하며 적선을 요구하였다고 한다. 약간 뻔뻔하게 들릴 수도 있는 이 말이 이슬람 경제의 틀에서라면 아예 틀린 말은 아니다. 자캇은 종교적 의무이기도 하면서 부와 소득 분배의 기능을 담당한다.

꾸란은 부가 부유한 사람들 사이에서만 돌아서는 안 된다고(59:7) 말하는데 자캇이 어느 정도 그 역할을 담당한다고 할 수 있다. 자캇은 재산에 부과되기 때문에 부가 사회에서 잘 순환하도록 하는 역할을 한다는 시각도 있다. 자캇은 일정 수준(니삽, nisab) 이상의 부에 대해 부과되므로 돈을 벌기만 하고 쌓아두면 자캇을 더 많이 내게 되니 일종의 페널티를 내는 효과가 있다. 일종의 현금보유세와 같은 성격도 있다 하겠다.

이슬람 금융학자 중에는 부가 편중되었을 때 자캇과 같이 이를 치유하는 장치가 이미 있기 때문에 자본주의 금융과 경제에 비해서 이슬람 금융·경제가 훨씬 더 정의롭고 견고하다고 말하는 이들도 있다.

하지만 시스템에 문제가 생겼을 때 이를 치유할 장치가 있다는 것과 이 장치가 실제로 작동하는지는 별개이다. 원래대로라면 무슬림은 재산이나 소득에 대해 2.5% 또는 재산과 소득 종류에 따른 비율만큼 자캇을 내야 하지만, 실제 걷히는 자캇 액수는 극히 적다. 사다카나 와크프 같은 다른 기부 수단도 마찬가지다. 신앙이 좋은 독지가가 거액을 기부했다는 미담이 간혹 있을지는 몰라도 전체 경제 시스템에 영향을 미칠 수 있는 정도는 아니다. 오히려 일부 이슬람 경제학자들이 비난하는 자본주의 경제 체제 아래 있는 미국이나 유럽 국가들이 상속 및 증여 관련 세금, 재단 설립, 기부 등의 방법을 통해 부의 편중 해결이라는 측면에서는 이슬람권 국가들보다 나은 모습을 보인다.

빈부 격차도 서구 국가보다 이슬람권 국가들이 더 크다. 이에 대해 학교에서 이슬람 경제학을 가르치던 어떤 교수님은 수업 시간에 "경제 체제를 비교하려면 이론은 이론과, 실제는 실제와 비교해야 한다. 그런데 많은 이슬람 경제와 금융 관련자들은 이슬람 경제의 이론과 이상을 자본주의 경제의 실제와 비교하는 잘못을 저지르고 있다."고 갈파하기도 하였다.

불균형한 소득 분배라는 자본주의 경제의 현실은 이슬람 경제의 현실과 비교해야 하는데 상상 속에 있는 자캇과 자본주의의 현실을 비교하는 것은 잘못이라는 반성이다. 대부분 이슬람권 국가들은 소득 격차 문제를 자캇 등 방법으로 제대로 해결하지 못하고 있는 것이 현실이다.

근대 이슬람 사상가였던 무함마드 압두가 했다는 말이다.

"나는 서쪽(서구)에 갔다. 거기서 나는 이슬람을 보았다. 하지만 무슬림은 보지 못했다. 그리고 난 동쪽으로 돌아왔다. 거기서 무슬림을 보았다. 하지만 이슬람은 보지 못했다."

이 발언을 수치로 표현한 것만 같은 것이 어떤 나라가 얼마나 이슬람적인가를 나타내는 지표인 이슬람미시티 인덱스(Islamicity Index)이다. 여기서 '이슬람적'이라는 것은 얼마나 무슬림이 많고, 이슬람 종교를 실천하는지가 아니라 이슬람적 가치가 사회에 잘 드러나는지 정도로 측정된다.

이를테면 꾸란에서 얘기하는 경제 정의, 인권, 정치적 권리 등의 가치가 어느 정도 실현되는지가 기준이다. 이런 조사는 꽤 많이 나와 있는데 이슬람권 국가들이 수위를 차지하는 경우는 거의 없고, 스웨덴이나 노르웨이 같은 북유럽 국가들이 1, 2위를 다투는 경우가 많다.

이 중 인터넷에서 쉽게 조회할 수 있는 이슬라미시티 파운데이션 (Islamicy Foundation) 지표[69]를 보면 2022년 기준으로 덴마크, 아일랜드, 네덜란드, 스웨덴, 아이슬란드가 1위부터 5위까지를 차지하고 있다. 다른 조사들과 결과가 크게 다르지 않다. 이슬람권 나라 중에는 말레이시아가 43위, 알바니아가 46위, UAE가 48위로 그중 순위가 높은 편이다.

물론 이 조사 결과가 절대적인 것은 아니겠으나 이슬람과 이슬람 경제에서 이상으로 생각하는 이슬람적 가치가 실제 이슬람권에서 널리 구현되

---

69) https://islamicity-index.org/wp/latest-indices-2022/

고 있는 것 같지는 않다는 것이 무슬림 스스로도 일반적으로 가지는 인식이다. 우리나라(25위)와 미국(29위)도 대부분 이슬람권 나라들보다는 순위가 높다. 이슬람 경제학자나 관련자들이 자본주의 경제를 맘 편히 비판만 할 수 없는 이유이다.

현대적 의미의 이슬람 금융·경제는 자본주의 시스템에 대한 일종의 대항마이다. 이슬람이 처음 태동할 때는 자본주의라는 경제 이념이 없었다. 하지만 현대 이슬람 금융·경제가 본격적으로 논의되던 시기에는 자본주의와 사회주의 경제 시스템이 이미 치열하게 경쟁하고 있었다. 자본주의 경제 시스템을 비판하고 비난하는 이슬람 금융·경제학자도 대부분 자본주의 시스템에서 금융과 경제를 공부하였다. 현대적 의미의 이슬람 금융·경제는 7세기에 생긴 이슬람이라는 종교에서 자생적으로 생긴 것이 아니다. 자본주의 시스템에서 길러진 학자들이 이슬람적 가치를 통해 자본주의 금융·경제를 극복하려는 과정에서 현대적 이슬람 금융·경제가 태동하였다. 이슬람 금융·경제는 그렇게 자본주의 시스템을 의식하며 자본주의 금융·경제 시스템의 대안이 될 수 있다고 스스로 주장한다.

하지만 이슬람 금융·경제가 정말 자본주의 시스템의 대안이 되려면 갈 길이 멀다. 아직은 주류 경제학에 비해 역사도 짧고 논의도 깊지 않아서 지켜보는 사람이 공감할 만한 수준은 아니다.

이슬람 금융·경제는 종교적 믿음에 뿌리를 두고 있어 경제 정의나 ESG 등 차원에서 자본주의 금융·경제에 비해 우월한 위치를 점한다는 주장이 있지만, 실제로는 그 이상이 실현되는 경우가 적다. 오히려 그토록 비판하는 자본주의 금융·경제에 기반한 체제가 부족하지만 오히려 이슬람 금융·경제보다 이상을 더 잘 실천하고 있는 역설이 존재한다. 이런데도 이슬람 금융은 과연 자본주의 금융·경제의 대안이라고 할 수 있을까?

나는 이슬람금융 전문가인가?

말레이시아에서 이슬람 금융을 공부할 때 학장님은 미국에서 재무관리와 자본시장 부문에서 학위를 받고 교수로 재직하다가 나중에 이슬람 금융 쪽에 발을 들이신 분이었다. 합리적이고 강의도 잘하시고 논문을 발표할 때도 새롭고 의미 있는 접근을 많이 해서 학생들 사이에 인기가 많았다.

수업 시간에 교수님이 변동금리 채권과 스왑에서 금리가 어떻게 확정되는지 설명할 때였다. 교수님은 변동금리에서 이자를 지급하는 날, 또는 스왑 계약이라면 고정금리와 변동금리 현금 흐름이 교환되는 날 최종금리가 확정된다고 설명하였다. 교수님 설명대로라면 예를 들어 은행에서 이자 지급 주기가 3개월이고, 3개월 변동금리 Koribor 3월물 + 1.5%로 돈을 빌렸다고 하면 6월 말 지급할 이자는 이자 지급일인 6월 말 Koribor 3월물에 1.5%를 가산하여 결정된다는 것이었다.

그런데 사실 6월 말 지급할 이자는 3개월 전 날짜의 Koribor 3월물에 1.5%를 가산하여 3개월 전에 결정된다. 6월 말 이자로 얼마를 내야 할지 3월 말이면 이미 알 수 있게 된다. 그렇기 때문에 은행에서는 6월 말에 얼마를 갚아야 한다고 몇 주 전에 고객에게 이자를 통지할 수 있는 것이다. 교수님 설명대로라면 이자를 내는 날 당일에 이자 금액이 결정되기 때문에 이자 통지를 미리 할 수 없고, 당일에 금액이 결정되면 바로 송금을 해야 한다.

스왑도 마찬가지다. 금액이 크고 중요한 건이라면 이자를 주고받는 날

아침에 대기하고 있다가 금리와 금액이 확정되면 이자를 낼 수도 있겠지만 하루에도 수없이 많은 건에 대해 이자를 주고받아야 할 텐데 실현이 불가능한 방식이다.

사실 금융기관에서 일을 할 것이 아니라면 채권이나 스왑을 이해하기에 그다지 중요한 내용은 아닐 수 있지만, 그래도 정확하지 않은 내용이라고 생각이 들어서 손을 들었다. 그러고는 그게 아니라 변동금리부 상품이나 스왑에서 기준이 되는 금리는 금리 지급일이나 현금 흐름 교환일 한참 전에 이미 확정된다고 말했다. 하지만 교수님께서는 단호하게 지급해야 할 금액은 지급일 당일에 결정된다고 말씀하셨다. 그리고 같이 수업을 듣는 학생 중에도 실무 경험이 있는 사람은 없었던 모양인지 아무도 나를 거들어 주지를 않았다.

그 상황에서 계속 주장하는 것이 큰 의미가 없을 것 같기도 하고 또 그렇게 중요한 내용도 아닌 듯하여 나도 더 이상 발언하지 않았다. 그래도 그냥 넘어갈 수는 없었다. 별 건 아닐 수 있지만 명백한 오류라서 인터넷 검색으로 관련되는 내용을 출력해 교수님 방까지 찾아갔다. 하지만 교수님은 원래의 입장을 계속 고수하였다.

실무적으로 기본적인 사항에 대해서 교수님이 오류를 범했다고 하여 교수님에 대한 존경심이 떨어지진 않았다. 또 그분의 학문적 업적이나 이슬람 금융계에 대한 기여가 퇴색된다는 생각도 없었다. 다만, 이 일을 통해서 학교에서 가르치고 배우는 것과 현장에서 경험을 쌓는 것이 다를 수 있다는 점이 새삼스레 다가왔을 뿐이다.

교수님은 수십 년을 자본시장과 그 상품을 연구했지만 실제 채권이나 스왑 거래를 체결해 보고 이자와 원금을 주고받는 경험은 해 보지 못했던 듯싶다.

이 에피소드를 길게 이야기한 이유가 있다. 나도 똑같지는 않지만 비슷한 경험이 있기 때문이다. 우리나라에도 이슬람 금융을 공부하고 경험이 있는 이들이 많겠지만 주위에서 쉽게 찾기는 어렵다. 그러다 보니 업무상 직간접적으로 알게 된 분들이 이슬람 금융 관련하여 나를 찾아온 적이 두 차례 정도 있다. 실제 이슬람 금융 관련한 업무를 추진하면서 조언을 얻을까 해서였다. 연락을 받고서는 내가 도움이 될 수 있는 점이 있다면 도움을 주겠다고 하면서도 아마 큰 도움이 되지는 않을 것이라는 점을 미리 얘기했다. 업무를 추진하면서 이것저것 공부하고 조사를 했다면 해당 사안에 대해선 나보다 더 잘 알 수 있다는 말도 덧붙였다.

그리고 나서 나중에 실제로 만나 이야기를 나누어 보았더니 역시 내가 큰 도움이 되지는 않았다. 이슬람 금융과 관련한 프로젝트를 추진하는 이들이라면 이슬람 금융이 무엇인지, 그리고 지금 추진하는 건과 관련해서는 어떤 구조를 쓸 수 있고 뭘 어떻게 해야 하는지에 대해서도 상당히 공부가 된 상태인 경우가 많다. 나는 이슬람 금융을 전반적으로 공부하고 학위까지 받았지만 해당이 되는 개별 프로젝트에 대해서 깊게 파고들 기회는 없었기 때문에 내가 그분들보다 그 프로젝트와 관련한 실무적 사항에 대해 잘 알 수가 없었다.

그러면서 '이슬람 금융 전문가'라는 것이 무엇인지에 대해 다시 생각해 보게 되었다. 위에서 학문적으로는 뛰어나지만 채권과 스왑 금리 확정이 실제로 어떻게 이루어지는지는 몰랐던 교수님 얘기에서 볼 수 있는 것처럼, 학교에서 공부한 것과 실제 실무에서 경험을 쌓는 것은 다른 영역이다.

학교에서 공부한 것은 쓸모가 없고 실무에서 경험한 것이라야 쓸모가 있다는 뜻은 아니다. 그냥 이 둘은 서로 다르다고 말하는 것이다. 그러니 금융공학이나 재무학 같은 것으로 석사나 박사 학위를 받더라도 실무 경험이 없으면 현재 업계에서 실무를 담당하고 있는 이들에게 크게 도움이 되지 않을 수도 있다.

물론 학문적인 도움이 필요한 영역에서는 도움을 줄 수도 있을 것이다. 이슬람 금융도 그렇다. 학교에서는 이론을 공부하지만 실제 거래를 해 보지 않고, 계약서 조항 하나하나를 따져가면서 살펴보거나 하지 않으면 한계가 있다. 그렇다고 실무 경험 없는 공부가 아무 의미가 없다는 것은 아니다. 그렇게 공부를 해 두면 업계 전체를 보는 시각도 생기고 개별 프로젝트나 이슈에 접근하는 자기 나름의 방법론도 생길 것이다. 하지만 당장은 실제 프로젝트를 진행하면서 여러 방면으로 깊게 알아보고 실제 관련된 문서와 규정, 계약서도 주의 깊게 읽어 본 사람이 해당 건에 대해서는 더 잘 알게 된다. 주식시장에 대해 잘 알려면 적은 돈이라도 투자를 해 보라는 말이 있다. 이해가 걸려있는 일에 대해서는 더 자세하고 깊게 살피게 된다.

이슬람 금융이라는 분야 자체가 우리나라에서는 생소한지라 조금만 공부를 해도 이슬람 금융 전문가라는 이야기를 듣게 될 수도 있지만, 사실 어느 분야에서 전문가 소리를 듣는다는 것은 쉬운 일이 아니다. 이슬람 금융이 아니라 일반 금융도 그렇다. 뭉뚱그려서 금융이라고 하기에는 금융의 범위가 너무 넓다. 거기에는 여러 하위 범주가 존재한다. 기업 금융 전문가도 있을 것이고, 무역 금융, 선박 금융, 프로젝트·인프라 금융 등 금융에도 수많은 분야가 있다. 무역 금융 전문가가 선박 금융 쪽은 잘 모를 수 있고, 국내 사정에 밝은 전문가가 중동이나 아시아 쪽 상황에는 어두울 수도 있다.

이슬람 금융이라고 다르지 않다. 이 책 앞부분에서 쭉 설명했지만 이슬람 금융은 금융 전 부문에서 활용이 가능하다. 보통은 이슬람 금융이라고 하면 수쿠크나 프로젝트·인프라 금융 등을 생각하지만, 이슬람 금융을 활용해서 신용장도 발행할 수 있고, 신용카드도 만들고, 주택 금융에도 활용할 수 있다. 운전자금과 설비자금 등 용도의 기업 금융도, 선박 금융도 다 이슬람 금융으로 가능하다. 그러니 '금융 전문가'란 말처럼 '이슬람 금융 전문가'라는 말도 너무 범위가 넓다.

물론 이슬람 금융이 아직 충분히 성숙한 분야가 아니기 때문에 세부 분야 전문가를 만나기는 쉽지 않고 이슬람 금융과 경제 시스템 전반을 공부하는 제너럴리스트가 필요하긴 하다. 이런 이들을 '이슬람 금융 전문가'라고 부르는 것도 그렇게 크게 틀린 일은 아닐 것이다. 세부적인 분야를 다 알지는 못하더라도 전반적으로 이슬람 금융의 원칙을 공부하고 기초를 다져두면 구체적인 개별 건을 맞닥뜨리더라도 감을 잡기가 쉬울 것이다.

우리나라에서는 무라바하와 이자라 수쿠크에 일반 채권과 동일한 조세 특례를 주려던 '조특법' 개정 시도가 무산되면서 이슬람 금융에 대한 동력이 상실되었다. 그렇다고 우리나라 경제나 금융이 이슬람 경제·금융과는 아주 무관할 것이라는 장담은 쉽게 할 수 없다. 국내에서만 경제·금융 활동이 이루어진다면 모를까, 수출, 수입, 해외투자, 해외 프로젝트 개발을 한다면 누군가는 언젠가 어디에서 이슬람 경제·금융을 맞닥뜨리게 된다. 그러면 맨땅에 헤딩하는 것처럼 자료를 찾아가면서 공부를 해야 한다.

그렇게 고생고생해 가며 공부도 하고 서류도 보고 도와줄 사람도 찾아서 자문도 받다 보면 해당하는 건과 관련한 사항에 대해서는 누구보다도 많이 아는 사람이 될 수도 있다.

지금은 경험이 쌓인다고 해도 이걸 모으고 조직화할 수 있는 플랫폼이 부족하다. 누가 경험을 해도 그것이 개인적 차원에서 남아있지 비슷한 고민을 하는 다른 사람과 공유하기 어렵다. 사례도 잘 축적이 되질 않는다. 그러니 누군가 해외에서 또 이슬람 경제·금융을 맞닥뜨리면 정보가 부족해서 처음부터 시작해야 하는 상황이 생긴다. 당분간은 어쩔 수 없을 것 같다. 이슬람 경제·금융과 관련하여 새로운 모멘텀이 있기 전까지는 해외

자료 찾아가면서 여기저기 시행착오와 좌충우돌을 겪어가면서 배워갈 수밖에 없다.

그렇게 얻게 된 지식과 경험은 어딘가에 쌓여 있다가 이슬람 경제·금융에 대한 관심이 높아지는 계기가 와야 실에 꿰어 정리되고 체계화될 수 있을 것이다. 해당 분야에서 그렇게 지식과 경험을 쌓고 있는 숨은 전문가들이 지금도 어딘가엔 있을 것이다.

10

이슬람금융, 이상 그리고 현실

학교에서 이슬람 금융을 공부할 때, 수업 시간 중간에 기도 시간을 알리는 아잔(Adzan)이 들리면 학생들이 기도를 할 수 있도록 쉬는 시간이 주어지곤 했다.

기도 시간(이라 쓰고 쉬는 시간이라 읽는)에는 학생들이 강의실 밖에서 학교에서 마련한 간단한 다과를 나누며 담소를 나누곤 했다. 주로 가벼운 얘기들을 할 때가 많았지만 가끔은 꽤 부담스럽고 무거운 주제의 이야기가 들리기도 했다. 그중에서도 지금의 이슬람 금융이 이슬람과 샤리아의 가치를 지켜나가지 못하고 자본주의적 세계관에 가치를 둔 일반 금융 세계에 바짝 붙어, 말하자면 '시녀 노릇'을 하고 있다는 신랄한 비판이 나올 때면 분위기가 무겁고도 치열해지곤 했다.

사실 이 학교는 대학원이기도 하고 이슬람 금융이라는 분야를 다루고 있어서 학생이라고는 해도 나이도 꽤 많고, 다른 학문을 공부했거나 회사나 기관에서 경험을 쌓고 온 이들이 많았다. 그러다 보니 여러 배경을 가진 학생들이 자신의 관점에 따라 이런 주제에 대해 입장을 밝히곤 했다. 어떤 학생은 다분히 음모론적인 시각으로 자본주의 금융을 성토하기도 하였다. 이런 학생의 입에서는 '일루미나티'나 '그림자 정부' 같은 말도 여러 번 나왔다. 공식적인 시스템 뒤에서 세계 경제와 금융을 조종하는 세력이 있다는 생각이다.

이렇게 자본주의 금융을 의심스러운 눈길로 바라보는 학생과 교수님들이 꽤 있었는데 이들이 특히 거부하던 것이 은행의 '신용창조' 기능이다.

'신용창조'는 은행이 예금을 받고 대출을 해 주며 신용통화를 만들어 내는 것이다. 일반적으로 통화는 중앙은행이 만들어 낸다. 통화에도 여러 정의가 있긴 한데 중앙은행은 화폐를 직접 찍어내기도 하고 기타 여러 가지 수단으로 시장 통화량을 조절한다. 그런데 은행은 중앙은행도 아니면서 통화량을 늘린다. 어떤 사람이 은행에 돈을 예치했다고 하자. 그러면 은행은 그중 반드시 지급을 위해 준비하도록 한 금액을 제외한 나머지 금액을 대출할 수 있다. 대출을 받은 이는 그 돈을 현금으로 가지고 있는 것이 아니라 은행에 예치할 것이므로 은행에는 또 그만큼이 들어온다. 은행은 그중 예치받은 돈 중 일부를 제외하고는 또 대출을 하고 이런 과정이 반복되면서 시중에는 통화가 풀리게 된다.

중앙은행은 지급을 준비해야 하는 비율을 조정하는 등 방법으로 은행의 신용이 창조되는 크기를 조절할 수 있다. 은행은 중앙은행도 아니고 통화를 만들어 낼 권한을 어디에서도 받지 않았지만, 은행 본연의 활동인 예치금을 받고 대출을 하는 행위를 통해 시장에 통화를 공급하게 된다. 자본주의 금융의 메커니즘에 회의적인 학자나 학생들이 참을 수 없는 대목이 바로 여기이다.

어떤 이슬람 경제 또는 금융과 관련한 학자는 참된 화폐, 통화는 금과 은 또는 금과 은 가치에 연동된 것뿐이라고 생각한다. 이런 주장을 하는 이들이 자주 인용하는 하디스에 따르면 선지자가 "이런 때가 오리니, 그때는 디나르(dinar)와 디르함(dirham) 말고는 쓸모 있는 것이 아무것도 남아 있지 않을 것이다."[70]라고 말했다고 한다.

---

70) The Musnad of Imam Ahmad Ibn Hanbal

디나르는 금으로 된 동전, 디르함은 은으로 된 동전이다. 이슬람 버전의 금 또는 은본위제를 주장하는 이들은 이 하디스를 인용하면서 통화는 금이나 은, 조금 더 범위를 넓혀서 실물 가치에 연동되어 있어야 한다고 말하기도 한다. 순수한 이슬람 경제와 금융을 지지하는 이들은 과도한 빚에 쌓아 올린 자본주의 경제 체제는 신기루와 같으며 필연적으로 금융 위기와 경제 위기를 맞을 수밖에 없다고 믿는다.

위 하디스를 보면 반복되는 금융 위기는 어떻게 보면 예견된 것이다. 정부나 중앙은행으로부터 아무런 권한도 부여받지 않았으면서 은행이 리바에 기반한 대출을 통해 멋대로 통화량을 늘려대는 신용창조는 경제적으로도 신학적으로도 재앙이 아닐 수 없다. 다소 급진적인 순수주의자 중에는 최소한 이슬람권이라도 디나르와 디르함, 또는 실물 상품에 근거한 통화 체계를 만들자고 하는 이들도 있다.

하지만 이슬람 금융이나 경제학자 모두가 같은 생각을 가진 것은 아니다. 내가 다니던 학교에서도 신용창조 규모는 적절한 통제가 필요하지만 지속적인 성장을 필요로 하는 자본주의 경제 체제에서 신용창조는 필수적이라고 생각하는 학자나 학생도 꽤 많았다. 이런 토론은 강의실에서도 강의실 밖에서도 흔히 벌어졌다. 워낙 서로 간에 생각이 다르다 보니 다과와 함께 나누는 담소의 자리에서 이런 주제가 오르내리면 가볍던 분위기는 금방 무거워지고 그 자리에서 격론이 펼쳐지기도 했다.

수업 시간에는 교수와 학생이 목소리를 높이며 얼굴을 붉히는 광경도 종종 볼 수 있었다. 평소에 교수님께 존경심을 표하던 학생도 이런 주제로 공방이 이어질 때면 양보가 없었다. 이 문제는 그냥 경제적 현상에 대한 견해의 문제가 아니라 신앙의 문제일 수 있기 때문이다.

은행에서 신용창조를 하는 행위가 이슬람 경제 철학과 충돌하지 않는다고 생각하는 교수가 수업 시간에 했던 말이 있다.

> "우리는 구름 위에 살고 있는 것이 아니다. 우리는 땅에 발을 딛고 살고 있다."

그러고는 이슬람권에서 금과 은 가치에 기반한 디나르와 디르함 통화 체제를 구축하자고 하는 이들을 언급하면서는 한숨을 쉬며 고개를 절레절레 저었다. 이 교수가 보기에 이들은 발을 땅에 내딛지 않고 구름 위에 살고 있는 사람들, 즉 현실적이지 않은 사람들이다.

이슬람 금융과 경제를 공부하면서 이후에도 이 '구름 위' 비유를 접할 기회가 많았다. 신용창조나 디나르·디르함 사용 문제가 아니어도 이슬람 금융과 경제계에는 몇십 년을 끌어오는 해묵은 이슈들이 있다. 무라바하 개념을 사용한 '따와룩(Tawaruq)' 구조의 사용 같은 것이다.

물론, 현실주의자들이라 해서 현실적인 필요가 있으면 이슬람이 금하는 것까지 사용해야 한다고 주장하는 것은 아니다. 논쟁의 대상이 되는 것은 샤리아에서 허용하는지 금하는지에 대해 의견이 일치하지 않거나, 허용은 되지만 일반적으로 바람직한 것으로는 여겨지지 않는 그런 주제나 상품 같은 것들이다.

앞에서 살펴보았지만 따와룩 같은 구조는 그 편리함 때문에 일단 허용이 되어 도입되었다 하면 거의 모든 이슬람 금융상품에 사용된다. 순수주의자들은 이런 현상이 영 마뜩잖다. 일단 지금 이슬람 금융시장에서 상업적으로 사용되는 따와룩은 샤리아 부합 여부에 대해 논란이 있다. 그럼 샤리아에 부합하는 방식으로 잘 사용하면 되는 것인가 하면 그렇지도 않다.

(권위가 약한 하디스에 따른 것이기는 하지만)따와룩은 리바에 이르는 뒷문이라는 등 선지자가 따와룩을 부정적으로 언급한 기록을 언급하며 따와룩 자체가 문제라고 생각하는 이들도 많다. 설사 따와룩이 샤리아에 부합하더라도

너무 많이 쓰는 것은 문제라는 시각을 가진 이들도 많다. 따와룩이 일단 사용되면 무다라바나 무샤라카같이 좀 더 이상적으로 여겨지는 계약들이 설 자리가 없어진다.

하지만 따와룩을 사용하지 않으면 당장 시장에 내놓을 수 있는 상품이 눈에 띄게 줄어든다. 이슬람 금융계에는 아직 따와룩처럼 거의 모든 금융 상품에 적용할 수 있는 그런 구조가 없다. 조금 찜찜해도 따와룩을 사용해서 외연을 확대하면 이슬람 금융기관도 성장하고, 시장도 커지고, 사람들도 이슬람 금융에 대해 더 잘 알게 된다.

그러면 역량도 커질 것이고, 그 커진 역량을 바탕으로 해서 더 샤리아의 가치에 부합하면서도 상업적으로도 의미 있는 그런 혁신적인 상품과 구조를 개발할 수도 있을 것이다. 이것이 말레이시아가 갔던 길이다. 말레이시아는 따와룩보다도 논란이 많았던 '이나' 구조에 바탕을 둔 상품을 적극 활용하여 이슬람 금융 외연을 확대해 갔다. '이나'는 말레이시아 바깥에서는 거의 인정받지 못하는 구조이다. 이제는 말레이시아에서도 '이나' 개념을 활용한 BBA 같은 상품은 쓰지 않는다. 소임을 다하고 역사 속으로 사라진 것이다.

따와룩 사용에 찬성하는 이들도 따와룩이 그다지 이상적이지 않다는 데는 어느 정도 동의한다. 그래도 이슬람 금융의 현재 발전단계에서는 따와룩만 한 것도 없으니 이를 통해서 미래의 혁신을 도모할 동력을 얻자는 그런 생각을 하고 있는 것 같다. 머리는 구름 위에 두더라도 발은 땅을 딛자는 말이다.

사람들의 생각이 이처럼 다르니 이슬람 금융계에서는 따와룩을 사용하는 것이 맞느냐에 대해서 찬반으로 나뉘어 치열한 공방이 펼쳐지기도 한다. 아예 이 주제만 놓고 여러 각도에서 의견을 나누는 웨비나 같은 것이 열리기도 한다.

한번은 따와룩을 주제로 한 웨비나[71]를 듣는데, 찬성과 반대 각 진영에서 발표자가 나와서 입장을 주장했다. 토론을 들으니 두 발표자는 서로를, 그리고 서로의 논리를 너무 잘 아는 것 같았다. 아마도 이 둘은 다른 세미나나 토론회에서도 따와룩 사용을 두고 찬반으로 나뉘어 줄기차게 짝을 이루어 토론하는 토론 친구 같았다. 그만큼 이 논쟁은 이슬람 금융계에서 해묵은 주제이다.

현실주의자들은 이런 그림을 가지고 있는지 모른다. 샤리아 가치니, 샤리아 부합성이나 아무리 떠들어도 시장에서 통하지 않는 상품과 구조를 가지고는 일반 금융이 지배하는 시장에 균열을 낼 수가 없다. 조금 의심스럽고 조금 찜찜해도 어쨌건 조금이라도 더 이슬람적이고(Islamic), 조금 더 나은 상품과 구조를 계속 개발하다 보면 자본주의 경제에 바탕을 둔 일반 금융에 대항할 수 있는 혁신적인 경제·금융 시스템을 언젠가는 만들 수 있게 될지 모른다.

하지만 출발이 늦은 이슬람 경제·금융이 한 번에 일반경제와 금융을 대체할 수 있는 수준까지 올라가기는 힘들다. 그렇다면 일반경제와 금융 논리가 지배하는 현실을 인정하고 조금씩 점진적으로 개선을 시도해야 한다.

하지만 이상주의자에게는 이런 접근이 마뜩잖다. 꾸란과 선지자의 전통이 축복하지 않는 상품과 구조를 시장에서 통한다는 이유만으로 계속 써야 할까? 무라바하 금융에 대한 과도한 의존은 시간이 지나도 잘 해소되지 않는다. 쉽게 샤리아에 부합하면서도 일반 금융상품과 비슷한 그런 상품과 구조를 만들어 놓으면 거기에 안주하게 되지, 거기서 출발해서 고생스러운 혁신을 해야 할 이유가 없다고 생각할 수도 있다.

---

[71]   웨비나 Komite Nasional Ekonomi dan Keuangan Syariah(KNEKS), 'Exploring Innovation in Islamic Bank: Pros&Cons of Tawarruq and Other Possible Alternatives –ISEF', Indonesia, https://youtu.be/L9w3JgwYnFM

이슬람 금융의 이상과 현실을 이상을 놓고 벌어지는 논쟁은 시간이 지나도 계속된다. 바깥에서 제삼자의 입장에서 이를 지켜보는 우리는 현실에 뿌리를 두면서 이슬람 경제와 금융을 어떻게 활용할지를 고민해 볼 뿐이다.

무슬림도 이슬람금융이 낯설긴 마찬가지

무슬림이 아닌 사람에게 이슬람 금융은 낯설다. 용어도 개념도 다 생소해서 책이라도 읽고 공부를 해야지 이슬람 금융이란 것이 무엇인지 비로소 이해할 수 있다. 그렇다면 무슬림은 이슬람 금융를 잘 알고 있을까? 그럴 것만 같다. 이슬람은 꾸란이나 하디스 구절에 근거해서 리바(이자)를 주고받는 것을 금하니까 무슬림은 이슬람 금융이 뭔지에 대해 잘 알고 활용할 것 같다.

사실은 무슬림도 따로 공부하지 않으면 이슬람 금융이 생소하다. 꾸란이나 하디스에 리바나 가라르, 마이시르 같은 것을 금하는 구절이 있기는 하다. 하지만 대부분의 이슬람권 지역은 자신의 힘으로 근대화를 이루지 못하고 서구의 식민지 상태로 근대화를 맞았다. 경제나 금융 부문도 그렇다. 근현대적 이슬람 경제와 금융을 자신들의 힘으로 발달시키지 못했다. 이슬람권에 있는 금융기관이 서구에 있는 금융기관과 다를 것이 하나도 없었다.

그러니 특별히 샤리아 전문가이거나 이슬람 경제나 금융계에 있지 않다면 무슬림이라도 이슬람 금융에 대해 들어보질 못해서 잘 모르는 경우가 많다. 무슬림이라고 해서 이슬람 금융상품만 거래하는 것이 당연한 것도 아니다. 이 점은 이슬람 금융의 시장점유율만 보아도 명확해진다.

수단이나 이란처럼 자국 금융 시스템이 100% 샤리아에 기반했다고 주장하는 곳이 있기는 하지만, 다른 곳은 말레이시아처럼 일찍부터 이슬람 금융을 육성하던 곳도 점유율이 30% 정도 수준에 그친다. 세계 최다의 무슬림 인구를 보유한 인도네시아도 이슬람 금융이나 은행업 시장점유율이 이제야 막 5% 언저리를 벗어날 낌새를 보이고 있는 정도이다.

그래서 이슬람 금융계에서는 이해도 제고(awareness 또는 literacy), 그리고 무슬림에 대한 경제·금융 교육이 강조된다. 해마다 '이슬람 금융 개발 보고서(Islamic Finance Development Report)'에서 발표하는 '이슬람 금융 개발 지수(Islamic Finance Development Indicator)'는 이슬람 금융시장 규모와 같은 양적 요소 외에도 지식과 이해도 부문에 높은 배점을 부여한다.

2022년 기준으로 지식 부문에서는 인도네시아(195/200)와 말레이시아(147/200)가 1, 2위이고 이해도 제고 노력 부문에서는 말레이시아(172/200)와 쿠웨이트(157/200)가 수위를 차지했다.

세계에서 무슬림 인구가 가장 많은 인도네시아 금융 감독 당국(OJK)은 3년에 한 번씩 금융 소비자의 금융 이해도(literacy)와 포용성(inclusion)을 조사한다.[72] 최근 조사는 2022년에 있었는데 금융 이해도 지수는 49.7%, 금융 포용성 지수는 85.1%를 기록하였다.

그런데 이슬람 금융 쪽 지수는 이보다 더 낮다. 이슬람 금융 이해도 지수는 9.1%에 그쳤다. 인도네시아 사람 100명 중 무슬림이 85명 정도인데, 이슬람 금융이 무엇인지 이해하는 사람은 100명 중 9명 정도에 그친다는 말이다.

이슬람 금융 포용성도 12.1%에 머물렀는데 100명 중 12명 정도만 이슬람 금융 서비스에 접근하여 이용하고 있다는 의미이다. 부문별로 보면 이

---

72) Otoritas Jasa Keuangan, 'Survei National Literasi dan Inclusi Keuangan' 2022

슬람 은행업이나 이슬람 보험을 알고 있는 사람이 상대적으로 많은 편이고, 이슬람 자본시장을 아는 사람은 거의 없다. 조사 대상자 대부분이 이슬람 주식이나 수쿠크 같은 자본시장 상품이나 구조를 모른다는 뜻이다.

비무슬림인 우리가 무라바하, 무다라바, 무샤라카 같은 구조가 어떤 것인지 아는 것은 고사하고 발음하기도 어려운 것처럼 무슬림들도 이슬람 금융상품과 구조를 잘 모른다.

2022년 인도네시아 KNEKS(국립 샤리아 경제 금융 위원회)에서 시행한 조사에 따르면 인도네시아에서 샤리아 경제에 대해 알고 있는 사람은 23.3%이다.

전년(2021년) 20.1%보다는 3.2%p, 3년 전(2019년) 16.3%보다는 7%p 올라간 수치이다. 정부와 관련 기관의 노력 등으로 점점 더 많은 사람이 샤리아 경제에 대해 알아가고는 있지만 여전히 네 명 중 한 명 정도만 샤리아 경제가 무엇인지 알고 있고, 나머지 세 명은 샤리아 경제가 무엇인지 모른다. 세계에서 가장 많은 무슬림이 사는 인도네시아에서 그렇다.

그래서 이슬람 금융 관계자들이 강조하는 것이 교육이다. 인도네시아뿐 아니라 이슬람 금융을 육성하고자 하는 나라들은 이슬람 금융이 무엇인지에 대해 금융 소비자들을 교육해야 한다는 것이다.

그런데 이슬람 금융을 육성하려는 나라 중에는 금융 소비자들이 이슬람 금융은 고사하고 금융도 잘 모르는 경우도 많다. 위에서 든 인도네시아 예만 봐도 금융 포용성 지수가 지금은 많이 개선되어 85% 정도인데, 얼마 전까지도 은행에 계좌가 없고 금융기관과 거래가 없는 사람이 국민 중 절반에 이르기도 했다. 그래서 일반 금융 소비자를 대상으로 한 이슬람 금융 교육 자료를 보면 이슬람 금융 얘기만 하는 것이 아니라 저축과 투자 얘기부터 시작하는 것들이 많다.

생애주기 동안의 개인 재무설계를 위해 저축과 투자가 필요하다는 점을 먼저 강조하고 그 수단 중 하나로 이슬람 주식이나 수쿠크 같은 것들에 투자할 필요가 있다는 점을 설명한다.

우리나라에서는 학생을 대상으로 하면 모를까 금융 소비자를 '교육'시킨다는 말은 잘 하지 않는다. '교육'이라는 용어를 사용하면 뭔가 소비자를 가르쳐야 할 대상이라고 여기는 느낌이 든다. 이슬람 금융계에서는 교육과 금융이해도 제고(literacy)가 중요한 화두이다. 먼저 금융 소비자들을 교육시켜서 금융이, 이슬람 금융이 무엇인지 알게 한 다음에야 이슬람 금융상품과 구조를 이용하라고 할 수 있다.

세계적으로야 규모가 큰 수쿠크나 프로젝트성 금융에 대한 관심이 더 클지 몰라도 결국 이슬람 금융·경제가 발전하려면 풀뿌리 기반이 잘 갖추어져 있어야 한다. 은행업이나 보험업같이 일반 소비자들이 많이 이용하는 부문이 성장해야 이를 기반으로 해서 금융의 다른 부분들도 발전할 수 있다. 또, 그렇게 해야 이슬람 금융 관련 생태계도 조성해 나갈 수 있다.

이슬람 자본시장 상품들이 건당 규모는 크지만 일반 소비자들이 관심이 없으면 결국 소수의 관계자만 거래를 해 나가게 될 것이고 저변이 확대되지 않는다. 그래서 인도네시아같이 무슬림 인구가 많고, 이를 바탕으로 자국 내 이슬람 은행업 시장을 키울 수 있는 잠재력이 있는 곳들은 일반 금융 소비자에게 이슬람 금융을 알리는 데 많은 노력을 기울인다.

'국립 샤리아 경제 금융 위원회'(KNEKS) 내에도 이슬람 금융 교육만 전담하는 부서가 있어 일반인을 대상으로 한 금융 교육 활동을 활발하게 하고 있다. 이슬람 금융·경제가 무엇인지에 대한 영상자료를 제작하여 유튜브 등을 통해 보급할 뿐 아니라 전국에 있는 대학을 순회하며 대학생을 대상으로 이슬람 자본시장에 대한 워크숍도 진행한다.

이슬람 금융시장이 성장하기 위해서는 시장에 몇 명의 전문가 풀(pool)

이 있는 것으로는 부족하다. 여러 가지 제반요소가 다 잘 갖추어져야 시장은 균형 있게 성장할 수 있다. 그래서 요즘 부쩍 많이 나오는 용어가 이슬람 금융이나 이슬람 경제를 둘러싼 생태계(ecosystem)이다. 시장이 바람직한 모습을 갖추기 위해서는 전문가가 필요하고 이들로 이루어진 금융기관도 필요하다. 정부나 감독 당국은 제도와 규정을 잘 갖추어 주어야 한다. 이슬람 금융을 구성하는 여러 부문에 필요한 전문가를 배출하고 새로운 이론과 논리를 제공하기 위해서는 교육·연구 인프라도 잘 갖추어져 있어야 한다. 이 모든 것이 가능하기 위해서는 시장 저변이 넓어져야 하는데 그러자면 많은 일반 금융 소비자들이 이슬람 금융에 대해 자세히는 아니더라도 어느 정도는 이해할 수 있어야 한다. 이 외에도 여러 가지 요소가 필요할 텐데 하나만 부족해도 시장 발전이 방해받을 수 있다.

이슬람 금융만이 아니다. 이슬람 경제를 구성하는 여러 부문도 튼실한 생태계가 받쳐 주지 않으면 제대로 기능하기 어렵다. 예를 들어 식품 등의 할랄 산업만 해도 그렇다. 할랄이라고 하면 고기를 얻기 위해 도축할 때 이슬람 방식으로 도축하는 것만 생각하기 쉽다.

그런데 소비자가 이 고기를 사서 밥상에 오르기까지 쭉 할랄 상태를 유지하려면 할랄 가치 사슬(halal value chain)을 잘 관리해야 한다. 도축한 고기는 유통 과정 내내 할랄이 아닌 식품이나 불결한 요소(najis)와 섞이지 않아야 한다. 아예 할랄 제품만 생산하는 할랄 단지 같은 것을 만들면 창고 같은 것도 높은 수준의 할랄 기준으로 관리할 수 있게 된다.

또, 할랄 제품을 인증할 수 있는 시스템도 갖추어야 한다. 인도네시아처럼 국가적 차원에서 할랄 인증 시스템을 갖추는 곳도 있다. 제품이 할랄인지를 판별하기 위해서도, 또는 돼지 유래 젤라틴을 해조류 유래 젤라틴으로 대체하는 등 할랄이 아닌 요소를 할랄인 것으로 대체하기 위해서도 연구개발이 필요하기도 하다. 할랄 제품을 수출하고 수입하기 위해서는 어느 나라에서 받은 할랄 인증을 다른 나라에서 인정받기 위해서는 양국 간 협약 같은 것도 필요하다.

할랄 소고기를 가장 많이 수출하는 나라에 속하는 호주와 뉴질랜드는 코로나-19가 한창일 때 입국 제한 조치가 시행되면서 할랄 방식 도축 과정을 이끌 수 있는 전문가들이 부족해져 이 때문에 할랄 소고기 수출에 차질이 빚어졌다고 한다. 생태계라는 것이 그렇듯이 이슬람 금융이든 할랄 경제이든 간에 여러 요소가 잘 갖추어져 있더라도 한두 가지 부족한 점이 있으면 그것 때문에 전체 시스템이 잘 돌아가지 않기도 한다.

무슬림에게도 이슬람 금융, 이슬람 경제라는 것이 공기와도 같이 자연스러운 것은 아니다. 무슬림도 이슬람 금융이 무엇인지, 이슬람 경제가 무엇인지는 배워야 알 수 있다. 또, 이슬람권이라고 해서 이슬람 금융과 이슬람 경제가 잘 발달할 수 있는 생태계가 자동으로 형성되어 있는 것도 아니다. 정부와 학계, 업계가 협력해 많은 노력을 기울여야 간신히 그런 생태계를 만들어 낼 수 있다.

| Epilogue 1 |

만년 유망주 이슬람금융은 주류가 될 수 있을까?

통계마다 조금씩 다르긴 하지만 전 세계 금융자산 중 이슬람 금융자산이 차지하는 비중은 1% 미만이다. 세계 인구 중 무슬림의 비율이 약 20% 정도 된다는 것을 감안하면 이슬람 금융이 이슬람권에서도 주류가 아니라는 점을 알 수 있다.

이슬람 금융에 대해 흔히 갖는 오해 중 하나가 이슬람권에서 행해지는 금융 거래는 대체로 이슬람 금융 방식이라 생각하는 것이다. 하지만 이슬람 금융 발전을 주도하고 있다고 하는 UAE나 말레이시아 같은 나라도 이슬람 금융 점유율은 30% 정도에 그친다.

이슬람 금융은 주류가 아니다. 주류였던 적이 없다. 지금은 주류가 아니지만 일반 금융 부문보다 빠르게 성장하면 앞으로는 모른다. 하지만 세계 금융자산이 증가하는 속도와 비교해 볼 때 이슬람 금융자산이 증가하는 속도가 특히 더 빠르다고 보기는 어렵다. 연간 성장률이 두 자리대 초반을 보일 때도 있지만 모수가 작다는 점을 생각하면 지금의 성장세는 이슬람 금융산업 입장에서 우려스러운데, 아직 산업이 성숙 단계에 접어들지 않았다는 점을 생각하면 더욱 그렇다.

2006~7년 이후 이슬람권 산유국의 풍부한 유동성 등의 이유로 이슬람 금융이 세계적으로 어느 정도 관심을 끌었지만 지금은 관심의 정도가 그때와 같지는 않은 듯하다.

이슬람 금융 성장세가 주춤한 데에는 몇 가지 이유를 생각해 볼 수 있다.

우선, 이슬람 금융이 일반 금융에 비해 특별하고 고유한 가치를 전달해주지 못하면서 복잡하기만 하다는 인식이 있다. 이슬람 금융의 이상은 리바를 주고받지 않으면서 이익과 손실, 즉 리스크를 공유하는 것이다. 하지만 현실은 형식적으로는 이익손실공유 계약의 형태를 취하더라도 여러 장치를 넣어서 실제로는 리스크가 공유되지 않는 경우가 훨씬 더 많다. 그러니 이슬람 금융은 이슬람에서 금하는 요소를 피하기 위해 복잡하고 생소한 구조를 취하고 있지만 정작 이슬람의 고유한 가치는 전달하지 못하고 일반 금융을 모방하고 있다는 인식이 일찍부터 있었다. 이슬람 금융이 일반 금융의 대안이 될 수 있을 것인지의 문제에 대해 아직까지는 이슬람 금융계가 이슬람 세계 바깥은 물론이고 이슬람 공동체 움마에도 확신을 주지 못하고 있다고 보아야 할 것이다.

이슬람 금융 관련 제도나 지배구조 등이 제대로 갖추어지지 않고 나라마다 통일되어 있지 않다는 점도 이슬람 금융 발전을 저해하는 요소이다. 이슬람 금융 구조는 복잡하고 생소한데, 제도적 안정성이 제대로 갖추어져 있지 않으면 시장에서 신규 참여자를 확보하기 어렵다. 현대적 의미의 이슬람 금융이 역사가 오래지 않아 사례와 판례 등이 충분치 않은 것도 시장 참여자가 자신감을 갖고 거래하는 것을 막는 요인이 된다.

이슬람 금융산업 입장에서는 장기적으로는 이슬람 금융이 일반 금융의 대안이 되는 것을 목표로 하겠지만 단기적으로는 이슬람권에서라도 영향력을 확대해 나갈 필요가 있다. 이슬람 금융은 아직은 이슬람권에서도 주류라고 보기 어렵다. 앞부분에서도 언급하였지만 이슬람 금융계에서 산업 발달 정체기를 벗어나기 위해 보이는 몇 가지 흥미로운 움직임을 정리하여 살펴보면 다음과 같다.

먼저 이슬람 금융을 이슬람 경제, 또는 할랄 경제라는 큰 틀에서 자리매
김하려는 움직임이다. 사실 이슬람 경제나 할랄 경제는 정의나 범위가 모
호한 개념이다. 그러다 보니 정의가 비교적 명확하고 단시간에 산업 기반
을 자리 잡을 수 있는 이슬람 금융이 먼저 부각된 측면이 있다. 개념적으로
는 이슬람 경제가 상위 범주이고 그 아래 이슬람 금융이 있는 것이지만 실
제로는 이슬람 금융이 먼저 주목받고 최근 들어서야 더 포괄적인 개념인
이슬람 경제에 대한 관심이 커지고 있다.

한 예로 인도네시아에서 '국립 샤리아 금융위원회'인 KNKS를 관할 범
위에 경제를 추가해 '국립 샤리아 경제 및 금융위원회'인 KNEKS로 확대
개편한 사례를 앞에서 소개한 바 있다.

새로운 영역을 개척하고 이슬람 금융의 고유한 가치를 전달하려는 노력
도 활발하다. 최근 이슬람 금융 관련한 보고서나 글을 읽어보면 디지털 금
융이나 핀테크의 비중이 크다. 일반 금융에서도 핀테크에 대한 관심은 크
지만 이슬람권 국가 중에는 제도권 금융에 대한 접근성이 낮은 곳이 많기
때문에 이슬람 금융 핀테크는 금융 포용성을 높일 수 있는 수단으로도 가
치가 있다.

디지털 금융은 탄소배출을 줄이고 자원을 절약할 방안으로도 각광받는
다. 이처럼 사회적 책임이나 환경, ESG에 대한 강조도 눈여겨볼 만하다. 이
슬람 금융만 이런 가치를 중요시하여 전달하는 것은 아니지만 이들 주제를
통해 이슬람 금융·경제가 종교적 교리에 근거한 금융·경제 시스템만이
아니라 인류의 보편적 가치에 호소하는 시스템이라는 점을 부각할 수 있다.

자캇, 인팍, 와크프, 마이크로 금융 등 이슬람 사회적 금융은 이슬람적
가치를 대변한다는 점에서 중요하다. 사실 이들 이슬람 사회적 금융 수단
은 금액이나 금융·경제 체제에서의 비중의 측면에서는 시스템에 의미 있
는 기여를 할 수 있는 정도의 수준은 아니다. 하지만 이들 사회적 금융은

샤리아에 기반한 가치를 상징한다는 점에서 의미가 있다. 최근 인도네시아에서 발행한 '현금 와크프 연계 수쿠크'처럼 사회적 금융과 자본시장 금융상품을 연계한 새로운 구조도 주목할 만하다.

앞에서 살펴본 것과 같이 이슬람 금융 관련한 제도와 규정을 정비하고, 세계적으로 통일된 시장 규칙을 수립하려는 노력도 계속되고 있다.

또, 지금까지는 말레이시아나 UAE처럼 인구나 경제 규모가 상대적으로 크지 않은 곳이 시장을 주도해 왔는데 세계 최다의 무슬림 인구를 가진 인도네시아 같은 곳이 정부 주도로 적극적으로 이슬람 금융시장을 육성하려는 움직임을 보이는 점도 주목할 필요가 있다.

이슬람 금융산업 차원에서는 지리적으로 새로운 영역의 개척이라고 볼 수 있다. 인도네시아는 인구가 2억 7천만이 넘는 인구 대국이면서 그중 85% 정도가 무슬림이다. 최근에는 국영은행 이슬람 자회사 3개를 통합하여 '통합이슬람은행(BSI, Bank Syariah Indonesia)'이 설립되는 등 이슬람 금융기관 역량 제고를 위한 조치도 계속되고 있다. 이러한 조치는 인도네시아가 말레이시아와 함께 이슬람 금융·경제 이해도 제고나 교육, 지식 공유 부문에서 1, 2위를 기록하는 결과로 나타나고 있다. 또, 정부가 이슬람 경제와 금융을 관할하는 범정부 통합위원회인 KNEKS를 설립하고 관련 제도를 정비하는 등 이슬람 금융시장 육성에 힘쓰고 있으며 사회적으로도 이슬람 종교가 강조되고 있는 추세이다.

한마디로 인도네시아는 이슬람 금융·경제가 발달할 수 있는 요소를 갖추고 있다고 할 수 있다.

여기까지 이 책을 읽어 내려온 독자라면 책 내용 중에 인도네시아 사례가 많이 나온다는 것을 알 수 있다. 물론, 필자가 말레이시아에서 공부하고 인도네시아에서 일을 했기에 인도네시아와 말레이시아 사례가 편하기 때문인 것도 있지만, 최근에 이슬람 금융계에서 가장 의미 있는 움직임을 보이는 곳 중 하나가 인도네시아인 이유도 있다.

실제 책을 쓰기 위해 여러 자료를 읽고 준비하면서 인도네시아 '국립 샤리아 경제 금융 위원회(KNEKS)' 유튜브 페이지에서 제공하는 웨비나 영상에서 가장 많은 도움을 받을 수 있었다. 인도네시아는 은행업이나 자본시장뿐 아니라 보험업, 사회적 금융, 샤리아 경제, 교육 및 이해도 제고 등 거의 모든 분야에서 이슬람 금융과 경제 발전에 필요한 노력을 기울이고 있다.

보는 시각에 따라 다르게 해석할 수는 있지만 이슬람 금융 성장세는 주춤하다. 이슬람 금융은 자본주의 금융의 대체제가 되는 것은 고사하고 이슬람 세계에서도 주류가 아니다. 단순히 자산 증가율 성장세가 느려진 것만 문제인 것은 아니다. 무슬림 금융 소비자들이 이슬람 금융에서 자본주의 금융과 차별화되는 뭔가를 찾지 못하는 것이 문제이다. 이슬람의 가치에 기반한 금융, 듣기엔 마음을 사로잡지만 실제로 자세히 들여다보면 다를 것이 별로 없다. 용어만 다를 뿐이다.

이슬람 금융은 뭔가 돌파구가 필요하다. 리바와 가라르와 마이시르가 없는 금융이라는 브랜드로는 무슬림 금융 소비자의 마음을 충분히 얻지 못하는 것 같다. 그래서 사회적 금융, 가치 기반 금융, 사회적책임 금융, ESG, 블록체인, 핀테크, 디지털 금융 등등 기존 금융과 다른 새로운 가치를 전달할 수 있는 무엇인가가 있으면 이슬람 금융도 그게 바로 이슬람 금융의 가치를 잘 말해주는 것이라며 거들고 나선다. 그런데 일반 금융에서도 사회적 금융, ESG 금융, 핀테크, 디지털 금융 등등은 강조하고 있다. 사회와 소비자에 전달할 수 있는 가치라는 측면에서도 그렇고 또 실제로 줄 수 있는 혜택이라는 측면에서도 이슬람 금융은 일반 금융과의 차별화가 절실하게 필요하다.

일반 금융 소비자의 마음을 얻어 시장 저변이 넓어져야 자본시장이나 인프라 금융 등 전문가들이 활동할 수 있는 그런 영역도 확대될 수 있다.

지역적으로 이슬람권 중 지금까지 성장이 더뎠던 시장에서 점유율을 높이는 것도 이슬람 금융 영역 확대의 한 방편이다. 비이슬람권에 진출하여 교두보를 확보하는 것도 의미가 있겠지만 현실적으로는 일단 이슬람권에서라도 점유율을 높일 필요가 있다. 이슬람 금융이 이슬람권에서도 주류가 아니라는 말은, 바꿔 말하면 아직 개척해 나갈 시장이 많다는 뜻도 된다. 그래서 이슬람 금융계 입장에서는 인도네시아같이 무슬림이 많이 살면서 정부에서 적극적으로 이슬람 경제와 금융을 미는 곳에서 성적이 어떻게 나오느냐가 중요하다.

스포츠에는 '만년 유망주'라는 말이 있다. 데뷔하기 전이나 데뷔 초기에 큰 잠재력을 보여줘 많은 사람의 기대를 모았지만, 막상 시간이 지나도 잠재력이 터지지 않고 하위 리그나 벤치를 전전하면서 나이만 먹는 경우이다.

아예 가능성이 없다면 일찍 은퇴할 텐데, 터질 듯 터지지 않으면 주위에서 기대를 거두기도 어렵고 본인도 포기할 수가 없다. 이슬람 금융 업계 내부에서는 다르게 생각할 수 있지만 밖에서 보는 입장에서는 혹시 이슬람 금융이 만년 유망주인 것은 아닌가 하는 생각도 든다. 성장 잠재력이 크다는 말은 예전부터 있었고 매년 꾸준히 성장하기는 하지만, 기대만큼 시원하게 잠재력을 폭발시키지는 못하고 있는 느낌이다.

이슬람 금융이 만년 유망주의 굴레를 벗고 성공적으로 새로운 영역을 개척하여 이슬람권에서만이라도 주류가 될 수 있을까?

그래도 이슬람금융

책의 초안을 작성하고 다듬고 있는 2022년 말부터 2023년 사이에 신문에서 '제2의 중동 붐'이라는 제목을 달고 있는 기사가 많이 보였다. 사우디아라비아에서 '비전 2030'의 일환으로 추진하고 있는 '네옴시티' 프로젝트에서 우리 기업이 역할을 할 수 있을 것이라는 기대감을 담은 기사도 보이고 UAE에서 수주 활동이 활발하다는 소식도 들린다.

그런데 '제2의 중동 붐'이라는 말이 언론에 등장한 것은 이번이 처음이아니다. 2009년과 10년쯤에도 중동 지역 프로젝트 발주에 대한 기대 등으로 자주 보았던 표현이다.

지금 말고 또 다른 제2의 중동 붐 기대가 컸던 10여 년 전 당시에도 유가가 높았다. 그래서 산유국들이 유동성도 풍부했고 이들 나라가 발주할 프로젝트에 대한 기대도 컸다. 이슬람 금융에 대한 세계의 관심이 컸던 데에는 이런 배경도 있다. 아마 앞으로도 중동 지역에서 우리 기업이 큰 프로젝트를 맡아서 할 것이라는 기대감이 커지면 '제2의 중동 붐'이라는 말을 신문에서 또 보게 될 수도 있다.

사실 우리나라 기업의 해외 건설이나 인프라 프로젝트 수주는 2010년경 이래로는 줄어들거나 정체하고 있는 추세이다. 유가도 빠지니 중동이나 이슬람권 지역에서의 발주도 줄고 해서 이래저래 이슬람 금융에 대한 관심은 시들하다. 그러다가도 네옴시티나 인도네시아 신수도 건설 사업같이 이슬람권에서 프로젝트가 발주되고 우리 기업 참여 가능성에 대한 이야기가 나오면 이슬람 금융에 대한 관심이 조금 높아지기는 한다.

하지만 중동이나 이슬람권 지역에서 진행되는 프로젝트 자금 조달이 다 이슬람 금융 형태로 이루어지는 것은 아니다. 사실 네옴시티나 인도네시아 신수도 건설 사업 등에 이슬람 금융이 활용될 가능성에 대해 검색해 보았는데 생각보다 관련된 정보나 기사가 많지 않았다. 네옴시티 사업은 어떻게 보면 이슬람 종주국이며 이슬람 금융도 계속 육성하겠다는 전략을 수립한 사우디아라비아에서 추진하는 사업이고, 신수도 건설 계획을 수립한 인도네시아는 최근 들어 가장 의욕을 가지고 이슬람 금융시장에 힘을 실어주고 있는 그런 나라이다. 립서비스라도 대형 프로젝트에 이슬람 금융을 활용하는 방안에 대해 생각을 해볼 만한데 언급 자체가 많지 않다.

이래서야 이슬람 금융이 자본주의 금융을 대체하고 이슬람권에서라도 주류 금융으로 떠오를 수 있을까 싶기도 하다. 이제는 중동이나 이슬람권에서 대형 프로젝트 소식이 들려도 국내에서 이슬람 금융에 대한 관심이 커지지 않는다.

이 정도로는 금융회사에 이슬람 금융을 전담하는 조직을 만들기도 쉽지 않다. 이슬람 금융을 잘 이해하는 인력에 대한 수요도 크지 않을 것이다. 하지만 이 책 서두에서 말한 대로 이슬람권과 관련하여 무엇인가를 하다 보면 갑자기 이슬람 금융과 관련된 개념이나 용어를 만날 일이 있다. 모두가 이슬람 금융 전문가가 될 필요는 없지만 이슬람 금융에 대해서는 기본적으로 어느 정도 알고 있어야 할 수 있다는 뜻이다.

인도네시아에서 근무할 때 한국계 증권회사에 근무하는 분으로부터 '니스바'가 무엇이냐는 질문을 받은 적이 있다. '니스바'는 무다라바 금융에서 전주인 라불말과 무다립 사이에 이익을 나누는 비율을 인도네시아에서 일컫는 말이다. 나에게 질문을 하신 분은 이슬람 금융과 관련한 업무를 하는 분이 아니었다. 그런데도 업무를 하다가 무다라바 금융 이익 분배율과 관련된 용어가 나와서 그것을 이해해야 하는 상황이 되었던 것이다.

나는 회사에서 개발 협력 부문에서 일하기도 한다. 그런데 이슬람권에서 개발 협력 업무를 하게 되면 이슬람개발은행(IsDB) 같은 이슬람권 개발 기구뿐 아니라 세계은행 같은 국제 다자간 개발 기구들이 와크프나 마이크로 파이낸스 같은 이슬람 금융 수단을 개발 협력 분야에 활용하려고 연구도 하고 다양한 시도를 꾀하고 있다는 것을 알게 된다.

이 책에서도 몇몇 개발 기구들이 하왈라라고 하는 송금 시스템에 대해 한 연구를 소개하기도 했다. 시스템이 붕괴된 지역에 필요한 지원을 전달하기 위해서는 그 지역에서 사용할 수 있는 수단을 활용해야 한다. 이슬람권에서는 그것이 이슬람 금융 수단일 수 있다.

물론 개발 협력 업무를 하기 위해 반드시 이슬람 금융을 잘 알아야 할 필요는 없지만, 이슬람권에서 다양한 개발 수단을 사용할 수 있는 가능성을 빠짐없이 본다는 차원에서도 이슬람 금융을 알아두는 것이 좋을 수 있다. 그리고 다른 국제기구에서 이슬람권 개발 협력을 위해 써서 펴낸 자료를 읽을 때도 도움이 된다.

건설이나 인프라 관련 프로젝트를 진행할 때도 발주처에서 흔치는 않지만 이슬람 금융 활용을 요구하거나 그렇지는 않더라도 선호할 때도 있다. 또는 그런 경우가 아니더라도 자금 조달 수단 중 이슬람 금융 수단이 있을 수도 있다. 우리 쪽 참여자가 아니더라도 파트너로 참여하는 다른 기관이 이슬람 금융 수단을 활용할 수도 있다. 전문가가 될 필요는 없지만 어느 정도 이해하는 것은 도움이 될 수도 있고 필요할 수도 있다.

이슬람 경제도 마찬가지이다. 음식료품이나 의약품, 화장품 같은 품목을 수출하려면 그 나라의 할랄 관련 규정이라든가 소비자들의 할랄 여부에 대한 민감도 및 태도를 아는 것이 중요하다는 점은 이미 알려져 있다. 그런데 이런 품목 말고도 패션이나 엔터테인먼트, 관광 등 업종에서도 변하는 무슬림 소비자의 소비 패턴과 성향을 아는 것이 도움이 될 수도 있고 필요해질 수도 있다.

마찬가지이다. 다들 할랄 경제나 이슬람 경제 전문가가 될 필요는 없다. 하지만 어느 정도 알아두는 것은 필요할 수 있다.

2022년 말에는 사우디아라비아의 빈 살만 왕세자가 한국을 방문했다. 규모가 너무 커서 과연 실현이 가능할지 의문이 생기는 '네옴시티' 프로젝트를 비롯하여 굵직한 사업에 우리 기업이 어떻게 참여할 수 있을지에 대한 협의가 이루어졌다. 하루는 왕세자와 우리 기업 총수들 간 회의가 이루어졌는데, 왕세자 측에서 거의 하루 전에 총수들 앞으로 일정을 통보하기도 했다고 한다.

미팅 하루 전에 알려주다니, 비즈니스 매너가 아니긴 하지만 누가 부르는데 가지 않겠는가? 네옴시티 프로젝트도 그렇고 사우디아라비아나 중동과의 경제 협력이 모두 이슬람 금융·경제와 관련이 있는 것은 아니지만 또 관련이 아예 없다고도 할 수 없다. 여전히 중동을 포함한 이슬람권은 우리의 중요한 비즈니스 파트너이다.

이슬람 금융·경제에 대한 이해는 평소에는 교양 수준의 지식이면 충분할 수도 있다. 개념만 알고 흐름 정도만 알아도 될지 모른다. 하지만 어느 순간에 이슬람 금융과 경제에 대한 이해가 생업과 관계있는 필수 지식이 되는지는 알 수 없다. 이슬람 금융·경제에 대해 어느 정도라도 꼭 알아야 하는 상황이 올 수도 있고, 그렇지 않더라도 어느 정도 알고 있으면 새로운 기회를 발견할 수 있게 될지 모른다.

지금은 교양 수준이면 충분하다. 이슬람, 이슬람 경제, 이슬람 금융을 알고 이해해 보자.

도움받은(더 읽어보면 좋은) 책과 자료들

- 기획재정위원회회의록(조세소위원회) 제7호, 제284회국회(정기회), 2009.11.26
- 기획재정위원회회의록(조세소위원회) 제10호, 제294회국회(정기회), 2010.12.3
- 기획재정위원회회의록 제11호, 제294회국회(정기회), 2010.12.7
- 대런 애쓰모글루/제임스 A. 로빈슨, 최완규 옮김, 『국가는 왜 실패하는가』, 시공사, 2012
- 오명석, 이지혁, 김형준, 최경희, 김병호, 이충열, 이선호, 『이자 없는 금융은 가능한가? - 말레이시아와 인도네시아 이슬람 금융의 이론과 현실』, 명인문화사, 2022
- AIBIM(Association of Islamic Banking and Financial Institutions Malaysia), 'Value-Based Intermediation Full Report 2021'
- Asyraf Wajdi Dusuki, 'Do equity-based Sukuk structures in Islamic capital markets manifest the objectives of Shariah?', Journal of Financial Services Marketing(2010) vol. 15, 3, 203-214
- Asyraf Wajdi Dusuki & Shabbam Mokhtar, 'Critical Appriaisal of Shari'ah Issues on Ownership in Asset-based Sukuk As Implemented in the Islamic Debt Market', ISRA Research Paper (No : 8/2010)
- Bank Indonesia-Komite National Ekonomi dan Keuangan Syariah, 'Pengantar Ekonomi Islam', 2021
- Beechwood International, 'Technical Assessment : Humanitarian Use of Hawala in Syria', 2015

- Dinar Standard, 'State of the Global Islamic Report 2022'

- John H. Pryor, 'The Origins of the Commenda Contract', Speculum Vol. 52, No. 1 (Jan 1977), 5-37

- Khairul Hafidzi Mohd Subky, Liu Jing Yuan, Muhammad Muzzammil Abdullah, Zhahri Farhan Mokhtar & Ainaz Faizarkhman, 'The Implication of Musharakah Mutanaqisah in Malaysian Islamic Banking Arena: A Perspective on Legal Documentaion', International Journal of Management and Applied Research, Vol. 4, No 1(2017), 17-30

- Komite Nasional Ekonomi dan Keuangan Syariah(KNEKS), 'Exploring Innovation in Islamic Bank: Pros&Cons of Tawarruq and Other Possible Alternatives –ISEF', Indonesia, 2020.9.9 (웨비나)

- Komite Nasional Ekonomi dan Keuangan Syariah(KNEKS), 'Halal Talks : Indonesia Pusat Halal Dunia, Why Not?', Indonesia, 2020.11.26 (웨비나)

- ICD-REFINITIV, 'Islamic Finance Development Report 2020'

- ICD-REFINITIV, 'Islamic Finance Development Report 2022'

- IIFM(International Islamic Financial Market), 'Sukuk Report 2021'

- IIFM(International Islamic Financial Market), 'Sukuk Report 2022'

- International Shari'ah Research Academy for Islamic Finance(ISRA) 'Islamic Financial System : Principles and Operations (2nd Edition)', 2016

- Karen Elliot House, 'On Saudi Arabia : Its People, Past, Religion, Fault Lines — and Futures', Knopf, 2012

- Laily Dwi Arsyianti & Irfan Syauqi Baik, 'Charity, Debt, Investment, Consumption(CDIC)', Lembaga Penelitian dan Pengabdian Kepada Masyarakat(LPPM) IPB, 2020

- Mohammad Umar Chapra, 'What is Islamic Economics?' (IDB Prize Winners'

Lectures Series No.9), Islamic Development Bank, Islamic Research and Training Institute, 2nd Edition, 2001

- Otoritas Jasa Keuangan(OJK), 'Standar Produk Perbankan Syariah, Musyarakah dan Musyarakah Mutanaqishah', 2016
- Otoritas Jasa Keuangan(OJK), 'Strategi Naitonal Literasi Keuangan Indonesia 2021-2025', 2021
- Monica M. Gaudiosi, 'The Influence of the Islamic Law of Waqf on the Development of the Trust in England: The Case of Merton College', University of Pennsylvania Law Review, Vol. 136, No. 4 (Apr 1988), 1231-1261
- Nurhayati, L., Mandey, S. L., Taroreh, R. N., Trang, I., & Djamali, R., 'The Perception of Non-Moslem Customers Towards Bank Syariah in Manado City', International Journal of Applied Business and International Management(IJABIM), 6(1)(2021), 25-39
- REFINITIV, 'Islamic Finance Development Report 2021'
- Samuel Munzele Maimbo, 'The Money Exchange Dealers of Kabul : A Study of the Hawala System in Afghanistan', World Bank Working Paper No.13, 2003
- S&P Global Ratings, 'Islamic Finance Outlook (2022 Edition)', 2022
- Waleed A. J. Addas, 'Methodolgy of Economics : Secular Vs Islamic', International Islamic University Malaysia Press, 2008
- Yuswohady, Dewi Madyani, Iryan Ali Herdiansyah & Ikhwan Alim, 'Marketing to the Middle Class Muslim', Gramedia Pustaka Utama, 2014
- Zubair Hasan, 'Islamization of Knowledge in Economics : Issues and Agenda', IIUM Journal of Economics & Management 6, no.2(1998), 1-40

도대체 이슬람금융이 뭐야?

1판 1쇄 발행 2023년 9월 15일

지은이 양동철

교정 신선미   편집 이새희
마케팅·지원 김혜지

펴낸곳 (주)하움출판사   펴낸이 문현광

이메일 haum1000@naver.com   홈페이지 haum.kr
블로그 blog.naver.com/haum1000   인스타 @haum1007

ISBN 979-11-6440-417-9